被遺忘的人群

神風特攻隊員、助產士、學生、教師，日本平民的二戰歷史記憶

JAPANESE REFLECTION ON WORLD WAR II AND THE AMERICAN OCCUPATION

EDGAR A. PORTER
埃德加・波特

著

RAN YING PORTER
冉瑩

目次

CONTENTS

CONTENTS

CONTENTS

CONTENTS

導讀　願不再有人被遺忘：「多元」而「包容」的戰爭記憶

藍適齊　國立政治大學歷史學系副教授

《被遺忘的人群：神風特攻隊員、助產士、學生、教師，日本平民的二戰歷史記憶》此書，是由埃德加・波特（Edgar A. Porter）和冉瑩（Ran Ying Porter）夫婦搭檔合著；英文原著是在二〇一七年由荷蘭的阿姆斯特丹大學出版社出版，同時在北美洲透過美國的芝加哥大學出版社發行。這兩個出版單位都是在西方學界聲譽卓著的大學出版社，可見此書在學術上受到高度的肯定。而臺灣商務印書館慧眼獨具，很快的在今年出版了此書的中文譯本，對中文知識界——特別是當今的臺灣歷史學界和歷史教育——更是帶來了及時而重要的貢獻。我作為一位對此書標題中的三個主題——二戰歷史、歷史記憶、和平民的歷史記憶——特別有興趣的讀者，很榮幸也高興的能夠藉此機會跟大家分享一些自己讀後的感想和反思。

培養「公民素養」的歷史

此書的第一個特色是，兩位作者分別來自日本在二戰中的「敵國」，卻透過此書呈現了「敵人」在戰爭當時和之後如何看待這場戰爭，更如實的記錄了戰爭對敵人平民百姓的傷害。埃德加是美國人，自己的伯伯在二戰期間是美國第2海軍陸戰隊的一員，參加過激烈的太平洋戰役，在戰爭結束多年之後仍然被戰爭的夢魘困擾；而冉瑩是中國人，自己的母親在一九三七年南京淪陷之後，為了逃避日軍而成為了難民，而後面有好幾位家人死在逃難途中，包括冉瑩的外祖父。但是如同在「前言」當中所寫到的，兩位作者卻非常有意識的「**為了避免個人偏見對記錄史實產生影響……決定不在文中對受訪者的口述記憶做任何評論**」，希望能夠如實的從「他人」的視角來了解這一場戰爭、重新認識歷史。

更值得注意的是，作者在書中還加入了對同一場戰役美國士兵的目擊紀錄、或是美國士兵們在事後的回憶，用以對照日本當事人的觀點。這樣的做法，就如同美國著名的導演克林・伊斯威特（Clint Eastwood）曾經在二〇〇六年透過《硫磺島的英雄們》（*Flags of Our Fathers*）和《來自硫磺島的信》（*Letters from Iwo Jima*）這兩部電影，從交戰雙方不同的——甚至是對立的——視角來更完整的、也更具有同理心的來理解同一場戰爭。這樣對歷史的認識，其實正好呼應了「十二年國民基本教育課程綱要」（通稱為「108課綱」）在「社會領域」課程的目標之一：「**培養對於族群、社會、地方、國家和世界等多重公民身分的敏察覺知，並涵育具有肯認多元、重視人權和關懷全球永續的責任意識**」。新的「１０８課綱」在歷史課程規劃中，增加了多個以「戰爭」為焦點的主題。首先，國中歷史在「現代世界的發展」的主題之下，突出了「戰爭與現代社會」這個項目；而高中歷史也在「現代化的歷程」的主題之下，更進一步的討論「戰爭與和平」這個項目，還特別指出其中需要強調「東亞地區人民在二十世紀重大戰爭中的經歷」這一個條目。這些課程的內容，就如同《被遺忘的人群》此書的內容，都是為了讓學生透過不同的觀點來認識戰爭的起因和過程，同時了解自己在地的和世界其他國家的人民所遭受的戰爭傷害，進而培養「作為世界公民」應該具備的「肯認多元、重視人權和關懷全球永續」等重要的素養。

更進一步的，「１０８課綱」在歷史選修課程「族群、性別與國家的歷史」中，明確的設定了「現代戰爭與國家暴力」這一個主題；而其主要項目之一就是「戰爭與歷史傷痛」。《被遺忘的人群》此書，正好就呼應了此課程主題。特別是書中所呈現的複雜的、帶有高度情感的、甚至是自我矛盾的日本平民的二戰歷史記憶，對課程中希望帶領學生探究的「戰爭的殺戮及其影響」、「戰爭宣傳的操作」、「戰爭的創傷與集體記憶」等條目，都提供了許多鮮明而且深刻的例子。誠如兩位作者在「結語」所說的，「**希望這本書**

能夠幫助人們反思戰爭後果、思考今天的日本如何面對其歷史遺留問題」。在《被遺忘的人群》中，我們看到了參與二戰的各方（過去定義中的所謂受害／加害／旁觀者等等）都能夠陳述自我的記憶、肯定彼此因歷史記憶而引發的情緒，同時強調對著平民百姓的同情，重建多元的歷史脈絡，進而對彼此不同的歷史記憶進行開放的反思和對話。這些內容，正是「108課綱」希望培養提升「公民素養」的重要議題。

由下而上的歷史

此書的另外一個特色，是以大量對一般民眾的採訪紀錄、已經出版的口述歷史和從未刊行於世的個人回憶文章作為其基礎，結合戰時和戰後民眾的生活資料（報刊），帶領讀者從當事人的視角來重新認識第二次世界大戰和這場戰爭對平民百姓的歷史意義。在日本，就如兩位作者在「前言」當中所做的觀察，雖然「**日本政府一直以來對太平洋戰爭採取迴避態度，但日本民間，建立和平紀念館和收藏有關戰爭時期回憶的行為不受阻止**」。經歷過戰爭的日本平民百姓——或稱為「戰爭世代」，在戰後持續的記錄出版了大量的回憶錄。這樣的文類，被統稱為「戰爭體驗」。最值得注意的是，平民百姓的「戰爭體驗」或有和官方的戰爭論述互相呼應之處，但是更多的是在補充官方歷史大敘事的不足之處、甚至是質疑或是挑戰官方「國族主義式」的單一戰爭論述。

而放眼世界，在當今許多國家對二戰的歷史認識中，「由下而上的」的觀點都有非常顯著的影響；著名的例子有英國國家廣播公司製作的「人民的戰爭——大眾來寫二戰記憶資料庫（People's War: An archive of World War Two memories — written by the public）」、英國帝國戰爭博物館的「在二戰中長大（Growing up in the Second World War）」的主題展覽、或是新加坡國家檔案館的「日本占領下的新加坡（Japanese Occupation of Singapore）」口述歷史專案等等。而這樣敘寫歷史的做法，正呼應了「108課綱」對國中及普高必修歷史課程的規劃，要從「人民的主體觀點」出發。就如同《被遺忘的人群》書中的內容，「戰爭體驗」讓我們更深刻的了解戰爭不是官方歷史敘事所呈現的那般黑白分明、正義凜然、或是舉國同心。透過平民百姓作為「證人」所留下來的回憶和反思，我們看到在戰爭下平民百姓如何受到教育的引導和政府宣傳的誤導，集體的支持戰爭、作為個人卻又私下質疑戰爭的目的；到了異國戰場的士兵，如何面對戰場的殘酷；其中有人「為國捐軀」，對家人遺族和家鄉帶來什麼樣的長期影響；而幸運生還的士兵，在戰爭結束之後又如何面對戰爭（戰敗）的陰影；家鄉的民眾在美軍轟炸和飢餓之下，如何求生；兒童、學生、婦女們這些弱勢群體，又是如何受到戰爭的傷害等等。

在戰後日本，二戰的「戰爭體驗」其實是由個人、公民團體、非官方組織和機構（例如學校）等各種社會力量，長時間的進行記錄和積累，同時更持續的透過舉辦各種展覽、講座、或田野考察等活動，希望能夠達到教育社會大眾的目的。值得一提的是，日本有許多地方的公民團體也與地方政府合作，致力於保存和推廣當地居民的「戰爭體驗」，進而使得「戰爭體驗」成為了「地方史」重要的一環，更成為了地方歷史教育的寶貴資源。例如在東京的千代田區、港區、豊島區等多個區公所，以及北海道的札幌市政府，在過去的二、三十年間都陸續出版了「戰爭體驗」文集。而這樣的「地方性」，其實也是《被遺忘的人群》此書的特色之一。作者之一的埃德加・波特是資深的教育學者，長期在美國的夏威夷大學執教，專門研究的是國際教育——特別是一九四九年之後在中國從事教育工作的外國人。後來，他受邀前往位在日本九州的立命館亞洲太平洋大學擔任副校長。也就是在學校所在地的大分縣別府市，他和他的夫人開始對當地居民的二戰歷史記憶感到興趣，而著手進行訪談和研究。而此書的內容，也就是聚焦在大分縣這個地方的二戰歷史和歷史記憶。

而相對於由官方主導（主宰）、透過國家力量（例如學校教育）來建立的歷史敘事，這些「戰爭體驗」的價值，就在於提供了一個重要的「由下而上」的視角，讓沒有經歷過戰爭的我們，能夠更完整、更深入、也更有批判性的來認識戰爭的本質。由於語言的限制，臺灣的讀者和學生們很少有機會能夠認識或是讀到日本的「戰爭體驗」。《被遺忘的人群》此書的出版，提供了一個非常難得的機會。一方面，讓臺灣的讀者得以了解二戰在日本的真實樣貌，也看到了許多在官方論述之下曾經「被遺忘」的人群和他們的戰爭經驗，如何在自己、家人、和社區的努力之下「被記得」。另一方面，則是讓臺灣的讀者反思戰爭對臺灣的歷史意義、以及在臺灣的歷史記憶當中記得了誰、又有誰曾經被遺忘。

臺灣在戰後以「公共論述」為範疇的第二次世界大戰歷史記憶當中，「臺灣」長期以來都不是焦點。在一九四五年開始的中華民國政府統治之下，有關第二次世界大戰的歷史論述基本上都是以「抗戰」為立足點，描述「中華民族」如何團結一心、抵抗外敵日本的入侵，最終取得勝利。在中華民國官方「國族」式的歷史敘事中，不符合「國族」的戰爭歷史是遭到排除的。在二次世界大戰期間，（絕大多數的）臺灣人不但沒有參與中華民族的神聖「抗戰」；作為日本殖民地的人民，他們事實上是站在中華民族神聖「抗戰」的相對面，（有意／無意的，直接／間接的）支持日本的「聖戰」。因此，在戰後的政治力量影響之下，大多數臺灣人在日本殖民統治下的「戰爭經驗」——無論是臺灣平民在戰爭下／受到戰爭影響的生活、或者是臺灣人主動／被動的參與日本帝國的戰爭活動（最有代表性的就是二十多萬名被動員的臺灣人軍屬和軍人），如周婉窈教授所言，在戰後臺灣的二戰歷史記憶中是「被抹殺」、「被政府、社會、兒孫聯手否定」的。也因此在戰後臺灣，形成了蘇碩斌教授所說的「共同記憶之河的斷隔」。

所幸從一九九〇年代中期開始，許多前輩學者投入口述歷史的工作，讓一些曾經在自己的國家成為「被遺忘的人群」的臺灣人，得到能夠留下自己「戰爭體驗」的機會。當時的焦點，多放在廣義的「臺籍日本兵」這些有實際戰場經驗的臺灣人。在學者的努力之下，記錄了許多珍貴的二戰口述歷史，也重建了臺灣部分的二戰歷史記憶。此後在教科書當中，也簡略的提到了「臺籍日本兵」以及「慰安婦」等在日本殖民體制之下戰爭動員的情況。可惜的是，這樣的動能之後似乎沒有再擴展到更廣泛、也更有系統性的研究臺灣人平民百姓的戰爭經驗，例如遺族家人、空襲、兒童、女性、海外遣返等等。非常難得的是，晚近在地方文史工作者的努力之下，有幾個地方開始記錄保存當地珍貴的「戰爭體驗」。例如臺南市的「安平文教基金會」，就出版了《安平軍夫的故事》（二〇一二年），更持續多年舉辦「安平軍夫祭」和相關的展覽活動；在臺中霧峰的「霧峰民生故事館」，則搜集了一九四五年「神靖丸」船難的相關文物和當事人（包括家屬）的訪談，建立了實體的紀念展覽室和網路上的介紹；[1]在基隆則有文史工作者獨立出版了《戰火記痕：1945年前後基隆地區居民的生活記述》（二〇一九年），其中特別滙集了基隆居民對二戰空襲的記憶；網路資源「東臺灣地方知識庫」中，則是對花蓮當地的兩處二戰戰俘營做了非常詳盡的介紹和線上的虛擬互動導覽。而年輕的學者們，則是結合了史學與文學，從多元的視角呈現了《終戰那一天：臺灣戰爭世代的故事》（二〇一七年）。雖然戰爭世代迄今多已凋零，但是戰爭對臺灣的社會文化仍然有持續的影響。更重要的是，就歷史教育來看，與臺灣的人或地相關的近代戰爭經驗，其實是學生們最能夠跟自己的生活做連接的歷史。而臺灣人在二戰前後歷經的身分轉變，更是其他國家的戰爭體驗中少見的例子，也讓臺灣的戰爭體驗不僅是重要的地方史，更具有世界史的意義。因此，「戰爭體驗」作為臺灣近代史和「地方史」的一環，是未來歷史研究和歷史教育非常值得致力的方向。

從「歷史記憶」的角度來看，《被遺忘的人群》此書這樣的歷史書寫發揮了一個重要的作用：「記得」／「紀念」平民的戰爭歷史。兩位作者在書中的用心，清楚地告訴我們，每一個人的歷史經驗都值得、也應該得到平等的對待和重視。這樣的歷史書寫穿透了國族、性別、種族等界限，呈現了一種較官方論述更為「多元」而且「包容」的戰爭記憶；而這正是學習（戰爭）歷史能夠給我們帶來最大的啟發。

---

1 同樣臺灣人在二戰期間因　戰爭動員而經歷的船難事件，還有發生在一九四四年的「護國丸」；詳見陳柏棕，《護國丸：被遺忘的二戰臺籍海軍史》（二〇一八）。

前言

此書始於兩個單獨但很快便融合在一起的源頭。遷居日本大分縣別府市後不久，我們發現，太平洋戰爭結束後，美軍在別府設立過一個占領軍區域總部。別府是一個有十二萬人口的度假小鎮。現今的別府公園便是美軍總部舊址。從二戰結束到韓戰收尾，歷時十餘年，這裡是九州主要的美軍駐地之一。正巧，這個駐軍基地以美國內戰時期田納西州的奇克莫加（Chickamauga）之戰命名，而我是田納西州出身，自幼便對美國內戰歷史有著濃厚興趣。

與此同時，冉瑩在位於別府市中心，距離公園只有幾個街區的外國人旅遊服務中心當志工。這裡所有的工作人員都是會講英語的當地志工。他們來自別府及周邊的大分市、日出町和宇佐市等市鎮，大都是退休的工程師、銀行職員和教師等等。

有一天，退休教師古賀太太告訴冉瑩，她出生在中國大連，父親在日軍裡當司機。戰爭結束前，兩歲的她隨母親回到日本。終戰時，她父親被蘇聯軍隊俘虜，在蘇軍戰俘營度過了幾年後，回到日本。「父親回到家那天……」說到這裡，她起身，走進榻榻米房間，拉上障子門，表演起來。[1]她輕輕推開障子門，探頭張望。她說，那時她只有八歲，記憶裡沒有父親，所以很害羞。過沒幾天，一九四一年出生的湯谷貞義說，他出生前幾週父親作為非軍事人員，被派到泰國修築鐵路。戰後，他父親在新加坡的戰俘營待了幾年才回到日本。他到七歲才第一次見到父親。他們還講述了記憶中戰爭時期，以及戰後缺衣少食的日常生活。回到家，冉瑩便與我分享那些生動的故事。

在此之前，在我們的腦子裡，日本侵華和發動太平洋戰爭時的受害者是不言而喻的。雖然聽到過日本侵華期間，其國內百姓也深受其苦的說法，非但不知其詳，更未想到過從這個角度去看待那場戰爭。所以無從知道，戰後，日本有多少七、八歲的孩子第一次見到他們的父親，還有多少七、八歲的孩子看到別人的父親回家，卻永遠不知道自己父親的音容。而戰爭中，孩子是最無辜的。他們的遭遇，使敵方的受害者在我們的腦子裡不再只是個概念，猛然變得鮮活起來。進而萌生了收集關於戰時和戰後當地民眾，主要是未成年人的生活資料、記錄戰爭對這些弱勢群體的傷害的念頭。

事實證明，我們的思路是對的。除了對四十餘位大都年過八、九十歲的老人，包括前日本首相村山富市的採訪，我們還在當地圖書館和檔案館，發現了大量第一手資料。雖然，日本政府一直以來對太平洋戰爭採取迴避態度，但日本民間，建立和平紀念館和收藏有關戰爭時期回憶的行為不受阻止。上世紀四〇年代，正是中小學生的那一代人寫了大量回憶錄，原因可想而知，那個特殊的時期給正在成長的一代留下極其深刻的印象，他們不吐不快！

在開始這項研究時遇到的第一個問題是：我們分別來自日本軍事擴張到亞太地區時，最受影響的國家，即中國和美國，都有家人曾經親自面對日本侵略者。

我的伯父格蘭特・波特（Grant Portter），隨美國第2海軍陸戰隊參加過激烈的瓜達康納爾島（Guadalcanal）和貝里琉島（Peleliu）戰役。冉瑩曾經問過格蘭特伯父，打仗的時候害不害怕。他說，他參加的最慘烈的戰鬥就是美軍攻打並占領瓜島飛機場。戰鬥結束後，美軍俘虜了大批日軍。他恰巧從一幫被集中在一起的日軍俘虜旁邊經過時，一個日本兵一把抓住他，嘰哩呱啦地對他說了很多話。他不知道那名日軍俘虜在說些什麼，但看得出他怕得要命。格蘭特伯父比劃著說：「我把他甩開，跟他說：『你害怕，你以為我不害怕？』」家裡的人都知道，戰爭結束許多年以後，格蘭特伯父仍然被戰爭的夢魘困擾。

冉瑩的家人，包括那時年僅四歲的母親，在一九三七年年底南京淪陷之後，為了逃避日軍而加入了難民的行列。我的伯父在戰爭中倖存下來，而好幾位冉瑩的家人死在逃難途中，包括她的外祖父。

因此，為了避免個人偏見對記錄史實產生影響，我們決定不在文中對受訪者的口述記憶做任何評論，只在本書的結語中，寫下我們對日本在二戰中所作所為及其後果的看法。

我們很幸運，年長的朋友樂意分享他們的故事，年輕朋友給予了我們極大的支持。我們的意圖是向提起二戰視野裡只有九一八事變、盧溝橋事件、南京大屠殺、珍珠港、巴丹死亡行軍（Bataan Death March）、廣島、長崎，以及在密蘇里戰艦上簽字投降這些大事件的讀者，介紹一些普通日本民眾戰時的生活和經歷，對戰爭期間日本國內景況有些粗淺的了解。我們的目的是展現戰時日本的另一面，在嚴厲的軍國主義和仇外民族主義為主導的時期，日本民眾，尤其是少年兒童非正常的生活內容和環境。

由於決定將研究集中在我們所在的大分縣內，收集資料的過程中，我們還得到了一些意外的收穫，比如，為襲擊珍珠港而進行的最後演習訓練，是在大分縣內進行的；襲擊珍珠港的空軍飛行隊是從大分出發；戰爭末期，向天皇進言的日本軍事參議院六位成員中，三位來自大分縣；終戰後，在密蘇里戰艦上簽署投降書的兩位日本代表都是大分人士。

今天的日本，隨著年齡的增長，那些經歷過二十世紀三〇至四〇年代戰爭，以及日本被美軍占領時期的個人歷史正在逐漸消失。因此，我們希冀盡可能地記錄一些口述歷史。此外，我們發現當地的圖書館和檔案館，收藏了大量那個時期的報刊和從未刊行於世的個人回憶文章。這些第一手資料充實了受訪人的個人記憶，為我們展現出大分縣人民在四分之一世紀中經歷的艱辛和混亂。我們希望此書有助於讀者更好地了解那個可怕的時代和戰爭對日本國內普通家庭，尤其是對青少年，產生的影響。

1

「要有大事了」

佐伯進入戰事

武田剛記得幼時在家鄉佐伯灣停靠的航空母艦，和滿天轟鳴的海軍飛機。「我出生於一九二九年。五歲時，佐伯的海軍航空基地建成。父親帶我去參加了開幕式。海軍總部是當地居民看到的第一座鋼筋混凝土建築。二十世紀三〇年代與中國開戰時，佐伯是大部分襲擊中國的海軍飛機的主要基地。」對於年少的武田剛來說，戰爭令人興奮，亦是浪漫的。訓練餘暇，令人羨慕不已的年輕飛行員在鎮上的餐廳和「娛樂區」來來往往。中國是一個被日本占領的遙遠地方，更沒人聽說過珍珠港。但這個情形很快就要改變了。

一九三一年九一八事變之後，日本決定在佐伯建造一座新的海軍基地。九一八事變是由關東軍陸軍上校石原莞爾等策畫進行的。他們在炸毀了日本控制的南滿鐵路線的一小段之後，公然誣指是中國軍隊所為。就此開始了侵略中國的全面戰爭。「滿洲事件引起了國內外抗議的連鎖反應，從根本上改變了日本國家發展的整體軌跡。中國立即在國際聯盟尋求賠償；關東軍則向國內尋求援兵。」[1]東京皇宮出現混亂，天皇知道事件由日方策畫，但他屈服於陸軍，將中方破壞作為官方報導。到了十月，事件發生後兩週，大多數日本人支持日本軍方，屠殺事態愈來愈近。[2]

歷史學家堀田江理描述了當時媒體對日軍貿然開戰充滿了熱情：「滿洲戰役開始之際，首相若槻禮次郎和外務大臣幣原喜重郎等人希望遏制敵對行動。然而，日本的公眾輿論受強硬媒體的影響，強烈支持石原莞爾的一意孤行。有關日軍勇猛精神的報導使民眾的民族自豪感膨脹。主要報刊相互競爭，發行印有獨家新聞照片的號外，關注日軍每一個戰略舉措，並從猛然巨漲的發行量中漁利。記者被派往戰區，戰地報導以〈我軍從長春向吉林挺進〉[3]、〈帝國軍隊長驅直入齊齊哈爾，偉大精神刺破青天！〉等詞語做標題。此時的媒體已經開始有意識地做出政治選擇——自我審查，從而給未來的十年帶來無窮後患。儘管媒體從某些陸軍軍官處私下得知，滿洲事件乃日方造假，但所有的主要報紙都選擇隱瞞事實真相。迫於民眾明確的認可與媒體報導的渲染，若槻首相在九月二十四日勉強批准了軍事行動。」[4]

這種自我規範，加上日益直接的軍事審查制度，控制了未來十四年日本的公眾輿論，而我們將看到，大分縣的報紙積極地參與了這一行為。

一九三四年二月十五日，武田剛隨父親參加了海軍航空基地正式啟用典禮。佐伯同周邊鄉鎮居民紛紛為社區新增的榮譽，以及海軍航空基地帶來的經濟效益感到自豪。當地的大分報紙如是報導了開幕式：「最新航空基地將更有效地保家衛國，佐伯居民舉手讚譽。」[5]

日本軍國主義進入高速增長階段。不到幾年的時間，另一個大分沿海地區也修建了軍事訓練中心。一九三七年，為了建立一座新的海軍航空機場，海軍軍官來宇佐的畑田踩點。召見了柳浦村、驛館村和八幡村三個村子的村長，指示他們通知當地居民，每個村子都有一部分將成為海軍航空基地。另外，村民要準備協助建造基地並為七個營區的海軍人員提供糧食。村長之一的相良律藏不滿地說：「那不如把他們送到滿洲去吃軍糧。」海軍人員勃然大怒，教訓他說，此乃國家大計，豈敢如此輕言。知道自己別無選擇，幾位村長掃興而歸，心裡盤算著怎麼向村民們解釋將要發生的一切。畑田一帶的村莊寧靜不再，連婦女和兒童都加入了修建基地的行列；被剝奪土地的村民開始鋪設通往基地的水管。他們必須重新開荒種地，還要遷家搬舍。

海軍還從附近的安心院町、院內村和佐田村等，招募了義務團參加建設基地的工作。義務團中四十名工人住在附近的長安寺和無動寺。餘下的六十人分別住在當地居民家裡，給居民帶來極大的不便。義務團工人每天揮汗如雨，做的都是最累的工作。休息時他們就到長安寺和無動寺。寺裡的人記得：「他們天天來喝水，把井水都喝光了。也是因為他們喝了那麼多水，那段時間我們井裡的水特別乾淨。」

一九三九年十月一日，宇佐的海軍航空基地建成，教練機開始在村民頭頂進行訓練。[6]當時家住宇佐基地附近的小學生江島晃教記得：「宇佐基地剛建好的時候，外號『紅蜻蜓』的九三式中間練習機在那裡訓練。有時候，飛機出問題會墜毀在宇佐和平野周邊的田野裡。但最可怕的是，飛機在我們頭頂上練習空戰的時候，我老是提心吊膽地，嚇得不敢出聲。」

另外，基地的一部分駐紮了神風特攻隊，他們在這裡訓練，從這裡出發，最終成為與美國交戰中的利器。

由佐伯率先領導大分縣走向戰爭。時至一九四一年初秋，正當與西方開戰的時機愈加逼近時，佐伯鎮變得異常活躍。武田剛回憶說：「我上小學四、五年級的時候，在佐伯灣停靠的軍艦和飛機愈來愈多。其實是逐漸增加的。另外我還注意到，飛機也不一樣了。不再是我們習慣看到的轟炸中國用的飛機。這些新式飛機小而快，跟舊飛機完全不同。這就是日本新造的零式戰機。」

隨著在佐伯停靠軍艦的增加，距其一百多公里外的宇佐海軍航空基地，也將較大型的轟炸機投入訓練。這些轟炸機將與零式戰機一起偷襲珍珠港。[7]但是，大分的戰爭準備並不止於空中力量，一九四一年夏季，另一種新型武器——袖珍潛艇在佐伯水域開始訓練。一九四五年十月十五日，曾擔任聯合艦隊總指揮山本五十六上將副官的渡邊橫雄向美國審訊人員坦白，襲擊珍珠港之前，日軍便開始研究和訓練一種特殊的魚雷。「從一九四一年八月開始，我們在佐伯訓練了四個月。」這些袖珍潛艇的使用僅限於襲擊珍珠港。採用這個手段的部分原因是在道義上鼓勵那些願意為日本而死、年輕勇猛的海軍軍官。[8]從戰鬥機飛行員、袖珍潛艇組員到轟炸機飛行員，大分縣人民見證了日本為擴大戰爭做準備的活動歷程。那時，他們並不知道將要承受怎樣的打擊。

儘管飛行員和軍官在佐伯鎮出入，但當地居民和軍方萍水並不相逢，頂多是村民們划船到海灣把蔬菜賣給船上的海軍士兵而已。武田剛說：「海軍士兵和當地居民之間幾乎沒有互動。當然了，酒吧和餐館除外。但是，海軍士兵不能在那些地方花費大量的時間和金錢，因為他們有宵禁，必須在規定的時間回到船上。只有軍官才允許在岸上的日式旅館過夜。普通士兵到鎮上來，老百姓不免想要表示敬意，鼓勵他們為國家爭光，可是他們大多數直奔妓院去排隊。所以居民對這些當兵的看法有種複雜的情緒。但是因為他們在保家衛國，是光榮的，所以沒有人對他們品頭論足。」

從佐伯沿海灣向北依次是大分市、別府市、日出鎮、杵築、宇佐和一些小漁村、漁港。二十世紀三〇年代末和四〇年代初，家住大分市的古後精一還是位小學生。他忘不了幼時看到巨大的軍艦駛入海灣時，興奮不已的心情：「我記得那時候想，一定是要有大事了。襲擊珍珠港前大約一個月，大分到處都是海軍士兵。我們當時都蒙在鼓裡，後來我才恍然大悟，他們就是那些在佐伯訓練，然後去襲擊夏威夷的海軍。我家附近有間餐廳，海軍官兵經常在那裡吃晚餐。有時候，學校組織學生到軍艦上參觀。我後來聽說，我參觀過的軍艦在一場戰役中沉沒在中國海域。太平洋戰爭打響後，學校就不再組織這類活動了。」

海軍上將山本五十六來到佐伯

年輕的武田剛、古後精一和他們的同鄉，當然不可能知道奇襲珍珠港的行動計畫正在緊鑼密鼓地籌備之中，更不曉得他們這偏遠的沿海城鎮，在襲擊中將要扮演的角色。到了一九四一年秋天，儘管美日談判尚在華盛頓特區進行；儘管事實上襲擊夏威夷美軍太平洋艦隊的最後命令還未下達，戰爭已不可避免。十月二十日，第6艦隊、第1航空艦隊的長官，以及新建的超級航空母艦大和號艦長在佐伯舉行了戰略會議。這次會議的結果使日本處於更加嚴峻的戰爭狀態，並為新一輪的戰鬥做好了準備。第二天早上，十月二十一日，佐伯在潛艇和戰鬥機的攻擊訓練聲中醒來。但是，早期的訓練混亂無序。當地指揮官宇垣纏中將意識到，大多數飛行員缺乏有效訓練，在實際操作中事故頻傳。山本五十六上將定期訪問佐伯以評估訓練進度，與此同時，他在九州南部的鹿兒島還監管著一座備用訓練場。儘管存在這些問題，山本和宇垣知道這場戰爭即將到來，他們加緊腳步地訓練部隊。

十月二十九日，宇垣在他的戰爭日記中寫道，他在佐伯為前來訪問他和山本上將的新南區陸軍人員，舉辦了一場晚宴。[9]海軍和陸軍之間相互猜疑，交流局限得令人驚訝。為了因應戰爭的到來，此次聚會試圖打開局面、促進溝通以便在戰時分享作戰方案。鎮上居民不太可能知道哪些要人參加了晚宴。當被問及是否在佐伯見到過山本上將時，武田剛說：「當然沒有。他來往都是行蹤保密。但是載著高級軍官的車，比如山本上將，有旗幟和警衛保駕，所以我們能猜出來。有時候，他在佐伯鎮上過夜，住在池彥日式旅館。這大家都知道。」

時至一九四一年十一月初，山本上將對國家領導層和自己部隊的訓練結果表示惱火。之前，他曾因反對與納粹德國和義大利簽署《德義日三國同盟條約》（Tripartite Pact），以及反對捲入對美戰爭而與上司發生衝突。但他的意見被完全忽視。基於他的職業素養，促使山本千方百計地尋找保護日本的最佳方案，於是他提出襲擊珍珠港，造成美國太平洋艦隊癱瘓的計畫。預計此方案會得到批准，他加強了在鹿兒島的訓練，同時與在佐伯的宇垣中將保持聯繫。但隨著時間推移，他的焦慮與日俱增，不安地等待襲擊珍珠港的最後命令，並且擔心在鹿兒島訓練能收到多大成效，因為鹿兒島並不貼近珍珠港美國軍艦停泊的地形，不適合為襲擊美國的艦隊提供最有效的訓練，另外他也為飛行員能否在即將到來的襲擊前，達到足夠的戰鬥水平感到憂心忡忡。

山本的方案頗為大膽：襲擊珍珠港旨在削弱美國艦隊和空中力量，令其至少兩年內無力擊敗日本。可是直到十月底，東京依然強烈反對他的計畫。十一月一日，山本受召到東京，再次為珍珠港戰略方案遊說，並威脅如果不批准珍珠港計畫，他就辭職。在這次緊急會議上，最高軍事指揮官和政府當局終於下令對這次奇襲做好最後準備。有了這道命令，他立即請求將攻擊部隊訓練地點從鹿兒島轉移到佐伯。

改變地點的原因之一是佐伯灣酷似珍珠港。港灣周邊的山脈可掩護飛行員飛去，海灣中坐落的小島，酷似珍珠港的福特島（Ford Island），還有包括亞利桑那號軍艦在內的多艘美國戰艦的停靠點。儘管距離日本時間十二月八日的襲擊日，訓練時間已經所剩無幾，山本得到了將空襲演習轉移到佐伯的最後批准。由此，襲擊準備向前邁進了一大步。

十一月三日午夜，命令傳來，水平轟炸機、俯衝轟炸機和魚雷轟炸機從鹿兒島的六艘航空母艦上起飛，向北飛行幾百公里，攻擊佐伯灣裡的指定目標。他們這天清晨的任務與幾週後預期攻擊珍珠港的時間表同步。這些演習在接下來的兩天內反覆重演。當被問及對現況是否滿意的時候，山本上將回答說：「我相信我們現在可以做到了。」[10]宇垣中將亦有同感，在日記中寫道：「演習中，大多數飛機命中目標，飛行員的技術有了大幅提升。」[11]年幼的武田剛親眼目睹了練習的情況：「我記得大規模演習的時候。那些飛機，轟炸機和戰鬥機都有，飛得很低，貼近海面。佐伯灣和海軍航空總部是演習中襲擊的目標。」

十一月五日，山本上將在停靠在佐伯的旗艦長門號上，起草了冗長周密的「聯合艦隊秘密行動第一號命令」（連合艦隊秘密作戰命令第一号）大綱。開篇說：「在與美、英、荷的作戰中，聯合艦隊將按照附件的詳細方案行動。」[12]十一月十七日，山本在佐伯登上了赤城號航空母艦——奇襲珍珠港的旗艦。山本上將對所有船員，尤其是準備第一批轟炸珍珠港的飛行員，發表了演說。他讚揚他們，但警告說，日本面臨的是歷史上最強大的敵人。此舉雖屬偷襲，然切勿掉以輕心，務必做好敵方進行頑強抵抗的準備。

隨著奇襲日逼近，訓練愈來愈緊張，雖然更有組織且有成效，但充滿危險。一名軍官描述了飛行員將飛機推向極限的情況下面臨的危險：「一艘舊潛艇停靠在海灣，飛行員從山那邊飛過來，急速下降到離目標八百公尺時迅速轉向。我們甚至晚上都在訓練，因此事故頻頻發生。」[13]最後一刻的準備工作與訓練，使佐伯軍艦上的士兵和飛行員都因為感覺局勢緊張到幾近瘋狂。前海軍艦長長英一回憶說：「時間緊迫到三菱為珍珠港襲擊開發的新型魚雷，在艦隊將要赴戰離港時，才從工廠直接運到軍艦上。」[14]

十一月十九日凌晨，所有的軍艦如同來無影去無蹤的幽靈船一般消失了。艦隊從佐伯灣出發前往西北太平洋的千島群島，襲擊艦隊在那裡集結。武田剛記得那天早上起床，以為還像往常一樣能看到航空母艦和隨行船隻停靠在佐伯灣。但是：「它們全都消失了。後來得知珍珠港事件的時候，我明白了那些肯定就是襲擊珍珠港的軍艦。」

抵達千島群島之後，來自佐伯的軍艦以及其他聯合艦隊船隻在此等待出擊命令。十一月二十五日，山本上將下達命令：突擊部隊向夏威夷挺進，準備摧毀美國艦隊；在確切攻擊日期前待命。十一月二十六日晚上六點，艦隊駛向夏威夷。[15]佐伯和平博物館策展人濱崎美佐代說，佐伯在襲擊珍珠港中所做的貢獻並不僅於此：「有些潛艇並沒有前往千島群島，而是直接從佐伯開向夏威夷的。他們的任務是負責打頭陣，偵察珍珠港，並在襲擊時協助解救飛機被擊落的飛行員。這是一些附著在大型潛艇上，新建造的兩人潛艇。」然而，所有的袖珍潛艇及船員都有去無回。

錯亂的驕傲

戰後數十年來，佐伯這個沉睡的港口市鎮，在偷襲珍珠港事件曾發揮過重要作用這一事實，從未得到任何關注與稱讚。佐伯居民對此表示沮喪，儘管他們對偷襲珍珠港有所反思，但仍油然感到自豪。這種近乎怪異的錯亂情感，在佐伯為襲擊珍珠港起到重要作用的五十週年紀念活動中顯得更加強烈。一九九一年十二月六日，一個佐伯青年團體舉辦了座談會、展覽、晚餐和海港之旅，紀念佐伯在世界歷史上的作用。對數以百計的參與者進行演講的有前零式戰機飛行員、潛艇艦長，以及山本上將之子。年輕人將他們奉為「日軍的無畏英雄」。

那次的主講者是鳥巢建之助。鳥巢其人曾是日本海軍「人操魚雷」行動的領導人物。「人操魚雷」是戰爭後期所使用的，由一名自殺志願者操縱一艘放置了爆裂物的潛艇。那天最受歡迎的演講者是牧野京佐，前零式戰機飛行員轉行的實業家。他關於襲擊珍珠港是保家衛國的必要措施的言論，在四百餘名與會者中引起共鳴。他聲稱：「戰前，亞洲只有四個獨立的國家；戰後所有的亞洲國家都獨立了。這是因為日本把白人趕出了亞洲。」講到戰爭的後果，他進一步認為，美國協助日本重建，只因為「它承認真正的敵人是共產主義，並對與日本宣戰抱有歉意。我們必須教育年輕人，日本不是戰爭中的侵略者。」[16] 在當時，牧野京佐是鄰近別府市的日美協會主席，代表了戰後許多人仍然持有這樣的觀念。

那天的紀念活動結束之前，奇襲珍珠港的浪漫色彩和日本海軍實力，被那些參與者的回憶所強化。山本上將的聲譽和形象就是一個例子。與會者參觀了當地一所歷史悠久的建築，長英一講解山本五十六來到佐伯時，曾經在這裡的榻榻米房間休息。一個遊客問：「他是不是個像電影裡那樣瀟灑、氣質十足的軍人？」長英一回答：「他就像一個神。他曾是日本的希望。」山本上將的兒子對自己的父親，比在座的所有人都了解，試圖把這些不著邊際的人拉回到現實中，說：「其實他個子很矮。」[17]

二十世紀九〇年代中期，佐伯建立了一間博物館，強調珍珠港事件，同時展現了戰爭期間當地居民的日常生活。當你訪問這間博物館時，你會感覺到博物館的主題自我矛盾。一方面，博物館坐落在佐伯灣對面，與那個酷似珍珠港內的福特島，零式戰機用以演練襲擊的小島對視。展覽館裡收集了許多那個年代日本海軍在佐伯港的影片和照片，以及襲擊珍珠港的照片。另一方面，博物館也展出了大量戰時一般百姓困苦生活的素材，照片與實物展現了缺衣少食，和缺乏製作日常工具的金屬的艱難，以及後來美軍轟炸佐伯的詳細紀錄。博物館名稱是「和平紀念博物館」，意在表明這場戰爭並不光榮，並且是殘酷的，希望日本不要重蹈覆轍。武田剛就是這間博物館的顧問，和他的採訪在這裡進行。當得知作者來自夏威夷時，武田剛立刻為日軍對珍珠港「不公平的攻擊」而向我們道歉。當發現冉瑩原來是來自中國的時候，他也馬上因日軍在中國的殘酷對她鞠躬表示歉意。這時，他既不把襲擊珍珠港作為一個浪漫的戰史，也不認為日本拯救了亞洲。然而，言談之中，他仍然為佐伯在戰爭中所起的作用而感到自豪。佐伯的例子可以說是日本人對於戰爭的矛盾情懷的典型體現。

2

上下一心，舉國一體

奇襲珍珠港

一九四一年十二月二日，旗艦赤城號隸屬的第1航空艦隊收到了正式命令：「攀登新高山」，這是向珍珠港發起突然襲擊的信號。十二月六日，第1航空艦隊開始給飛機加油，赤城號升起了Z字旗。日本時間十二月八日，夏威夷時間十二月七日清晨六點，第1航空艦隊發起了第一波攻擊。[1]七點鐘，下一波從航空母艦起飛。七點四十八分，第一波戰機抵達目的地，開始向歐胡島上卡內奧赫（Kaneohe）的軍事基地轟炸、掃射。然後，突襲隊長向飛行員發出命令，轟炸主要目標：珍珠港。五分鐘後，他發出了「虎，虎，虎」的信號表示對方沒有反擊，偷襲取得成功。到十點鐘，第一波奇襲飛機已經回到航空母艦。接下來的幾個小時，襲擊仍在繼續。直到下午一點十五分，日本指揮部下令停止襲擊，艦隊開始返航，只留下幾艘潛艇騷擾該地區的美國軍艦。[2]

幾年後，當年輕人問起珍珠港襲擊的情景時，戰時曾在佐伯受訓的飛行員並參與襲擊珍珠港，戰後做魚醬生意的赤松裕治笑著回憶說：「其實真的沒有什麼大不了。那時候，敵方瞄準儀器很不準確，所以並不危險……唯一可怕的是從山的一頭飛到另一頭，要飛得很低很低，樹木在飛機螺旋槳產生的氣流中搖曳。我們離靠港的艦隻幾乎是近在咫尺，根本不可能不命中目標。」[3]

偷襲給美軍造成的傷亡慘重，但遠非致命一擊，因為當時美軍航空母艦都不在港。最終數據顯示，美方共有兩千四百零三名官兵與百姓死傷，其中大多數是海軍。亞利桑那號、奧克拉荷馬號和猶他號戰艦被徹底摧毀，其他十幾艘戰艦只遭受輕重不等的毀壞，大多數能恢復戰鬥狀態。一百六十二架美軍戰鬥機被摧毀。而日本只失去了二十九架飛機，一艘大型和五艘袖珍潛艇。日軍死亡人數估計為一百二十九人，一半以上是潛艇兵。[4]

在日本國內，除了直接參與計畫和進行突襲的人員，沒有任何跡象表明將要發生的事件。老百姓完全料想不到他們的世界將會天翻地覆。曾在宇佐海軍航空基地擔任神風特攻隊教官的湯野川守正當時二十歲，是東京海軍兵學校的學員。他回憶當時的情景時說，他像其他日本民眾一樣，是從收音機上聽到奇襲珍珠港的消息：「海軍兵學校任何人都無權事先得知有關那次奇襲的情報。消息公開後，在學員大會上，院長宣布日本已經對美、英宣戰。他繼而指示我們繼續努力學習，不要為戰爭分心。學員們都明確地知道，我們很快就會參戰。當然了，每個人都有不同的想法。我的想法是：『萬歲！』只有很少數人認為向盎格魯－撒克遜人宣戰對日本不利。那些人認為這會使日本陷入危險的境地。這不過是少數人的想法。我是準備好上戰場的。」

平日關注報刊文章的大分百姓，無論如何都沒想到戰事竟如此突如其來。他們以為日本將與美國和平解決緊張局勢，因為報紙上是這樣宣傳的。例如，十二月六日，當地報紙報導：儘管進展緩慢，但與華盛頓的談判正在達成和平協議。然而，十二月八日，當地電台中斷了常規節目，通知說有重要的突發新聞：「不要關掉收音機，即將播送重要新聞。」之後，廣播公布了襲擊珍珠港的消息。十二月九日，報刊頭條詳細介紹了偷襲珍珠港，以及同時發生針對關島、馬尼拉、香港和馬來西亞的襲擊。報導說，西維吉尼亞號和奧克拉荷馬號戰艦被摧毀，四艘航空母艦和四艘驅逐艦受到嚴重破壞。而日本只失去了幾架飛機，所有戰艦完好無損。[5]雖然這些初步報告的細節有誤並加以誇大，但成功奇襲珍珠港成為強大動力，讓百姓保家衛國的氣勢高漲。

像全國各地的報紙一樣，大分縣報紙的頭版刊載了日本天皇的正式宣戰詔書，以此證明日本擴大對西方國家的戰爭是合理的，是對美、英威脅日本，干涉東亞和平，尤其是中國和平的回應。詔書最後一句呼籲全國公民為此做出無私奉獻：「皇祖皇宗之神靈在上，朕深信而眾庶之忠誠勇武，心能恢弘祖宗之遺業，剷除禍根，確立東亞永遠之和平，以保持帝國之榮譽，朕實有厚望焉。」6

動員民眾

大分的報刊社論重點勾畫了未來的挑戰，並鼓勵人民為戰爭做好準備。一家社論摘要如下：「一直以來，美國試圖阻止日本建立大東亞共榮圈之努力。現在，日美談判無果。對於談判毫無奏效，我們感到驚訝。回顧歷史，我們從未被異族統治，並且我們在與其他國家的戰爭中屢屢贏得勝利。在過去五年中，我們百戰百勝。雖然對美宣戰舉足輕重，我們有必勝的信心。西方認為日本不過是個弱小經濟實體，這是錯誤的。在這場戰爭中，為了支持我們的軍隊，我們需要犧牲自我，這是由於我們會面臨經濟上的困難。要準備好這是一場長期的戰爭。但如果整個國家團結一心，勝利毫無疑問是我們的。」7

大分市商會主席發布了一個充滿挑釁意味的聲明：「我們跟俄國人和中國人打過仗，

但這一次與以往不同。『萬眾一心』不再只是一句空話，而是我們現在所真正需要做到的。我支持我們的領袖和國家。這將是一場漫長的戰爭，但我會順應時局，相信我們一定勝利。」報紙還引用大分市市長的話：「之前我們挑戰大國勝利了。現在我們將更加堅定不移地對抗這兩個強國。」[8]

一九四一年十二月十日，大分縣縣長在當地報紙發表以下聲明，確定了未來四年的戰爭基調：「我們終於與野蠻、放縱的英美國家開戰了。為了在東亞建立繁榮與和平，為了保護我們的帝國，與英美作戰是必要的。天皇發表了戰爭宣言。這將是一場漫長的戰爭，我們必須以沉著冷靜的態度對待。在我們的人民、天皇所向無敵的軍隊和政府的配合下，我們將建立信任，共同努力，實現我們的終極目標。要支持軍隊作戰，我們必須建立和保持不間斷的生產力和穩定的經濟。此乃當務之急，為了日本穩定及安全的未來，我們必須刻不容緩地為建立大東亞共榮圈做出貢獻。」[9]

當地媒體還強調和鼓勵居民支持這場新的戰爭。「這是日美開戰的第一天。天皇的戰爭宣言引發了人們的熱情，別府軍醫院的傷病員和國民學校的學生在晚上集會祝禱。別府市居民紛紛表示堅定的決心。市民們對敵方的肆意與傲慢感到憤慨。」報紙上的文章號召市民「十二月十一日下午兩點在春日神社集會，支持對抗美國的行動」。[10]

這一天報紙的頭版頭條是〈縮短暑假、週末上課：提前畢業準備打仗〉。預示了欲來之戰對當地民眾，尤其是在校學生將會造成的巨大影響。報導說：「為了讓職業學校二年級生提前畢業，從一九四二年四月一日的學年開始，學生需在夏季和週末上課。暑假將縮短到一至三週，下一個學年將於一月開始，九月底結束。每個月，學生有兩個週末需要到校上課。」11

襲擊珍珠港事件在很多大分少年心裡留下了深刻的印象。當時十歲的吉村隆文住在宇佐鎮。當被問及他對戰爭的第一個記憶時，他回憶道：「一九四一年十二月八日這個日子，深深地印在了我的腦子裡。那是一個寒冷的早晨，我一如往常地去上學。學校召集了全校大會，校長宣布日本跟美國和英國開戰了。他並沒細講戰爭的狀態，可是我記得他特別緊張。當時我是小學四年級，聽說要打仗興奮極了，從來沒有想過日本有戰敗的可能。那時候，媒體永遠都是在告訴我們『日本又贏了』，所以我和我們家人都以為日本會輕而易舉地打贏這場戰爭。」

這是當時大眾普遍的情緒，特別是在學生中蔓延。後來擔任過日本首相的村山富市那時還是名學生。他家住在大分市。他表達了那時候學校裡男同學普遍一致的激憤。「我當時不過是個小孩子，可是我仍記得心裡那種『耶！』的振奮。」

一九四一年，大分市近郊一位農民的兒子後藤豐喜是小學三年級生。他記得奇襲珍珠港是他對了解日本強大軍事力量的啟蒙。「我不知道珍珠港在哪裡。只知道我們正在進行一場艱苦的戰爭。但實際上我甚至不知道是什麼戰爭。老師告訴我們日本突襲了珍珠港，教我們準備為日本而死。上課的時候，老師要我們畫戰爭畫，我們都畫飛機，或者是畫士兵開槍掃射敵人，我們沒別的可畫。」

太平洋戰爭開始時，柳瀨陽之助九歲。他記得：「在學校裡聽到的，在收音機聽到的，在家我爸爸給我們讀報紙聽到的，全都是關於戰爭。『戰爭』這個詞無所不在。我們特別興奮，學校裡大家都特別興奮。很長很長時間裡，我們似乎總是打勝仗。」但是，他也記得：「一切都圍繞著『死』。老師總是說，我們是天皇和日本的孩子，為天皇而死，是死得光榮。」這種預期將死得光榮的概念，早早地滲透在兒童的腦海裡，為他們成為殉難者打下了思想基礎。

為了加強這一觀念，一九四二年四月，一本青年雜誌《校刊》國中版（*School Weekly: Junior Edition*）刊登了一篇圖文並茂的報導，以此紀念青年海軍士兵在珍珠港襲擊中赴死的壯舉，題目是〈在夏威夷的九位戰爭英雄〉。報導說：「大東亞戰役在夏威夷打響時，特別攻勢艦隊的英勇行為震驚了整個世界。襲擊的計畫由岩佐中尉及其他八名軍官付諸行動。他們的英勇驚心動魄、前所未有。完成任務以後，船員們與船隻同歸於盡。」[12]

私下的質疑

這樣大規模地高調宣揚殉難的榮耀，在日本社會並不是一直普遍存在的。事實上，如果追溯到日本軍國主義崛起之前，和平的呼聲，至少是對天皇和軍隊角色的限制，和批判性反思並不罕見。這種情緒可見於日本具有爭議的著名詩人之一的與謝野晶子，在日俄戰爭期間寫下廣為傳誦的詩中：

嗚呼！吾弟，你不要死。
嗚呼！吾弟，我為你哭泣，千萬莫要送命去。
君為雁序最末子，爹娘寵愛集一身。
春暉庭訓遵正道，難道教你去殺人？

君可知，吾家世代陶朱業，背祖遠征無先例。
吾弟切勿去送死，君王逍遙復逍遙。
讓你替他去灑血，讓人殉在虎狼道。
血染沙場為哪般？難道此謂光榮死？[13]

與謝野晶子的詩歌成為表達反戰情緒主題的頌歌，在反對日俄戰爭集會上放聲朗讀。在鞏固軍國主義、侵略中國及其後的太平洋戰爭期間，這首詩被禁，而詩人則被冷落。

第二次世界大戰後，這首詩再次出現。高元紘子回憶說：「戰爭結束後，到處都是與謝野晶子的詩歌，背誦她的詩是學生的家庭作業。大多數人從來不知道，也沒聽說過與謝野晶子和她的詩歌，戰爭結束以後我們才發現之前她多有名氣。」[14]

即使在戰爭年代，學校裡的民族主義教育，使得年輕人除了日本天皇和軍界的至高無上之外一無所知，像這樣反戰的情緒也並非不存在。

南里俊策的父親是日本貿易公司的總經理，他曾因公旅居亞洲各地。一九四一年，他攜家帶眷住在日軍占領的上海。得知日軍襲擊珍珠港的消息後，他對當時還是國中生的兒子說，情況對日本不利，這場戰爭輸定了。[15]

有位女生不無擔心地對朋友說：「這下，男生們都要去當兵了。跟那麼大的國家打仗可真的要小心一點。」

另外，在大分縣的學校裡，英語作為一門合法課程愈來愈受到排斥。一位校長反對這種民族主義的狹隘意識。田中康生當時是一名在校生，他記得：「一開始還沒什麼變化，可是很快英語課成了一個問題。那時候我是國中二年級。大家都嚴重質疑為什麼我們學校還要教英語，我們為什麼要學敵人的語言？小野校長召集學生開會。他說，一種語言就因為是敵人的而不學，是很不明智的。其實，正因為它是敵人所使用的語言，我們就更應該掌握它。校長解釋說，在戰爭中如果我們聽得懂敵方的語言，無疑是對我方有利。可是，他也強調作為學生，我們應該把學習放在考慮敵人之前。努力學習才是我們的責任。我感覺小野校長的情緒並不孤單，只是那時候，人們不會公開發表這樣的言論。」

那時候，這類議論確實少見，特別是在公開場合。然而，私下裡的質疑並不是沒有。杵築鎮的矢野慎三對襲擊珍珠港的看法頗有保留。矢野正明回憶說：「我於一九二七年出生在加拿大，我的妹妹矢野惠也在加拿大出生。我父親矢野慎三在家裡八個孩子中排行第六。一九二三年，他離開日本到加拿大去闖蕩。但他離開的並不是一個普通的家庭。矢野家族是當地的『村長』，多年來負責監督杵築地區的大部分耕地，以及這個肥沃水稻產地的農家。」時至今日，矢野家族偌大的住宅依然俯瞰著八幡河上方的大部分農田，而為當地人服務的社區佛教寺廟就建在隔壁。

家人並不同意矢野慎三離家遠赴加拿大。但二十世紀二〇年代的日本經濟艱難，而且矢野慎三感覺鄉下的生活無聊。況且遠走他鄉並不意味著就此放棄家人，因為他有兩個哥哥可以接管家庭事務。在加拿大，矢野夫婦經營草莓農場，生活小康美滿。除了在家裡跟父母說日語，矢野正明和妹妹平時都說英語。然而，不為他父親所知，一九三三年在日本，矢野家族召開了一個家庭會議，決定將他召回日本，管理村子和周圍的田地。這個決定於矢野慎三一家不啻當頭一棒：

父親的大哥當了老師；二哥當了兵。所以我父親被告知返回日本，因為他是唯一可以承擔矢野家族責任的人。一開始他不願從命，拒絕回來。我的父母親都很喜歡加拿大的生活，想留在那裡。杵築的家事對他們來說並不重要。不過，隨著壓力與日俱增，他實在無可奈何，只好帶著全家人離開了加拿大。一九三三年，我剛到小學入學年齡，全家從加拿大坐冰川丸號郵輪到橫濱，回到一個對我來說是外國的日本。到了杵築，我們搬進了我祖父母的房子，所有的財產都轉移到了我父親的名下。從一開始我就受到語言之困。在加拿大，我的名字是山姆，我只在家裡說日語。但是現在我每天都得到隔壁的寺廟裡去學日語。從學寫我的日文名字，Ya No Ma Sa A Ki這六個音節開始。上學以後，同學總是喜歡嘲笑我不會講日語。

矢野正明對日本的第一印象裡有一個突出的主題。他就讀的鄉下學校在民族主義教育方面不容置疑，包括取消英語課程。他說：「當時日本全國都在進行愛國主義教育。那時候我還很小，但我記得軍國主義教育主宰了我們生活各方面的一切。最開始我們聽說了日本在中國取得的勝利。我上高中的時候，日本襲擊了珍珠港。當時，學生都特別開心，奔走相告：『我們贏了，我們贏了！』何止是開心，真可謂是激動萬分。在廣播、學校和家裡，所有的人都簡直不敢相信那樣的好消息。大家的愛國熱情從反對中國，轉向反對美國和英國。與敵人有關的一切都令人不齒。英語課被禁止，我感覺我們學校的英語老師真的好可憐，因為他們都因此被解雇。」

但矢野正明的父母對於襲擊珍珠港，沒有明顯表達他們的立場。他記得：「我父母對美國人和西方人沒有什麼不好的印象。畢竟，他們在加拿大住過十年。事實上，他們回到日本之後很懷念西方的民主制度。所以他們很少對當時的戰爭發表看法。姑且說，他們的立場是中立的吧。」

然而，矢野家族還有另外複雜的一面。放棄繼承家業去當兵的二哥，並不是名普通的士兵，他就是日本海軍中將堀悌吉。他的姓氏從矢野改為堀，是因為幼時他被一個沒有男性繼承人的鄰居收養。堀悌吉是杵築鎮出身的著名人士之一。[16] 堀悌吉在戰前就升遷到海軍中的高階要職，參加過二十世紀三〇年代在倫敦和華盛頓舉行的外交談判。他在海軍兵學校讀書時，與同學山本五十六結為密友。矢野正明多次聽伯父說過「我是山本五十六最信賴的人」。

矢野正明說：「有一次，長門號來別府灣，我伯父正好在杵築，山本五十六來到我家。我大約十一、二歲，對他的印象是，很有威嚴，不苟言笑卻不失和藹。他是穿便服，跟普通人一樣到火車站，買車票來的。因為我伯父那時候已經不在海軍裡了，不能讓人知道他們之間有來往。他們從早上九、十點鐘一直聊到下午兩、三點。他在這裡吃了午餐和草莓。我父親在這裡也種草莓。山本上將不能待得太久，不然船上會有人去找他，問他到哪裡去了。我還去過他下榻的日式旅館。有一次，長門號來別府灣，伯父不在杵築。山本五十六把我們全家十五、六個人全都請到船上去吃晚餐。我記得特別清楚，因為那天吃的是西餐，有肉！是牛排。我最小的妹妹那時候才四、五歲。山本上將送給她一條紅色的綢帶留作紀念。我妹妹太小，不懂事，當即表示遺憾說，要是上面沒有『長門號』的字樣，她就可以用來繫在頭髮上了。我伯父說，書裡寫的那些關於山本上將喜歡找歌舞伎的事情全是假的，是為了賣書捏造的。以他的職位，他哪裡來的時間去玩。」

戰爭開始之前，堀悌吉因持反戰立場而辭職。矢野正明認為，堀悌吉與山本五十六抱持同樣意見，認為日本不可能打敗美國，應該用和平方式解決分歧，而不是以開戰為手段。「但是，堀悌吉的意見在日本海軍中被認為是危險的。所以他辭職了。是的，實際上他是被撤職了。」戰時，他一直待在東京。儘管杵築地區的人對堀悌吉不完全支持戰爭有所耳聞，但是有這樣一位知名的伯父，同學們對矢野正明還是頗為刮目相看。但同時，也帶來一定的壓力。為了不示弱，他不得不擺出一副超級愛國者的姿態。

珍珠港事件發生以後，民眾被告知不僅是夏威夷，日軍在關島、香港、馬來西亞、新加坡和上海也都是節節勝利。大分媒體大張旗鼓地報導了當地民眾高漲的愛國熱情，還特別提到了在校生的反應。學生和老師走出學校，大分市岩田女子中學學生步行到附近神社，為日本未來的勝利祈福。採訪記者寫道：「學生們表現出堅定的信心。」[17]

勝利消息傳來後，質疑聲逐漸消失。就連南里俊策他那一開始對襲擊珍珠港有所批評的父親也「改變了他的觀點。看到我們取得了那麼多勝利，成功地征服了這麼多亞洲地區和國家，他也就變得愛國了」。

軍旅作家火野葦平所著，反映侵華戰爭的小說「士兵三部曲」（麥と兵隊、土と兵隊、花と兵隊）曾在日本家喻戶曉。作為日軍報導部成員，他必須嚴格遵守軍方的規定和限制：

一、不得寫日本軍隊的失敗；
二、不能涉及戰爭中必然出現的罪惡行為；
三、寫到敵方時必須充滿憎惡和憤恨；
四、不得表現作戰的整體情況；
五、不能透露部隊的編制和部隊的名稱；
六、不能把軍人當作普通人來描寫。可以寫分隊長以下的士兵，但必須把小隊長以上的士兵寫成是人格高尚、沉著勇敢的人；

七、不能寫有關女人的事。

珍珠港事件以後，對戰爭哪怕是微乎其微的質疑都是很危險的。國家刊物、軍國主義的強硬喉舌《文藝春秋》，向所有對日本的走向提出異議的人，發表了明確和嚴厲的警告：「徹底擺脫民主和國際主義的一切影響，否則我們日本人將無法看到真相……我們應該消除在學術界和新聞界中潛伏的任何質疑……《文藝春秋》的立場是：言論自由和出版物必須予以嚴格控制。」[18]

事實正是如此。戰時日本媒體受到嚴格監督，毫無新聞自由可言。在大分，日軍每天到《大分合同新聞》辦公室坐鎮，決定報導哪些故事；發布哪些新聞；怎樣呈現一篇報導，使其能夠為協助和支持當下的戰事來服務。戰爭結束後，在《大分合同新聞》當過記者的田中康生，回憶那裡的老同事對他說過：「戰爭期間，報紙每天都要經過軍方審查才能發表。軍方對報導哪些消息做最後的決定。我們根本不知道真相。後期，雖然我們之中有些人猜測到戰局對日本不利，可是政府通過軍隊掩蓋了真相，所以我們完全被蒙在鼓裡。」另一位退休記者南里俊策記得戰爭時期就是記者的老同行說過：「那時候，報紙被軍方審查得我們連天氣預報都不知道該怎麼寫。」

3 集結大分男兒

「離別我的故鄉」

奇襲珍珠港給絕大多數日本民眾帶來了迫切感和全新的期待與樂觀。儘管這是日本歷史上的一個關鍵時刻，但並不是戰爭的開始，而是肇始於一九三一年的侵華戰爭。起初，日本軍方以為能在反對西方列強、保衛亞洲和平、提高日本經濟增長的幌子下，實行軍事擴展，貧窮落後的中國則將一觸即潰。沒料到侵華之舉轉化成一場曠日持久的戰爭。從一九三一年九一八事變，到一九三七年盧溝橋事變，從某種意義上來說，天皇的軍隊攻無不破，得以控制大片中國領土。

那時候，日軍傷亡為數不多，直接受到影響的家庭有限，家人還可以用心懷崇敬的傳統儀式悼念陣亡者。一九四一年後，這種情形發生了顯著變化。武田剛的哥哥一九三九年徵召入伍，一九四三年戰死在塞班島。他回顧哥哥離家及之後陣亡的情景時，表現了家人在戰時的矛盾心情：

我家住在佐伯鎮外的一個村子裡。一條大河從村邊流過。從軍入伍的年輕人離家，親友把他們送到碼頭。從那裡，他們順流而下到佐伯鎮，然後在佐伯上火車前往受訓基地。我哥哥武田信次郎英俊善良，是個深受村民愛戴的年輕人。我對我哥哥崇拜極了。他離家的前一天晚上，親朋好友聚在一起，準備了很多清酒和年糕為他舉行告別儀式。在這種場合，傳統習慣是新兵的母親和妻子喝清酒，並祈求守護神保佑士兵平安歸來。大家都鼓勵我哥哥努力為國而戰和效忠天皇，但事實上，我們心裡真實的想法是希望哥哥能活著回來。在儀式上，他被贈予了傳統的「千針帶」護身符。[1]他恭敬地把千針帶纏在腰上。其實，沒有比婦女用悲傷做成的千針帶更沒用的東西了，它起不到任何保護作用，這我們都知道。出發那天，哥哥天亮之前就起來了。他走到河邊碼頭，大約有一百人唱著戰爭時期的歌曲為他送行。可是我哥哥請求他們不要唱軍歌。走向碼頭時，他和我十四歲的姐姐美佐子合唱了一首傳統歌曲《離別我的故鄉》。大家都靜靜地聽著。

四年後，已經是中士的哥哥陣亡。有段時間，我姐姐在佐伯海軍總部工作，她打聽到哥哥的部隊從滿洲開赴塞班島了。那時候已有傳聞說日軍在塞班島傷亡慘重，所以我們都非常擔心，做了最壞的打算。大約一個月以後，佐伯海軍官員來我家通知哥哥陣亡的消息。他們帶來一個小盒子說裡面是他的遺體。我拒絕相信我哥的骨頭能裝在那個盒子裡，所以當著家人面就把盒子打開了。裡面只有一塊寫著我哥名字的小木條。軍方沒人來家裡撫慰。我一向喜歡畫畫，所以我畫了一張我父母和穿著軍服的哥哥的畫，掛在我父母家。這張畫我一直保存著，我每天都會想起哥哥。

這時候我們村從軍的陣亡人數愈來愈多，家人得自己到佐伯火車站去領裝著他們「遺體」的白盒子。他們捧著白盒子，穿過村莊走回家。之前，在中國陣亡的士兵及家屬會受到尊重。士兵的遺體及其個人的財產會按照慣例，鄭重地交還給家人。村民們會向家屬致以哀悼，向陣亡的士兵致敬。與美交戰後，隨著死亡人數的增加，人們習以為常，不再向陣亡士兵和家屬表示特別的尊重。佐伯地區一共有四千兩百多人戰死。

哥哥陣亡前，我自願參加了海軍訓練學校，因為我堅信日本的事業。哥哥死後，我就開始質疑這場戰爭帶來的後果了。

除了家裡有兒子、兄弟和丈夫被派往中國打仗或就職的人，中國的戰爭似乎遠在天邊。在大分市長大的橋本一郎說：「二十世紀三〇年代中期，我上小學的時候，大分人的生活相對穩定。軍隊在中國打仗，但日本國內一切照常。學校的課程與以往無異。老師會說，日軍在中國長驅直入所向無敵，讓我們讀繳獲中國坦克和武器的文章。但教科書本身跟以前並沒有區別。可是上國中以後，也就是在與美國交戰開始之後，我注意到教科書跟以前不一樣了。」

二宮吉男在一九三二年出生於大分市，也記得學校老師對學生的教導：「那時候，我還很小就被教導說，日本必須團結亞洲，因為日本缺乏石油等資源，所以必須到亞洲其他國家去取得這些資源。還有就是，跟美英打仗是為了確保我們的生存。」

同在大分市的園田英雄說：「我出生於一九三一年，所以我的青少年時代是在戰爭時期度過的。我出生那年，日本入侵滿洲並將其變成殖民地。一九三七年我開始上小學的時候，日本在中國展開了大規模戰事。當時學校進行軍事教育，我畫了不少有關打仗的畫。」說著，他從一疊文件中取出一張彩色兒童畫。「這是我上三年級的時候畫的。這張畫是日本飛機轟炸中國。」

田中康生記起上小學的時候，跟同學們到大分市火車站，歡送新兵登上火車開赴中國：「那些士兵從市裡走到火車站，然後陸續上火車的時候，我們這些小學生就揮舞著紙旗子高呼『衝啊，衝啊，衝啊』。每個月的第一天，我們都得從學校步行二十分鐘到春日神社去祈求勝利。」

送給希特勒的禮物

時至一九三九年，日本愈來愈倒向德國和義大利的陣營，結為軸心國。一九三六年，德國和日本簽署了《反共產國際協定》（Anti-Comintern Pact）。希特勒讚揚日本文化，並賜日本人為「榮譽雅利安人」。一九三八年，希特勒宣布承認日本操縱的滿洲國。媒體大力宣揚，提倡兩國關係，鼓勵民眾向德國人看齊。一九三八年十月版的軍國主義雜誌《文藝春秋》宣稱：「也許你認為納粹和法西斯這樣的組織超乎想像。不過，請記住，人民大眾團結一致，以希特勒和墨索里尼為中心，就是世界前進的動力。」[2] 日本各地媒體鼓動與軸心國成為合作夥伴，一些報導甚至是針對兒童，社會上出現了一批小學生歡呼歌頌希特勒、墨索里尼和日本首相近衛文麿的宣傳畫。

一位大分縣居民為此以其獨特的方式，做出了令人震驚的個人「貢獻」。作者訪問宇佐的前海軍航空基地和神風特攻隊訓練設施時，造訪了附近的佛教寺廟教覺寺。同日本大多數佛教寺廟一樣，住持職位是祖傳的。教覺寺的歷史可以追溯到五百多年前。戰爭期間，這裡是士兵的營房和精神家園。接待我們的住持平田崇英是這所家族寺廟的第二十代傳人。

這是一座古樸美麗的建築，給人印象最深刻的是坐落在金碧輝煌的正殿內，有著百年歷史的佛像。然而，教覺寺近來的歷史卻頗為出乎常人意料。佛像背後有一個隱匿狹窄的房間，這裡展示著一整排手工製作的日本戰艦模型，展示了一個日本人對戰爭的狂熱。平田住持驕傲地向我們介紹說，這都是他祖父在戰爭期間精心製作的。模型長約一公尺，仔細觀察，能看到令人驚嘆的細節，以及製作人嫻熟的手藝。更有甚者，在這些模型之間的玻璃櫃裡，展示著一張保存完好的由希特勒簽名的照片和一封感謝信。現任宇佐歷史協會負責人的平田住持向我們講述了照片背後的故事：「我祖父素有製作日本戰艦的癖好。可以看出，這些模型從頭到尾都是用金屬精心打造。作為這個地區的精神和社區領袖，他決定把他製作的模型分別送給希特勒、墨索里尼和時任日本首相近衛文麿，祝賀日本加入軸心國。這張簽名照片和親筆感謝信是希特勒的回覆。墨索里尼和近衛文麿則沒有回應。」

平田住持的講述裡沒有任何分析或評論，但對他祖父在製作模型方面成就的自豪是顯而易見的。對他來說，似乎這不過是那個年代的一個小插曲。然而，與希特勒的意外相遇，使我們更清楚地看到當時民眾對日本與歐洲法西斯國家聯盟的追捧，讓我們看到那個時代，民眾對戰爭白熱化的激情，竟然滲透到傳統上以促進和平為宗旨的佛教領域。[3]

大分兵

大分縣對戰爭的貢獻不僅僅限於為日本侵華戰爭和太平洋戰爭提供了大量兵源，將士兵送上戰場為天皇而戰、為天皇而死，這個毫不起眼的農業鄉村之最大貢獻，當屬向政界與軍界輸出了令人瞠目的領導人物，這些人在戰爭中對日本政治與軍事的走向，起到重大的作用。

其中之一是南次郎。這名未來的將軍於一八七四年出生在位於別府與杵築之間，名叫日出的漁村。一八九五年，南次郎畢業於陸軍士官學校，在騎兵部隊任職。他參加過日俄戰爭，在之後的日本與中國和韓國的衝突中，升任為陸軍指揮官。一九二七年，日本一位陸軍參謀長編寫報告認為，中國人對日本在滿洲擴張的抵制正在加劇和蔓延。愈來愈多的日本人認為，日本需要通過加強軍事統治來控制這個地區，而不應該繼續企圖以「軟硬兼施」的方式贏得優勢。即將被任命為日本陸軍大臣的南次郎認同此議。同年八月，他發表談話，警告中國民族主義在滿洲的危險，認為這不是一個暫時的，而是永久性的問題。南次郎和與他志同道合的軍官們認為「只剩下兩種極端的選擇，不是可恥的撤退，就是更進一步的暴力擴張」。[4]

一九三一年，侵華戰爭再次打響，南次郎擔任了關東軍指揮官，並兼任日本駐偽滿洲國大使。與此同時還兼任韓國總督。戰爭後期，他被任命為帝國國會和樞密院成員。[5]

在與中國和後來與盟軍的戰爭中，大分的貢獻倍增。南次郎與其他兩個大分出身的軍人梅津美治郎和重光葵分別成為帝國陸軍、海軍和外交使團的最高領導人，分別在二十世紀三〇年代到戰爭結束期間的重要軍事和外交策略中，發揮了關鍵作用。他們是不折不扣的軍國主義者，從頭至尾都是強硬派。他們的影響將在後面的章節中進一步介紹。

在中國和太平洋戰場上代表大分的日軍47聯隊，又名為長谷川聯隊，由來自大分全縣每個角落的年輕人組成。一九三二年十二月二十一日，47聯隊抵達中國；一九三三年新年伊始，與中國軍隊第一次交鋒，之後參與了熱河、朝陽、建平、赤峰等戰役。四月十日，47聯隊抵達北京。戰地記者向大分民眾報導：「大分47聯隊的軍旗飄揚在長城上空」。一九三三年十月，47聯隊「滿載勝利回到大分」。直到一九三七年，47聯隊接到命令再度開赴中國。

一九三七年八月一日下午五點十五分，在長谷川正憲上校帶領下，47聯隊全體官兵聚集在位於軍營附近的明治神社。他們為即將在中國的戰鬥謀求勝利而祈禱。之後，他們步行通過市區到大分火車站，市民夾道歡送。八月三日，他們在門司港登船，經釜山，最後在北京南郊朱家務紮營待命，並與其他部隊協作在該地區維護秩序。

八月三十一日，47聯隊接到向西南移動的命令，攻擊保定市。出發之前，長谷川上校收到指揮官高木發來的戰鬥命令及以下指示：「務必火化陣亡者，將骨灰和遺物送還士兵家屬。此外，你的聯隊官兵嚴禁強姦和搶劫。」在這個階段，將骨灰送還仍然是可行的。至於強姦和搶劫的禁令在戰爭的激烈和恐慌中毫無效用。

在接下來的幾週，47聯隊面對了中國軍隊的頑強抵抗，九月下旬才到達保定城外。以下是平松鷹史所著《鄉土部隊奮戰史》中47聯隊的攻城紀錄：

初秋的戰場血流成河，全聯隊官兵精疲力竭。在一寂靜的夜晚，第3大隊隊長江島虎雄接受了開拓突擊通路的艱鉅任務。江島虎雄下令由第9隊安部政太郎上尉選擇三名士兵組成敢死隊。他們是石田寶中士、後藤秋義上等兵和蘆刈幸作一等兵。三人輕裝，每人只帶一把短刀和一把十字鍬。他們躍出戰壕，摸到城牆下。敵人開始向他們投擲手榴彈。但他們躲在一個死角，毫髮無損。接著，他們用十字鍬挖掘腳蹬爬上垂直的城牆。石田先行，然後是後藤和蘆刈。十分鐘後，後藤最先，其後是石田和蘆刈翻上牆頭。這時幾名中國士兵發現了他們，但後藤從敵方搶過一挺機槍開始射擊。

石田和蘆刈也相繼繳獲了武器。城內階梯入口處大約一百名中國士兵試圖抵抗，但很快被敢死隊制服。後藤厲聲下令叫敵人投降。敵人雖不懂日文，但放下了武器。後藤從軍服口袋裡掏出一面旗幟。太陽旗升起在北門上方。他們打開北面沉重的城門，士兵湧入城內。這時是一九三七年九月二十四日早上九點十分。[6]

這個紀錄使人聯想到各種各樣戰爭英雄的故事。不難設想，某些細節因時間的久遠多少含有蓄意誇張成分。但是，保定市淪陷、47聯隊是攻克城門的先頭部隊為不爭事實。對於47聯隊來說，戰爭的殘酷才剛剛開始。

攻克保定後，大分兵揮軍南下，於十一月七日參加了金山「激戰」。

十一月七日抵達金山的第10軍法務部法務官小川關治郎在日記中寫道：「午後，據觀察了金山衛城的憲兵隊長上砂說，同城附近掠奪十分嚴重，無益的殺傷慘不忍睹。」[7]

與此同時，和父母一起住在上海的南里俊策，記得看到日軍在該地區集結。他回憶說：「我出生在大連，父親經營一家貿易公司。搬到上海以後，我家住在日本租借區。租界區裡有日本小學、國中、高中和大學。我們學校有一些中國和韓國學生，但他們都有日本國民身分。租界區裡還有大約兩千名日本海軍士兵，所以在上海的日本人有足夠的安全感，生活很安逸。可是一九三七年暑假期間，中日軍隊在上海市區展開巷戰。我們被告知，應該撤離到安全地帶。我家鄰居有輛汽車，帶著我們和其他人去了日本俱樂部。我們在那裡待了差不多兩週。隨著愈來愈多的日軍開進上海，小孩子被疏散出上海。我們一家登上了開往長崎的津和丸號。過了幾天，我們到達了我母親的家鄉，大分縣別府市。」

攻打南京

上海淪陷後，日軍迅速重整。原本以為上海戰役後就可以回家的大分47聯隊，併入由柳川平助指揮新成立的第10軍，編入在即將打響的南京戰役中，充當先遣部隊的第6師。十一月十九日，東京尚為下一步戰略方案舉棋未定，柳川平助未經授權，擅自命令47聯隊及其他部隊追擊並掃除向南京方面潰散的中國軍隊。他在寫給上司的報告中說：「目前狀態不允許撤銷進攻南京的行動計畫。此外，我有第六感，只要乘勝追擊，我們就能夠輕而易舉地拿下南京。」柳川平助的妄為在東京引起不安，因為襲擊南京的計畫並未公布。但是，命令柳川平助撤銷行動為時已晚。像以往戰爭中有時會出現的情形一樣，戰場上指揮官戰意猶酣的決定，壓倒了後方中央指揮部署的作戰方案。十一月二十四日，總參謀部發出以下指示：鑑於我軍與敵軍方位和現狀，之前行動方案已失效。[8]

十一月三十日，47聯隊接到命令，在癱瘓的蔣中正軍隊重組之前，迅速趕到南京。日軍開始轟炸南京，整個城市遭到破壞。預計南京唾手可得，日軍輕裝行軍，除了必要的戰備和醫療用品，一切從簡。然而，儘管中國軍隊陷入混亂，日軍進展並不如意。中國軍隊迅速重組反擊、與日軍鏖戰，令日軍窒礙難行。此外，輕裝行軍造成軍糧短缺，迫使日軍在沿途的城鎮和村莊覓食，釀成隨之而來的失控——搶劫、掠奪和焚燒村莊成風。

十二月十日，47聯隊參加了在南京城外搶占南側82高地的戰鬥。戰鬥再次猛烈得令日軍大為意外。儘管多人受傷，日軍最終拿下這塊俯瞰南京城的高地。第二天，第6師將炮火集中在西南城門，47聯隊奉命率先攻打城市。十二月十一日的夜晚，47聯隊第3中隊發起進攻，乘舢舨渡過護城河，焚燒房屋以製造煙幕。六名士兵組成敢死隊，用臨時竹梯爬上二十公尺高的城牆。一名士兵在爬牆時落入護城河，另有四名被擊斃，但中津留第一個爬上城牆，隨後與其他聯隊兵士進入南京。日本第10軍由大分兵率先進入南京，占領了該市。十二月十七日，47聯隊參加了陸軍的南京正式入城儀式。9

南京遺留問題與大分的驕傲

47聯隊在這些戰役中的勇猛，給家鄉民眾帶來驕傲和信心，徵召入伍的大分青年紛紛選擇加入47聯隊。年輕的農民牧修七在一九四〇年應徵入伍，戰爭結束之前升至陸軍上尉。戰後，他作為47聯隊的主要聯絡人，代表老兵組織年度團聚和社會服務。停戰快七十年以後，他仍然相信戰爭的正確性和47聯隊官兵的無畏精神。對他來說，殘忍狡猾的是敵人，而不是他和他的戰友。他回憶道：

報到的時候，他們問我想加入哪個聯隊，我回答：「47聯隊。」那時候是在南京戰役過後，47聯隊還在前線。我選擇47聯隊有兩個原因。首先，這是我的家鄉聯隊。第二，47聯隊是日本最強的聯隊。我被分配到軍官訓練隊。我學會了使用機槍和大炮。幾何在使用大炮中也是必須的。我還學習了如何在戰鬥中用兵，下達攻擊命令的時機，以及如何關注最終的目標。除了這些技術方面的，我還從老兵那裡接受了武士道精神的訓練。武士道精神是一種為了獲得榮耀和人類的成就而自願犧牲的意志。[10]我懂得了作為領導者必須為國家的利益而努力，準備赴死。每天點名之後，我就跑步到位於軍事學校一角的神社去祈禱。我受過格鬥、登山、劍術和柔道以及精神教育的訓練。我們聯隊有三名勇敢的士兵被列為新兵學習的榜樣。這三名士兵把炸彈裹在身上衝向敵人。他們是我們的榜樣，我們為踏著他們的足跡而自豪。這麼說吧，47聯隊在太平洋戰爭開始之前就具有神風精神。是的，日本武士道精神在47聯隊！[11]

我開赴中國前的那天晚上，家人為我舉行了告別晚宴，鼓勵我為日本勇敢戰鬥。

我父親之前在西伯利亞為日本而戰。他告訴我，在任何情況下都要保持冷靜、準備陣亡，因為我是個日本人。他還把他的劍送給我作為紀念。家裡的女人為我準備了千針帶，我一直留到戰爭結束。可惜，投降的時候被迫上繳給敵人了。我母親盡量不讓人看見她在流淚。這是當時典型的家庭場景。

牧修七在一九四〇年當兵，並沒有參加一九三七年的南京戰役，但是他和許多參加過南京戰役的人一起服役。他堅持說，47聯隊在南京戰役中的行為是符合戰爭規範。他說，47聯隊在南京戰役的勇猛，也是他渴望加入47聯隊的原因之一。「47聯隊之所以在南京和其他許多戰役中都是先鋒部隊，是因為我們聯隊的聲譽是勝利、占領、進入下一場戰鬥。47聯隊是第一個抵達南京城門的，在那裡升起了我們的聯隊旗。」

攻克南京三天之後：「十二月十四日下午三點半，（第10軍法務官）小川到達可見南京城牆之處，沿途中國軍隊屍橫遍野，到處燃燒著大火，日軍只能『跨過屍體前進』。從『南門』進城後：一進門就看見兩側的累累屍體。……在屋上眺望，廣泛的市街到處都是沖天的火焰。確實是戰爭的光景。」

一九三八年一月，日本知名作家石川達三作為《中央公論》的特派作家，來到被日本占領的南京，收集南京戰役的素材。之後，他在報導文學《活著的兵士》（生きてゐる兵隊）中，描述了窮凶惡極的日本士兵在進攻南京的途中，以及占領南京城之後燒殺擄掠的野蠻行徑，坦承：「戰爭絕不是請客吃飯，而是痛烈的、悲慘的、無法無天的。」

然而，關於南京大屠殺，牧修七至今堅持寧信其無：「我不相信有什麼大屠殺。」他說：「中國軍隊缺乏紀律和道德觀，心狠手辣。在進軍南京的途中，二百多名日本士兵以最殘忍的方式喪生。南京戰役中，中國軍官棄兵而逃。在混亂中，中國士兵脫下軍裝，與當地市民混在一起。這種無序的狀態和中國人的殘忍，是導致南京混亂的原因。你永遠不會看到日本軍官逃避責任。」於他，即使日軍行為有過錯，責任也應該由棄兵而逃的中國軍官承擔。在戰爭結束近七十年後，這位九十四歲的日本老兵仍然對中國軍官表示鄙視。

為了強調47聯隊的自律，牧修七自豪地回憶他怎樣帶兵：

我們有嚴格的紀律。根據所占城市居民配合與否調整規定。例如，不許飲用當地的水，細心檢查戰馬的飼料，以確保裡面沒有下毒。此外，士兵晚上不准出行，因為有可能給當地居民造成意想不到的困擾。事實上，我們來去匆匆，根本沒有機會跟當地人交流。雖然我知道其他聯隊有體罰，可是我的帶兵哲學是『指揮戰士在溫情』，所以我個人從來沒有打過我的兵，因為他們紀律都很強。要是有人違紀，拘留足矣。另外，每次戰鬥結束後，我都派少數士兵維護當地秩序。這些人會同鎮長或村長溝通。我們實際是同情敵人的，也希望當地人平平安安地過日子。每次部隊開拔前，我們還會向他們分發醫療用品和食物。

牧修七的觀點與日本政府在戰爭期間對日本民眾的宣傳一脈相承，這種觀點在新兵訓練中尤為普遍。庫克夫婦（Haruko Taya Cook and Theodore F. Cook）在他們合著的《戰爭中的日本——一段口述歷史》（*Japan at War: An Oral History*）一書導言中闡述了這一點：「日本人民，特別是軍隊……有淩駕於其他亞洲人之上的強烈優越感。日本以家長的姿態引領『新興的亞洲家庭成員』發展。這種不把敵方的政權與特權放在眼中的自我感覺和行為準則，這種不受道義譴責的普遍情感，使日軍在戰時犯下了怵目驚心的罪行。」[13]

談到日軍731部隊在哈爾濱建立的生化武器研究和實驗時，一個日本老兵回憶說：「我們被灌輸了……種族主義思想……鄙視所有其他種族。沒有這樣的種族優越感，我們不可能做出那樣的事。」[14]

因此，當受到中國軍隊的強力反擊時，日軍對他們認為是低等種族的反抗倍感錯愕。牧修七拒絕承認47聯隊在南京的行為是野蠻的、罪惡的，因為他們不過是向低等種族冤冤相報而已。這不合邏輯，但是，幼年受到的薰陶刻骨銘心，他毫無疑問地接受這種觀點。阻止他對47聯隊所為進行反思的另一個原因是，對於「模範士兵牧修七」來說，否定日軍的行為，等同詆毀自己的患難戰友。

圍繞攻克南京和占領南京的辯論已有數十年之久，不少日本人拒絕承認當時在南京的中國和外國目擊者記錄的日軍暴行。但並不是所有的日本人都否認日軍在南京的太過殘暴行為。在47聯隊的家鄉大分縣，一名歷史學者有如下記載：

八月一日，47聯隊進入中國。他們很快就從上海向西北進軍，參加了南京戰役，讓太陽旗在南京城升起。但是，日軍在南京進行了聲名狼藉的南京大屠殺。日軍不但殺害中國士兵和平民，還肆無忌憚地進行搶劫、縱火、暴行和強姦。這是戰爭使人瘋狂的典型例子。儘管人數仍在辯論中，中國政府認為至少有三十萬人受害。當時，有關戰爭的資料受到嚴格審查，日軍在中國這樣的恐怖作為完全沒有被報導。日本公眾多次為攻克上海和南京舉行慶祝遊行，高呼「皇軍萬歲」。當地報紙號召民眾參加「全民遊行」。大分市兩萬三千人聚集在城崎神社，點亮燈籠並攜帶國旗，預祝接連不斷的勝利。[15]

一批由戰地記者和政府宣傳人員組成的所謂「筆部隊」（Pen Corps）與日軍一起進入南京。他們的任務是為日軍提供情報並為國內媒體撰寫報導。[16]

占領南京後，他們描述了皇軍在中國許多城市取得的輝煌戰績。大分縣報刊同全國各地一樣，依靠這些報導來教育民眾。[17]南京勝利的興奮洋溢在電影銀幕上和印刷品中。一九三八年，題為《南京》（*Nanking*）的電影，把在南京戰役中受傷後返回前線的士兵譽為日本國寶。電影中，傷癒即將離開軍醫院的士兵接到「歸隊命令時高興地跳起來」；離院時，醫生、護理師夾道歡送、唱著歌鼓勵他們英勇作戰、死而後已、絕不投降：

懲罰邪惡，
我們忠誠、具有過人之力。
歡呼著遠離祖國，
有著英勇的魂魄。
我們發誓，如果戰敗，我們絕不會活著回來。[18]

47聯隊駐紮作者冉瑩的家鄉

作者在大分縣檔案館翻閱了大量戰時報刊及戰後回憶資料。在查看大分47聯隊《鄉土部隊奮戰史》的時間表時，冉瑩吃驚地發現，南京淪陷後，47聯隊曾在安徽省蕪湖市執行警備任務。蕪湖是冉瑩母親的家鄉，二十世紀五〇年代冉瑩曾在那裡居住。幼時聽家人斷斷續續地講過「一九三八年跑反、外公死在途中」等不堪回首的往事。沒有料到，幾十年後，家人恐懼和絕望的經歷會在日本與47聯隊交會。

南京大屠殺的消息傳遍中國，對日軍暴行的恐懼隨著戰事的擴展而蔓延。以下是冉瑩的表姐、蕪湖人楊蘭的日記：

一九八六年十一月二十四日，星期一　雨

下午，向阿姨到我家來。她跟媽媽聊天，聊到抗戰，又聊到一九三八年初的跑反。說到逃難，媽媽能把那時的事情清清楚楚地回憶出來。可能是印象太深，感觸太深，這一輩子她都是忘不了的。媽說：

「逃難時，太太沒有走，[19]只到江對面的運漕（那時大概是個小鎮子）躲避。那一年，媽十五歲，下面有兩個弟弟、兩個妹妹，都跟著巴巴和家婆逃難去了。[20]此外，還有二巴巴、二家婆一房（包括四歲的四姨[21]和一歲左右的小女兒）；[22]四姑姥一房（夫妻倆）；五姑姥姥一房（夫妻倆和一個女兒）；外加四、五個朋友，總共二十一個人。當時，後面是鬼子兵，沿途是國民黨敗兵。他們從安徽經武漢到衡陽、長沙。一路上，天是紅的，地上炮聲不斷。一行二十一人中，最多的時候有十九個人害病。在外面，巴巴是老大。他承擔了最大的責任和義務，領著大家。一切粗重的事也是他：打背包、背行李、拿主意等等。媽媽她們逃到長沙時就已疲憊不堪了，但是逃難的人都說：『鬼子要到了，鬼子要到了……』於是大家又往前走。有一次曾經連續走了八天八夜。逃到廣州，天仍然是紅的，地上到處都是麻袋堆成的工事。她們沒處可去，就歪倒在麻袋堆下邊（廣州的人行橫道寬）。夜裡露宿街頭。二巴巴膽子小，常常睡不著。他穿著黑大褂，焦躁地來回走。一天晚上，兩個國民黨兵看見他，一聲吆喝，抓住他。他們搜出了二巴巴身上所有的錢（媽說，那時我們家境很好，大人衣服裡都縫了不少錢）。二巴巴被嚇得渾身直抖。

在廣州，有人說有條船要去葡萄牙。巴巴花了大錢，一行人拚命擠上了船。慌亂中，四姑姥姥嚇得失手將歸她管理的一藤籃的錢和首飾掉到水裡。上了船，大家都吁了口氣，滿以為能逃出日本鬼子的追蹤。可誰知道，船老大是個騙子。船在水上划呀，盪呀，漂呀，漂了一天一夜。還是媽媽發現不對頭。她對巴巴說：『伯伯，你 23
看，我們原來上船的岸邊就有這座天主堂，怎麼還在這兒呢。』一行人又牽牽拉拉地跑上岸。街上人多極了，又亂極了。有的人往天主堂裡跑，可天主堂不讓他們進去躲。本來想乘船到香港，由香港去上海，再看是否能回家的。現在大家只好又折轉向北。再跑回湖南長沙。

當時家婆生著病，她和四姑姥姥又都流產了。簡直是一路攙一路扶一路拖。其狀慘不忍睹。回到長沙時，偶然碰到一個從上海來的人，可能是船上的老貴（船上做技術活的人）。他聽到媽媽她們操安徽口音，就主動對她們說：『你們是安徽人，怎麼不回去呢？』她們說：『怎麼回去呢？路不通啊。又不知道家裡面日本人來後怎麼樣。』他說：『還是回去好。我給你們指一條回去的路線，保證能平安到家。我就是這麼過來的。昨天才到。』於是，他告訴她們從浙贛線經南昌、鷹潭、溫州去上海，再回安徽。

媽媽她們在外面實在是跑怕了，跑累了。錢沒有了，人也死了不少：兩個舅舅、五姑姥姥都已經在逃難的路上死掉了。還有人在生病。巴巴對大家說：『我們就只剩下最後一票。現在何去何從？要是大家願意聽這個客人的話，我們就一路回去。』二巴巴當即說：『我不回去，寧做中國鬼不做亡國奴。』他實在是給日本人連追帶嚇弄怕了。一路上受氣受罪太多，這時已成驚弓之鳥。他害怕回去再在日本人統治下過日子。巴巴沒法，只有依了他。於是，二巴巴帶著二家婆、四姨和四姨下面的小妹妹，留在湖南。家婆對四姑姥姥說：『四姑娘，你們怎麼辦？要想回去，就跟你大哥一塊走，要不想走嘛……』四姑巴巴那時候也生病，臉腫得像笆斗大。四姑姥姥忙說：『我們跟你們一道走……』

五姑姥姥在逃到宜都時已經死去。五姑巴巴（名叫賽良凱），不知是太傷心了還是因為聯繫他和這個家庭的人已經不在了，背著女兒獨自走了。媽媽說，那是非常可憐的一幅景象。剩下的人順著浙贛線逃到上海。當時巴巴想，就留在上海做個小本生意算了。但是太太來信催促他們回去，加上他沒有找到在上海的一個熟人，於是便到閘北去看看車站的行情。誰知，在閘北碰到一個日本兵，來不及躲避，被那個日本兵一鞭子抽下來，臉上鮮血直流。嘗盡了亡國和離家在外漂流的滋味，巴巴決定回家。

一行人又回到蕪湖。這時蕪湖早已淪陷，也初步安定了一點。大年三十的下午，生還的人在家裡正準備過年，二家婆背著四姨奔回家來。母女兩人一身孝服，跪倒在地，泣不成聲。原來，二巴巴在湖南和大家分手後就一病不起。他們住在清真寺裡。因為沒有錢請醫生，二家婆也搞不清他到底得了什麼病，可能是傷寒，也可能與先前被嚇有關。二家婆要照顧二巴巴，還要照顧兩個幼小的女兒，實在是顧不周全。有一次，四姨掉入水中，眾人七手八腳把她撈上來時人已經涼了。大家把亂七八糟的衣服包著她，硬是把她捂回過氣來。可是，四姨的那個小妹妹卻餓死了。死後，二家婆發現她嘴裡有棉花。

看著二家婆的慘狀，一家人都哭了。媽說，難怪她們逃到上海時，一天晚上，她睡在巴巴腳邊。朦朧中見二巴巴來到她身邊，還是穿著那件他常穿的黑大褂（二巴巴生前很喜歡媽媽的）。當時媽還說：『二大大，你怎麼來啦？……』睜開眼睛卻沒有二巴巴。她連忙喊醒巴巴，說：『伯伯，伯伯，我怎麼剛才看見二大大來了呢？』巴巴說：『小孩子，別胡說。』誰知，回蕪湖不久，二家婆母女就獨自回來了。[24]

南京淪陷後不久，47聯隊奉命南下在皖南寧國鎮執行警備任務。一月（冉瑩家人逃難時），47聯隊參加過幾次戰鬥，包括離蕪湖市不遠的灣沚鎮之戰，並擔任高級軍官視察團的護送任務，如新任的第6師團指揮官稻葉四郎。「他第一次視察就是到47聯隊的前線。47聯隊派了一個護送隊，與敵方的狙擊手交戰，保護了指揮官的安全。」[25]南京戰役後，日軍採取了防禦態勢，官兵頗為沮喪。為了保持士氣，維持戰備狀態，部隊小規模地騷擾駐地周邊的居民、進行「非常警報演習」。[26]這是因為，對於中國軍隊在上海和南京戰役中意外激烈的反抗，日軍需要調整心態。47聯隊的歷史學家如是說：

> 在此期間，戰事即將結束的希望落空，戰爭陷入僵局，很可能是一場曠日廢時的戰爭。一九三七年底，日本在中國總共有十六個師，大約五十萬名士兵。隨著戰線的延長，日軍疲憊難當。分散開來的日軍防禦工事很容易受到游擊隊騷擾，我們的士兵面臨很大的危險。三月春天來臨，游擊隊活動與日俱增，47聯隊每天都要對敵方採取

進一步的懲罰性行動。游擊隊協調抵抗開始前，我們的傷亡人數並不大。但是，現在與游擊隊抗衡情形與前有別。這在於，我們攻擊他們時，他們撤退，而我們撤出來，他們又來騷擾。完全掃除他們是不可能的。[27]

一九三八年三月二十四日，冉瑩的外祖母背著女兒回到蕪湖近兩個月後，47聯隊奉命駐蕪湖市負責警備工作。

半山半水的蕪湖市地處長江與青弋江交會處。47聯隊繼續與當地游擊隊有小規模接觸。除此以外，47聯隊不僅要戒備中國人，還要操心當地的美國人。蕪湖城北的小山上有一座美國衛理公會傳教士醫院。47聯隊的歷史學家平松鷹史繼續寫道：「這裡地形複雜，適於隱藏間諜和抗日游擊隊。我們與美國醫院院長溝通。結果，在醫院內設置了巡邏中心和一名武裝哨兵在門口站崗。」[28]

平時，日軍基本上不干涉蕪湖大多數人的日常生活，因為該地區的警戒與訓練占據了47聯隊大部分的時間。

冉瑩的母親馬繼森在跑反中大難不死，記得幼時看到日軍在街頭巡邏：「我們經常在街上看到日軍巡邏隊，單行行走，唱一些日本歌等。日常生活裡，大多數情況下當地居民與日軍老死不相往來。我上學後，班上有個日本女生，她很喜歡和我一起玩。她父親一定是個商人，因為她住在我家附近的一個公寓裡。我那時候很小，覺得她跟其他孩子一樣，所以也帶著她玩。但是，我知道家裡人為年齡較大的女生擔心，所以把她們藏得離日軍遠遠的。我的大表姐（馬繼鳳）被送進一所天主教學校住校。學校就在我們家背後，離得很近，但是她不是每個月都回家。一直到她馬上就要結婚了才搬回家來。因為那時候關於日本兵到民居砸門找『花姑娘』的傳聞很多。我的一個朋友家就碰到過日本兵砸門，所以這種事情不是子虛烏有。」

勝利、占領、前進

與馬氏家族回到淪陷的蕪湖同一時期，一九三七年從中國撤離到別府的南里俊策，與家人乘船返回了日軍占領的上海，直到一九四五年戰爭結束才回到日本。他記得：「一九三八年，上海的氣氛大變。學校警告我們時時刻刻都得注意安全。上國中的時候，我們開始接受軍事訓練。國二開始學習如何使用槍枝，這時候槍裡沒有子彈。國三開始，用日俄戰爭時期使用的老式步槍進行實彈演習。我在上海的生活跟日本國內同齡學生基本同步。教育內容完全日式。除了家裡有中國籍傭人和日本租界街上有中國人往來，我們住在一個完全的日本社會裡。在許多方面，小孩子的生活照常。我們甚至去北京和廬山等其他城市度假。」

47聯隊在南京戰役中並不是完好無損。一九三八年二月十三日，大分陸軍基地為在南京戰役中陣亡的一百九十三名士兵，舉行了追悼會。隨著47聯隊攻打其他城市，包括武漢和廣州，陣亡人數的增加，這樣的追悼會愈來愈頻繁。[29]死亡通知、骨灰和兒子、丈夫、兄弟和叔伯的遺物，源源不斷地送還陣亡者親屬。直到陣亡人數的增長打亂了常規，軍方停止通知家屬。軍人家屬別無選擇，只能盲目等待，不知親人是否能夠活著回來。

到一九三八年五月，大分47聯隊各隊先後離開蕪湖，參加了武漢、灊水河、鳳凰山等戰役。平松鷹史在《鄉土部隊奮戰史》一書中坦言47聯隊在九月十三日的戰鬥中使用了毒氣：「九月十三日凌晨三點左右，大約六百個敵人大聲喊叫著，向47聯隊正面發起攻擊。敵人投擲手榴彈，日軍也用手榴彈還擊，並使用毒氣，暫時擊退了突襲過來的敵人……。」

九月十五日，新近從韓國來到中國戰場的岩崎民雄上校接管了大分47聯隊。漢口的戰鬥正進入激戰階段，岩崎民雄接手的47聯隊官兵，因防禦性戰略而士氣低迷不振，加之藥物短缺、瘧疾橫行、傷口不癒。但岩崎民雄重整士氣、繼續作戰。十月二十五日，47聯隊作為第10軍支隊進入漢口。十一月三日天皇生日，日軍在漢口舉行了慶祝勝利的活動。從那時起，直到一九四一年夏末，47聯隊在中國連續作戰。一九四一年四月二十一日至九月三日期間，占領了港口城市福州。最終奉命開赴臺灣、菲律賓和印尼。[30]

大分兵在中國各地打仗的同時，駐紮在佐伯的海軍航空飛行員則從空中援助47聯隊。武田剛回憶說：

> 我記得海軍在二十世紀三〇年代使用的是老式雙翼飛機。但是科技發展得很快，十年以後，老式雙翼飛機就被新型單翼飛機取代。中國戰爭時，轟炸中國的飛機大部分是從佐伯起飛的。特別是一九三八年對重慶的猛烈轟炸是佐伯海軍航空部隊領軍。他們從佐伯起飛，與長崎大村空軍基地的飛機匯合，飛往中國。然後經長崎回到佐伯。轟炸的行動計畫都是保密的，社區居民不知道他們的往返時間。但是大家都很高興，因為我們知道日本在中國屢戰屢勝。

年過八旬的武田先生頓了一下又說，一次，他在佐伯和平博物館紀念第二次世界大戰中的佐伯歷史時，作了一個演講，分享了他之前不久所想到有關戰爭的問題：「只是在過去幾年中，與中國遊客在佐伯和平博物館裡溝通之後，我才了解到中國人民在戰爭中遭受的痛苦，特別是佐伯轟炸機造成的災難。作為肇事者，我們從未從他們的角度著想。」日軍空襲中國主要針對的是手無寸鐵的百姓這一恐怖事實，在戰爭期間對日本民眾是保密的，在戰後時代也很少提及。事實上，從佐伯起飛的轟炸機參與了從一九三八年五月開始的對中國的大規模轟炸，甚至在奇襲珍珠港之後還在繼續。在最初的轟炸中，燃燒彈和一般炸彈並用，在短短兩天內，五千多名中國老百姓喪生。[31]

雖然47聯隊大部分在中國作戰，但也有少數人留在大分訓練新兵。其中之一是出身於大分縣臼杵的兒玉尚正。臼杵依山傍水，是一個歷史悠久的佛教村莊，山坡岩壁上雕有碩大的佛像群。兒玉尚正與牧修七同年加入47聯隊。兒玉尚正的從軍過程在當時很典型。二十歲生日時，他收到官方通知接受體檢準備入伍。他按照正規手續，通過了體檢和筆試。二十一歲正式報到。報到前的晚上，兒玉尚正的家人和朋友在當地社區中心慶祝他加入47聯隊。他回憶說：「那天晚上很多人在一面日本國旗上為我寫下留言。我的三個哥哥從軍時，都收到同樣的禮物。可惜，戰爭結束的時候，我的國旗弄丟了。可是我還保留著我哥哥的。社區的婦女也送給我一條千針帶，保佑我，祝我好運。戰爭結束的時候，我人在印尼。我的千針帶則被敵人燒了。」

兒玉尚正在大分受訓六個月，然後成為一名教官。他說：

> 我們這批新兵中大部分人被送到前線，我是極少數留在後方的人之一。當時軍隊把士兵分為兩類：現役兵和補充兵。補充兵用來填補由於愈來愈多的傷亡而兵力不足

的部隊。大分基地被指定為補充兵訓練營之一。補充兵服役兩年就可以復員。我在大分待了兩年，負責訓練新兵。我帶他們到別府十文字原山頂的訓練場扔手榴彈、訓練射擊和教授在肉搏中拚刺刀。訓練特別嚴格，以便使他們為參戰做好準備。每個人必須遵守軍紀。一個人犯錯誤，整個團體都得受罰。比如，一名士兵沒有正確地鞠躬，一整個班的兵都得挨軍棍，然後，端槍立正罰站。我告訴你，這些步槍重得很哦。

大分市的渡邊克己清楚地記得挨軍棍的滋味：

四十幾年來，我一直苦於耳鳴。戰爭期間，我作為肩扛一顆星的召集兵，被上等兵沒頭沒腦地毆打，留下這個後遺症。軍隊中不講道理地毆打新兵和召集兵是常有的事。軍隊根本就是把胡亂編造理由的毆打當成教育的最無知、無人性的集團。當時打我的那個負責軍械的上等兵，是個一開始打人，就發了瘋似地不停手地打下去的傢伙。我從心底憎惡他。我在心裡一遍遍地喊著：「等著瞧吧！等上了戰場……」那時候召集兵之間悄悄傳說：「等到了戰場，從後面朝他開一槍。」

幸而，召集解除，沒等打仗我就退伍了。如果召集沒有解除，上了戰場的話……到現在我一想起來還背脊發涼。美其名曰「壯烈犧牲」的軍人之中，在衝鋒時被從後面飛來、充滿仇恨的子彈擊中的，大概不在少數。戰爭中這種異常心理狀態，使得諸如此類的瘋狂行為到處發生，見怪不怪。32

一九四二年，兒玉尚正奉命加入已經在臺灣的家鄉聯隊。從臺灣，47聯隊赴菲律賓，執行短暫任務後，前去爪哇駐防了六個月，最終在東帝汶駐紮了三年之久，直到戰爭結束。他回憶說：

我記得菲律賓不像我預想的那麼落後。他們在歌舞表演中用錄音機播放音樂。泗水的爪哇人對我們很熱情。當地人不穿鞋的。我喜歡跟當地人來往。那時候，葡萄牙軍隊已經開走了，所以我們在帝汶（Timor）幾乎沒打什麼仗。我在爪哇的第一次戰鬥是跟荷蘭人打的。雖然他們身高力強，但還是輸給我們了。我見過戰死的荷蘭兵和日本兵。有時候，游擊隊會襲擊我們，大都是小規模接觸，有時候是悄無聲息的。有一天早上，我醒來發現，我們部隊五十個士兵被弄死了，就那麼躺在地上。打仗的時候，我從來沒有對敵人感到過什麼仇恨；我真的沒有什麼特別的感覺，好像：「戰爭，不都是這樣?!」

4 擴大戰爭，動員民眾

農民與漁民

大分人素以農業、捕魚和小本生意為生，戰時亦是如此，因此大多數孩子來自平民家庭。在我們採訪的人中，武田剛家是農民，吉村隆文和後藤豐喜也是如此。二宮吉男在當地的魚市給父親做幫手；古後精一放學以後在明治初期開張，自己家的糖果店幫助母親和祖母做事；大野忠的父親有一輛兩輪手推車，他到火車站或海港裝上稻米，送到各家各戶。

一九三九年出生的湯谷貞義，直到戰爭結束後一年多，才第一次見到父親。他說：

我父親是日本鐵路公司的雇員。我出生之前，他被派到東南亞修建鐵路網，每月把國鐵在那裡支付給他的薪水，寄回大分給我祖母和母親。我房間裡有一張父親的照片，我每天都得向照片鞠躬，但我對他毫無印象。他是個普通工人，不是工程師什麼的。他在東南亞好幾個不同的地方工作過。你看過電影《桂河大橋》（*Bridge over the River Kwai*）嗎？那裡面有他工作過的地方。戰後，他在新加坡戰俘營，回到家的時候，我已經上學了。

平民家的孩子受到的教育，在戰前和戰爭期間都是有限的。前日本首相村山富市也是漁民的兒子。他說：「因為家境貧窮，我上完八年義務教育，就開始打工。不過，我到夜校上課，因為有上大學的願望。」戰時，村山富市和他的六個哥哥都在軍中服役，三個被送到中國戰場。村山富市二十歲入伍，但沒離開日本。說到他的六個哥哥都活到戰爭結束時，他欣慰地笑了。

從軍之前，他已經在東京上大學，是明治大學的學生。他說：「那時候，從軍是強制的，絕非自願。程序很簡單：你到了二十歲，就去體檢，所有通過體檢的人都被自動登記。這是個不成文的規定。沒人發通知給你。二十歲到了就得入伍。[1]有的人因病或其他原因，二十歲的時候沒當兵，但如果需要，以後他們還是得被徵召。這是寫入當時日本憲法的。和平時期，二十歲入伍，服役三年即可退役。但是因為那是戰時，如果你在戰前已經服完兵役了，這時候，你會收到再度服役的通知。」

天皇侍衛

松本伊勢松出生在大分縣日出町大神村的一個農民家庭。他的成長軌跡與他的同齡人相似，但他在戰時的命運卻與幼時的同伴迥然不同。他說：

二十世紀三〇年代，小學提供正規教育，沒有軍訓。課程包括：日語、倫理學、數學和科學等。當然了，誰都知道中國的戰事。那時候，日本沒有做錯。中國襲擊了駐紮在那裡的日軍。但那只是個「事件」，並不是戰爭。[2]中國居然呼籲國際聯盟支持他們，即便日本有權駐紮在中國。

記得有一次，重光葵到我們學校來進行關於戰爭的演講。對我們來說，那可真是殊榮，因為重光葵是我們這個地區的知名人士。他後來當了日本外交大臣。一九三二年四月，他在上海，有人行刺，他被炸傷。那是他受傷後大約六個月的時候。他來到學校的時候，我們都立刻停止了正在做的事情，向他鞠躬致敬。我看他拄著拐杖一跛一跛的，心裡想：「哇，打過仗的人真是太光榮了。」

軍訓從國中開始。那時候，國中是三年制。之後，有的學生上職業學校。我們那裡只有極少數學生上大學預科學校，我們學校通常也就一、兩個吧。

根據當時的徵兵制度，我們學校設立了軍訓課程，我上了五年。上午是學科，下午是軍訓。軍訓內容包括：如何攻擊敵方，如何保護自己；如何利用周邊地形在保護自己的同時接近敵人；以及如何近距離發起攻擊。訓練用的是木製槍。我是家裡的勞動力，放學以後得下田工作，所以每週只參加兩、三次軍訓。可是教官認為我是塊當兵的料。

一般來說，國中畢業後都是等到二十歲才入伍。但有的人在畢業之前就從軍了，我也是。我一月報名，參加了陸軍考核，監考人員是大分總部派來的。我是我們學校的狀元，所以畢業前就有資格從軍。徵召優先於完成國中課程。之後，我又通過了體檢和智力測驗。考試合格的人一個月以後，收到分發通知。村長替我們每人寫了推薦信，可是我們並沒有選擇的餘地。那時是一九四一年。

我被分配到近衛第二師團當禁衛兵，職責是保衛天皇。全縣只有四個人入選，這是很高的榮譽。分到近衛師團，我當然很高興，同時也為責任重大而感到敬畏，不知道自己能不能勝任。我們四個大分人很快就北上東京了。進入皇室駐地之前，我們花了一個月的時間受訓，學習如何立正、如何行進，以及禮儀規矩。我們不許記錄上級軍官的任何命令和指示，因為有可能造成安全隱患。所以我們得用心記下所有的一切。另外，一部分訓練是戰場所需，因為不知道什麼時候，我們就會被送上前線。所以要把我們訓練得既是士兵又是衛兵。直到九月，我才終於進了皇宮，開始守護天皇。我在皇宮裡度過了四年，直到戰爭結束。我很幸運，沒上過前線。

作為一名禁衛士兵，松本伊勢松的經歷，從根本上顛覆了他原有的「天皇是個神」的概念。他成為當時日本極少數親眼看到天皇本人，並與天皇家人互動的人之一。他回憶道：

進入皇宮之前，我以為天皇是個神，我很好奇這個神長什麼模樣。一九四二年四月二十九日是裕仁天皇的生日，皇宮內舉行盛大慶典。天皇手持盾牌，騎著馬過來。那是我第一次看見他，才知道，哦，原來他也是個人。後來，我在皇宮後面一間房子站崗的時候，天皇經常從那裡經過，他愛好生物學，到那邊去做研究。執勤衛兵在他經過之前會得到通知，以便提高警覺。他走過的時候，我們必須脫下頭盔，深深鞠躬。看到天皇這麼來來往往的，我完全意識到他是一個人，就像我們所有人一樣，不是什麼神。還有就是，我為皇后的美麗而震撼。我也被她實際是個女人，而不是女神深深地震驚！真的，她確實是非常漂亮。

有一次，東條英機到我們營地來視察，我手下的一個新來還在受訓的禁衛兵不知道為什麼引起他不滿。他把我叫去，衝著我大喊大叫了一頓，我只好拚命道歉。

現在的明仁天皇那時候也就十幾歲吧。冬季，皇室成員南下到溫暖的南宮。我經常看見他在沙灘上玩耍。執勤空檔，我就到海灘上跟他玩捉迷藏。我們從小到大總是聽長輩和老師說天皇和家人是神，從來不會犯錯，永遠在保護我們。現在我知道不是這樣的了。不過，我也沒失望。相反地，知道他不是神，我更高興了。[3]

空空的骨灰盒

隨著戰爭延續，愈來愈多的士兵在海外陣亡，社區的居民參與當地佛教喪禮也日趨司空見慣。

二十世紀三〇年代中期，古後精一還是個小學生。他回憶說：「我有個好友的父親在戰爭早期收到政府的『紅色通知』，命令他到陸軍報到。他跟很多大分人一樣加入了47聯隊。那時候，士兵都是步行到大分火車站出發。但是我們通常不去火車站，而是在鎮上跟他們告別。我不記得有什麼特別的儀式。這個好友的家人接到通知說，他父親抵達中國後，很快就陣亡了。骨灰送回家以後，我參加了一場佛教喪禮。那是在一所國中旁邊的軍事基地。他們在那裡搭了一頂帳篷，我們為他和其他陣亡士兵點了香。他們都是47聯隊士兵。每個士兵一個骨灰盒，裹著白布，排列在講台上。出席儀式的人很多。我們先是靜默，然後鞠躬。一個和尚點香敲鑼。對我們小孩子來說，那個場景很可笑，可是我們都使勁憋著不敢笑。現在回想起來，我們很沒禮貌，可是那時候我們覺得那個儀式很詭異。」

侵華戰爭迅速演變成席捲部分東南亞和太平洋地區的大規模軍事行動。隨著戰鬥的加劇和蔓延，死亡人數倍增。士兵可能一開始被送到中國戰場，最終不是在太平洋地區與日軍艦艇同歸於盡；就是在太平洋的海灘上被美軍的槍彈擊斃，抑或是在東南亞叢林或洞穴裡，死於美軍的火焰噴射器。日本士兵從一開始就被告知要做好陣亡準備，寧死不投降。東條英機於一九四〇年在《戰陣訓》中闡明：以「士兵最理想的行為」為指導原則，做出結論：「絕不忍受當俘虜的恥辱。」[4]

戰爭的深入打亂了有序送還陣亡者骨灰和遺物的常規。二〇一二年，百歲老人大野政子回想那些年的往事：「我小時候上的是女校，在安心院那邊，我還記得在那附近的山上玩耍的情形。我家經營一個小賣店，賣酒和小吃。生活很簡單也很平靜。我是結婚以後，搬到別府的。那時候，日本已經在中國打仗了。我不記得早年的戰時生活有什麼困難。可是，我弟弟參加陸軍以後，情形就不一樣了，生活變得艱難了。他從軍三、四年後，在軍艦上遭到美軍襲擊陣亡。」

大野政子的弟弟是個年輕的軍官，手下有五十名士兵。大野政子的兒子大野靖男接過話繼續說：

他們都是大分兵，出征之前在大分受訓。我叔叔是在菲律賓戰鬥開始的時候抵達的。那時候，日本一直在打勝仗。不過他不久後就陣亡了。他開赴菲律賓之前就做好了陣亡準備。他們那些士兵都把手指甲和一縷頭髮放在信封裡，為了戰死以後，家人能夠記住他們。參戰之前，他們的個人物品被存放在一起，以便還給家人。可是，我們沒收到他的骨灰，可能他被炸得屍骨無存了。因為那是戰爭早期，日本還有些秩序，從別府從軍的人，陣亡的還不算太多，我們收到了他的遺物和他準備的信封。政府還給了我們家一大筆撫卹金。

幾個陸軍代表把我叔叔的遺物和一個小盒子送到我們家來。他們說盒子裡是我叔叔的遺骨。我是個好奇的孩子，想看看我叔叔的骨頭。趁人不備，我打開盒子，可是裡面只有一張紙，寫著他的名字。我們只好把盒子拿到當地寺廟舉行喪禮。鄰居和親朋好友一起製作了一個石碑紀念他。日本的傳統是每年都要掃墓。直到現在，我們每年都到廟裡去，請和尚為他誦經。

終戰多年以後，別府市的退休公務員和泉徹承認他心裡一直埋藏著一個秘密：

昭和十七年（一九四二年）十月，我在松山市的西部第62部隊服役，接到命令，與數十名戰友到廣島縣宇品港，領取陣亡將士遺骨。遺骨裝在附有名牌的木箱中，是南方戰場的犧牲者。遺骨的狀況反映著戰場的實際情形。在戰場後方的野戰醫院死亡的遺骨，是整潔的白骨，小心地按骨骼的順序安放在木箱裡。隨著戰線的推進，遺骨變成烏漆墨黑的；而再往前推到火線，大概連遺骨也沒有，只有保存死者的印章等簡單的遺物。

有一個木箱中沒有遺骨，只有一個空罐頭，裝了一些蠟質的東西，裡面浸泡著什麼奇怪的東西。仔細一看，原來是人的小指，從指根處切下來的。從更前方的戰線來的遺骨，就是一個空箱子了。

問題是怎麼處理這些空箱子。想一想遺屬的心情，給他們一個空箱子，實在說不過去。我們商議，既然陣亡者都是上戰場時發誓同生共死的戰友，那麼雖然不是親人，也可以接受其他陣亡者遺屬的供奉。讓遺屬傷心的事，也會讓陣亡者英靈不安。於是，我們決定把其他箱子中的遺骨分一些過來。我們為了這欺騙遺屬的行為而顫抖，用發抖的手把陣亡者的白骨分到那些空箱子裡。

這麼做對不對？我至今不能肯定。也許一輩子，這傷口都會在心靈上。那次和我一起領收遺骨的戰友已經在沖繩戰役中玉碎，他們的遺屬沒有得到一片遺骨。[5]

「雖死猶榮」的塞班孩子

隨著戰爭加劇，不到合法徵兵年齡的年輕人也開始自願報名從軍。一九四二年十月，渴望參加戰爭的別府高中生中野次郎，通過了海軍少年通訊考核。十六歲的中野次郎離開學校，加入了海軍。一九四三年四月，他從距離別府大約七十公里的小倉陸軍軍工廠技能培訓所畢業。五月，進入位於日本本島山口縣的海軍防府通信學校，於一九四四年二月畢業。他立即加入了７５３海軍航空部隊，離開日本前往印尼。實際上，不到二十歲的中野次郎原本不能上前線，但他的請願得到批准。他知道母親害怕失去兒子，因此沒與家人商量，直到部隊開拔之前才通知家人。他的職責是維護和操作電報機，雖然他不用持槍面對敵人，但他並沒有躲過戰爭的恐怖。七十年以後，他仍然清楚地記得：

我被派往駐臺灣高雄海軍基地的753部隊。離開高雄開往印尼的時候，軍艦被魚雷擊中，在越南金蘭灣（Cam Ranh Bay）停靠三天。完成維修後，開往新加坡，從那裡上了能代丸號巡洋艦，前往印尼泗水。抵達泗水後，換了另一艘軍艦千光丸號去婆羅洲島。可是，三月二十四日凌晨四點，千光丸號軍艦在進入巴里把板灣（Balikpapan Bay）的時候碰上水雷。爆炸的時候，我正好執勤，被拋到地板上，差點昏迷過去。從那以後，我的尾骨直到現在都有毛病。我爬到甲板上，水已經沖上來了，我被沖到海裡，很多睡在甲板上的印尼雇工也滑到海裡。船上大概有三百名印尼人和兩百名日本兵。因為絕大多數士兵在船艙裡的榻榻米房間睡覺，好多都被淹死了。差不多一整天的時間，我抱著從船上貨艙裡沖出來的一根木桿，漂浮在海上。晚上被打撈起來的時候，我早就筋疲力盡，皮膚變得像海綿似的。我被送到印尼的海軍醫院，然後由海軍護航艦轉移到塞班島。[6]

中野次郎在塞班島休養期間，島上的學校經常組織學生到醫院慰問傷員。第一次世界大戰結束以後，日本控制了塞班島。成千上萬的日本人居住在島上，有政府官員、教師、商人、蔗農，當然還有軍人。一九四四年春天，這裡安然無戰事。對於傷兵中野次郎來說，這裡是戰爭地獄中的一塊綠洲。塞班島給他留下了對戰爭最清晰的記憶之一：「塞班島第三國民學校的學生到醫院來探望傷員。他們教我摺紙鶴。我永遠不會忘記他們的慰問。」

離開塞班島，中野次郎乘船到達了「就像漂浮在海面上」的天寧島。他不知道在這場戰爭中等待他的是什麼，但是在千光丸號瀕臨死亡的經歷，喚醒了他對殘酷現實的反思：「我悄悄走出營房，在甘蔗地中間的小道上徘徊。我想獨處、思考。長長的蔗葉在兩側發出嘩嘩的聲響，我知道明天又要上前線面對死亡。我想起母親的面孔，後悔沒經她同意就自願報名當兵，後悔我沒機會孝敬她。我要是在家，她的生活會舒適得多。我擦了擦眼淚，在心裡說：『媽媽，對不起。我要先妳而去了。請原諒我，好好照顧妳自己。』這時候，從海邊吹來一陣強風，我慢慢地走回營房。」[7]

不久，中野次郎到達了日軍的印尼基地。在那裡，他聽說了塞班島上後來發生的事情：「到印尼後，塞班戰役開始了。因為我是報務員，所以第一個知道這個消息。美軍在塞班島登陸後，為了保護家族、天皇和國家榮譽。教我摺紙鶴的孩子都自殺了。他們是英雄。」[8]七十年以後，中野次郎對塞班學生的溫柔與善良記憶猶新，對他們「雖死猶榮」和「純潔精神」滿懷堅定不移的自豪感。[9]

然而，對中野次郎來說，這種成人與孩童的自殺，或是父母攜兒女自殺是「雖死猶榮」，在那些親眼目睹塞班島上日本人自我毀滅的美軍士兵眼中，卻是莫大的悲哀，殘酷得令人不可思議。參與攻占塞班島的第4海軍的賈斯蒂斯・錢伯斯（Justice M. Chambers）中校記錄了他看到的場景：

白天，我們沿著懸崖和山洞搜尋時，經常能發現躲在那裡的平民百姓。日軍自己不投降，也不允許平民百姓屈服。我親眼看見婦女，有些帶著孩子，從山洞裡出來，向我們走過來。但是，他們自己人從背後開槍打死她們。我還看見許多攜帶孩子的婦女從懸崖上跳進大海。

懸崖非常陡峭。婦女先把孩子扔進海裡，跟著跳下去自殺。從離我不到一百公尺的地方，大約八到十名成人和孩子抱在一起引爆炸彈……這種事情既可悲又恐怖，可是我猜想大概符合日本武士道精神。[10]

弗雷德里克・斯托特（Frederic A. Stott）中尉也見證了類似的自我毀滅：

日文翻譯用擴音器懇求百姓投降。然而，沒有動靜。人們緊緊地聚在一起。主要是老百姓，但是幾個穿著軍服的人在人群外圍走動，並且把老百姓當作人牆。這時傳來陌生的歌聲和口號聲。突然間，隨著一面太陽旗在人群中間升起，他們躁動起來。男人開始跳入大海，口號聲和歌聲被驚呼聲和手榴彈爆炸聲取代。那是為數很少的日本兵，為了防止老百姓投降或逃跑，將手榴彈扔進人群。手榴彈的爆炸造成遍地傷亡。我們第一次真正看到血流成河的實景。[11]

來自別府的中野次郎將看到更多的戰爭場面，但他得以活下來講述他的故事。在日軍戰敗之際，我們還會看到十八歲的中野次郎最終回到母親身邊。

5

「戰無不勝」的日本

道德教育

戰時，日本的教育宗旨建立在：天皇的神聖、日本人的絕對優越，以及軍隊的所向披靡的信條之上。戰前十年，文部省和其他機構便開始為愛國主義教育和崇拜天皇做好前置作業。一九〇五年日俄戰爭後，為了慶祝勝利，宮內省攝影廳向全國所有學校贈送了天皇肖像——日本民族主義不斷昇華的重要象徵。一九二八年，政府制定了《思想教育指南》（思想教育に関する声明），鼓勵「促進教育」、「培育國體」概念。[1]標題明確指出，這是一個為引導青少年堅持不懈地忠於天皇的計畫。文部省指示全國中小學校和大學，引導青年人朝統一意志的方向邁進。民族主義教育不擇手段。一九三〇年，日本入侵滿洲前夕，《教育勅語畫鑑》出版，用以展現日本皇室神話史、道德教育訓示和頌揚日本民族英雄。此書以繪畫形式，講述天皇的天神祖先降臨世間，拯救日本黎民百姓的故事；展現對外戰爭中，日本英雄保衛國家的形象；以及日本著名文化人勸勉年輕人為國獻身。

一九二一年出生的河村信雄，主動向作者展示他保存至今的《教育勅語畫鑑》。他說：「這本書是引導學生學習思考的基礎，六歲至二十歲的學生天天讀。每個人都必須背誦書裡的內容。作為老師，如果我不強迫學生背誦這本書，那麼，我就會受罰。所以，每天早上我先背誦一遍，然後讓學生重複一遍。直到現在我都能把這本書完完整整地背下來。《教育勅語畫鑑》在全國各地發行，但只有兩千冊是彩色的。我是榮幸地得到彩色版的教師之一。」

文部省還推出一套將古代神話傳說、日本神道教和崇拜天皇的宣傳，納入公立學校課程的教材，讚揚裕仁天皇為亞洲的保護者，為當時那一代人將亞洲小兄弟和盎格魯—撒克遜人視為低等種族奠定基礎。[2] 二十世紀三〇年代，崇拜天皇運動如火如荼，給狂熱的軍界領袖提供了夢寐以求的機制，讓日本轉型為軍國主義國家一蹴可幾。[3]

一九三七年，為了進一步推廣民族主義教育，文部省製作了《國家政治基本原則》

（国体の本義）小冊子，分發到全國各地的學校，最終銷售二百多萬冊。這本小冊子闡述了天皇及其任命者，在創造一個充滿品德和慈善社會中的道德思想和精神立場。學生要了解日本的「光明、純潔和無私之心」，感恩日本民族比世界上其他人都優秀。要尊重家庭、崇拜祖先。最後，日本人永遠不能忘記，在外邦入侵的緊急關頭，曾兩度被「神風」拯救——足以證明只要遵循「現人神」天皇的領導，國家就能得到保佑。4

戰時還是學生的那些受訪者，提及幼時對戰爭前景曾持有極大樂觀的期望時，都異口同聲。這種樂觀主義來自兩個主要因素，這兩個因素控制了民眾獲取資訊的管道。首先，媒體通過小心翼翼地進行的選擇性報導發揮了作用。第二，學校對戰爭堅定不移的熱烈支持，給予了學生巨大的影響。太平洋戰爭最初六個月中，媒體大力宣傳日軍在亞洲捷報頻傳。事實確實如此。珍珠港事件後沒有多久，英國威爾斯親王號戰艦和反擊號戰列巡洋艦，在馬來亞海域被日軍擊沉。日本民眾對占領馬來亞、菲律賓、新加坡和荷屬東印度群島感到無比振奮。一九四二年二月，日本國內慶祝新加坡陷落的活動持續了三天。中野秀勝至今記得慶祝勝利的喜悅：「太平洋戰爭開始的時候，我上小學二年級，我爺爺是我們的村長，我們村大約有三千人。占領新加坡對我們來說是一場偉大的勝利。村民和學生、老師都到學校來慶祝這次勝利。那時候，我們學校也是我們的社區中心。」

大分報紙頭條宣稱，「新加坡終於陷落」和「皇軍本世紀最輝煌的勝利！」英軍向日軍移交新加坡的圖片標題為「英軍投降，承認失敗」。報刊頭版頭條報導：「二月十五日下午七點五十分，敵人在新加坡無條件投降……英國陸軍司令下午七點在武吉知馬（Bukit Timah）的福特工廠與山下將軍簽署了無條件投降協議，下午十點開始停戰。」[5]

勝利的激情極富感染力，一時間，日本之戰無不勝毋容置疑。大分市民聚集街頭，觀看海軍航空部隊的表演，戰機飛越日本大部分地區，包括大分。二月十七日，當地媒體以〈海軍航空部隊慶賀優秀戰績〉為題做了如下報導：

一百五十六架戰機將從吳市海軍基地起飛，由吉良俊一中將率領，以祝賀海軍在新加坡取得的出色成績。飛行隊將從基地起飛，飛往瀨戶內海。之後，下午兩點，飛經廣島，在吳市豐田副武海軍上將的指揮下，進行特別演習，飛越包括九州、四國、中國和關西，總長達一千多公里的上空。演習在下午四點結束。各飛行隊返回基地。我們大分海軍航空隊也將參加演習。海軍各部隊記者將參加和報導這次活動，以提高日本軍民士氣。[6]

當地報紙鼓勵百姓紀念這種只有日軍才能取得的勝利，宣布大分市將向每個家庭分發三百六十毫升的清酒，要求市民到社區中心向皇軍敬酒「乾杯」。[7]

掩蓋真相

然而，那些戰時還是學生的受訪者，對之後發現自己信以為真的報導，實則大都是謊言也是異口同聲。隨著戰爭的拖延，取勝愈趨艱難，消耗戰拖垮了日軍部隊。軍方審查員禁止坦誠報導，媒體力圖鼓動民眾為繼續支持戰爭而努力，使得戰地報導離真相愈來愈遠。雖然早期報導的勝利是真實的，但之後，為了保持民眾士氣，媒體報導開始誇大勝利，將敗仗改寫為勝仗。媒體的欺瞞報導與學校的「道德」教育，確保了年輕人為國捐軀的精神，和對戰爭毫無質疑的支持。

這段期間，只有極少數人敢於質疑戰爭宣傳，山本五十六上將是其中最重要的一位人物。山本其人「精明過人，經驗豐富」，他對最高軍事指揮部和帝國總部聲稱的勝利有所質疑。甚至在珍珠港襲擊當天，批評了自己在東京的海軍發言人對日本將輕易贏得戰爭的聲明。[8]但他的聲音被媒體宣傳的雷聲淹沒。一九四二年六月五日至七日的中途島之戰便是一例。

早在戰爭初期，日軍海軍便制定了一個野心勃勃的行動計畫，旨在消滅大部分的美國太平洋艦隊，並攫取其在夏威夷島鏈最北端的環礁，也就是中途島上的美軍基地總部。之後再次進攻夏威夷，進一步削弱美國軍民士氣，強制美國與日本談判，達成對日方有利的和平協議。但是，不為日軍所知的是，美軍破譯了日本海軍的密碼。美國軍艦伏擊了開往中途島的日軍艦隊，這一次輪到美軍攻其不備大打出手。中途島戰役，日軍戰艦、人員損失慘重。勝利將美國軍民士氣提高到珍珠港事件以來的最高點。宇垣纏海軍中將在旗艦上目睹了這慘痛的一幕。他在一九四二年六月五日的日記中寫道：「六月五日痛苦的一天結束了。在這場戰爭中，不要讓這樣的一天重現！讓這一天成為我生命中最大的失敗！」六月七日，他繼續寫道：「四月和五月這兩個月所有的心血，都是以這一天的計畫和準備工作為目標。誰知道，在這個目標達到之前，局勢就完全改變了。我們現在被迫以最大的努力，去應付最糟糕的局勢。應該牢記這一點，戰爭的發展是不可預料的。」[9]

大多數海軍指揮官深知中途島之戰，日軍受到的嚴重創傷及其後果。事實上，日本在中途島戰役中喪失了四艘航空母艦，一艘重型巡洋艦，大約三千名士兵，包括幾乎不可能在短時間內填補的一百二十一名頂級飛行員。中途島因遭到轟炸而受到破壞，但並未失守，繼續在太平洋戰爭中為美軍作戰起著關鍵性作用。可是，日本海軍甚至對東京都封鎖了損失的真實數據，擔心坦承損失的嚴重性有損士氣，危及軍事情報。天皇本人了解總體情況，但他決定不與陸軍最高指揮官分享情報，導致陸軍根據不準確的情報制定戰鬥計畫。與此同時，軍方審查員全力以赴地宣傳中途島之戰，似乎日本只遭受了有限的挫折。[10]

不用說，大分居民對日軍在中途島之戰的損失一無所知，從那段日子的報紙我們可以看到，為什麼民眾的樂觀情緒不減。一九四二年六月十一日的《大分合同新聞》總結了中途島的戰鬥：「日本帝國海軍對位於大海之中的中途島上的敵人，進行了猛烈攻擊。同時，困住了美國艦隊，給美國海軍和空軍造成了巨大的損傷。中途島之戰，兩艘美國航空母艦沉沒——企業號和大黃蜂號，另有一百二十架飛機被擊落。日軍的損失只是一艘航空母艦被擊沉，一艘巡洋艦受損，三十五架飛機失蹤。」[11]這篇報導與事實大相逕庭。並且，從那以後，媒體對中途島之戰避而不談。但對於當時的大分市民來說，這場戰役依然是戰爭中輝煌的一幕，日軍依然是戰無不勝的。

軍國主義教育

媒體與學校日復一日、關於帝國和民族主義的壓倒性教育深入人心，使得百姓得以在之後的惡劣情況下，依然抱持著必勝的信念。這種教育體現在講故事、講座、體能訓練和記憶背誦，在某些情況下，甚至是體罰。

一九四一年上小學三年級的後藤豐喜記得：「那時候，我們並沒把軍訓當成是一種什麼特殊的教育，這對現在的學生來說可能不可思議。那是當時學校課程的一部分，沒什麼奇怪，或者是不正常的，習慣成自然吧。大家都這樣，所以誰也沒有反對政府的想法。所有的人都是同樣的看法，我們不知道還有其他的看法。如果真的有人提出異議，大家肯定會排斥、孤立那個人。」

就像世界各地的孩子一樣，小學生以為戰爭是浪漫的。他們喜歡在自家附近的田野裡、海灘上玩打仗遊戲。事實上，早在接受軍訓之前，他們就開始接受軍事教育了。後藤豐喜說：「學校總是對我們講戰爭的事情，特別是關於日軍的勝利和對天皇的信仰。放學以後，我們就迫不及待地跑出去玩打仗。高年級孩子告訴我們軍隊的編制和級別，我們任意選一個官職。然後分成兩隊，好人和壞人，開始『打仗』。」12

柳瀨陽之助說：「下課以後我們總是喜歡玩刀劍對砍的遊戲，一群孩子分成兩隊，一隊是日本人，其他的是美國人或中國人。我們總是要選出一隊敵人。」

教科書從低年級就開始樹立愛國主義精神，並將滿洲國與日本休戚與共作為理所當然的理念，灌輸到兒童心裡。以下是一九四二年小學二年級使用的國文課本中，關於占領中國的詩歌和故事：

〈軍旗〉

軍旗、軍旗，

天皇賜予我們神聖的旗幟。
這高尚的旗幟是我們陸軍的標誌。
軍旗、軍旗，
保護我們國家的是我們的
天皇。
在我們心中，
軍旗是我們陸軍的靈魂。
軍旗、軍旗，
我們隨時準備戰死在異國疆場，
為了天皇。
我們陸軍的旗幟。
軍旗、軍旗，
我們的軍隊戰無不勝，
我們陸軍高尚的旗幟。

〈在亞洲火車上〉

我乘坐的火車奔馳在滿洲國大地，我經過了石河，一名士兵笑著跟我聊天。我看到遠處農莊飄揚著滿洲國國旗，我看到日本士兵駐紮在新京。我向他們鞠躬，他們與我握手。[13]

四年級的國文課本開始向學生傳達一個明確的信息：小孩子也可以為戰爭做出貢獻。這篇課文是教師和學生必須背誦的，介紹一個小女生幫助母親接待進行演習，準備前往海外作戰的士兵：

〈大演習〉

一

當我聽到達達的馬蹄聲，勇敢的騎兵就來到我們身邊。軍隊今晚來到我們鎮上，我幫母親準備茶水為士兵服務。坦克聲轟隆轟隆，震天動地。鎮上的人們都跑到街上來看。接著，步兵部隊也開進鎮上。隊長命令：「休息二十分鐘。」母親為士兵準備好茶水。退伍軍人、婦女和年輕女生都來幫忙。士兵身上滿是灰塵和汗水。我們為他們端茶，一直忙到晚上十一點。

二

天還沒亮，就聽到槍聲從北邊傳來。老師帶我們女同學觀看軍隊演習。輝煌的戰機在空中轟鳴，聽到隆隆的炮聲，我好想趕快跑去看他們。在這場演習中，我看不到步兵在哪裡開槍射擊，只看到他們身上背著樹枝和草來回奔跑。過了一會，士兵舉著天皇的旗幟走過，我們熱淚盈眶。

然而，並不是所有的課文都讚美勇敢的士兵，因為年輕人必須為戰爭做出更實際的貢獻。下面這篇四年級課文講述製造大炮過程，教學方法與半個世紀以後，美國兒童電視節目《羅傑斯先生的街坊四鄰》（*Mister Rogers' Neighborhood*）的育兒法幾乎如出一轍：

〈製造大炮〉

我想知道他們怎樣製造能打下飛機的大炮，能穿透裝甲的坦克炮，和由戰馬拉起的戰炮。你有過同樣的疑問嗎？在參觀製造大炮的工廠時，你可以看到一個巨大無比的機器，用白色火焰將鋼鐵熔化成液體。然後將金屬液體倒入一個看上去根本不像大炮的模具裡。從模具中取出後，再把金屬板加熱到發紅。一把能將整個鑄造廠震得天搖地動的大錘子敲砸在金屬板上，就像用杵打年糕，把金屬板塑造成一塊金屬團。這樣一來，金屬就愈來愈強化。但這並不是全部。把這塊金屬團拉成像一根又長又粗的金屬桿之後，要放進高爐再次加熱。把金屬桿放在爐子裡耐心等待。最後，爐門打開，滾燙的金屬桿慢慢地滾出來，立刻被放入十公尺深的油池中。一瞬間，隨著金屬桿下沉到油池的深處，油池表面原本的黑色就會變成紅色。通過這樣的鍛造、加熱和冷卻，金屬就愈來愈結實了。如果不這樣做，大炮炮筒就會被強大的火藥震裂、震散，就不會成為一門派得上用場的大炮。就如同我們的內心通過忍受冬季的寒冷和夏季的炎熱，而變得更加強大一樣。現在，炮筒被機器舉到高處，並削成一個完美的圓筒。在削掉了粗黑的筒邊之後，我們終於能看到炮筒上泛出白色光亮。在這台機器旁邊，我們看到一名二十三歲的高中畢業生，精心地把油抹在炮筒上。當炮筒外部變得光滑，並達到正確的長度和直徑時，就要把炮筒挖成空心。刨刀旋轉起來，鋒利的刀片慢慢地磨碎金屬，開始挖洞。一公分、兩公分、緩慢但持續地切入實心炮筒。一個小小的錯誤會導致整個大炮報廢，所以工程師密切關注著機器，以確保過程正確無誤。這個過程完成以後，高射炮筒就安裝在金屬底座上並指向天空，準備在瞬間擊落敵人的飛機。小型大炮用橡膠輪固定在坦克上，無論坦克的速度多快，都能向敵人射擊。[14]

當美國轟炸機終於飛到日本上空時，課本中增添了新的內容，呼籲兒童提高警覺，關注從空中來犯的敵人：

〈雨之日、風之夜〉

在酷暑烈日炎炎的中午，
在嚴冬寒風刺骨的早晨，
無論何時，
我在這裡，永遠。
當寒冬過去，
當明媚的春天來臨。
水彩般的天上，
雲朵漂浮。
廣闊的天際，
伸展到永恆，我們
身體成為眼睛，
身體成為耳朵。

正當我們警惕地凝視著天空。
突然，在遙遠的天邊
有隱約的嗡嗡聲，
我們看見像飛蟲一樣的飛機，
快，發警報，
我們像龍捲風一樣跑得飛快。
現在的時刻與方向，
是敵是友，什麼型號？
飛行高度，飛行方向。
我們在電話裡報告
「春山五號觀察站，
三十七分、北，
敵機、中型、三十架，
三千、東南」
報告完畢。[15]

學習殺戮，準備赴死

一九四一年，住在別府的佃哲男十歲。他記得開始在學校上軍訓課：「每天早上到學校的時候，我們得先向學校門口的天皇照片鞠躬祈禱。然後，全校學生在操場集合，面對東京方向，再次向皇宮鞠躬。之後，我們男生和女生一起齊步走，唱軍歌。任何交頭接耳、做小動作都是嚴格禁止的。齊步走之後，才能進教室開始上課。」那時家家戶戶都有天皇照片，湯谷貞義說：「誰家要是沒擺天皇的照片，那是要受處罰的。」

柳瀨陽之助描述了那時的日常生活：

日常的一天從早上六點鐘左右開始。早餐一般是日本俗稱的「一湯一菜」，也就是米飯、味噌湯加一個醃黃瓜之類的小菜。我家是農民，有自己的稻田，每年生產大約六百公斤的稻米，所以米飯充足無虞。但我記得味噌湯和醃黃瓜不太好吃。偶爾才會有一小塊魚。午餐是我母親替我準備的便當。我和同學一塊走路上學，有時候穿草鞋，有時候打赤腳，我們都沒有鞋子。冬天，就穿木屐上學，冷極了。

到了學校，進校之前，必須經過天皇的照片，我們得向照片鞠躬。其實，天皇的照片是擺在神龕裡面的，我們看不見，只是知道在那兒。實際上，誰都知道他長什麼樣子，因為到處都是他的照片。神龕裡還有天皇的《教育勅語》。每天上課之前，校長都要把《教育勅語》拿出來，大聲朗讀。我們學生必須立正，以鞠躬姿態恭聽。這一般得持續五分鐘，特別枯燥，有時候我們就偷偷說著悄悄話。因為頭低得太低、太久，過一會兒，我們都開始流鼻涕，加上因為營養不良，好多孩子總是感冒什麼的，一百多個學生擤鼻涕的聲音此起彼落。那時候，我們都沒有手帕，所以只好這樣。

可是，如果我們說話被老師聽見，或者是我們不小心超出隊伍，老師就會發怒，不是大喊大叫，就是打學生。有的老師就在原地打我們，我們都特別害怕老師，所以一般都會老老實實的。可是，有時候，會有學生因為生病或太虛弱而跌倒。

神龕裡的照片每年只拿出來四、五次，例如，天皇生日的時候。天皇照片搬出神龕的日子都是假日。儀式結束後我們就可以放學回家。有時候，學校甚至會發給學生一點糖果或橘子什麼的。

這些回憶有一個共同的主題，即教師作為厲行紀律者，最終目標大都是從小訓練男生長大後要為國從軍。別府市的佐藤六郎記得，一九四三年他上小學四年級：

四年級男生分成兩個班，班主任分別由男教師Y和S擔任。S老師在班上任命了班長和副班長，全班學生分為一至八個等級。下等生遇見上等生必須敬舉手禮，否則在任意揭露隱私的所謂「反省會」上，會被舉發出來，並被宣布降級。S為了提高班級的管理效率，玩弄這套「假裝當兵」的遊戲，鼓勵學生互相監督。制定等級的標準沒有說明，大概由他隨便決定。

後來Y的班上也複製了這套制度。我被評為六等生。在反省會上，友情這種東西是毫無用處的。

小學培養的是未來的士兵，像我這種體格貧弱、運動神經不發達的學生，不可能不被看成「瑕疵品」。修身這一堂課的成績全憑教師隨意評分，如果修身成績不好，連帶整個成績都不好。我沉浸在悲慘的感覺當中，好像置身於看不到出口的隧道裡，直到昭和二十年（一九四五年）八月十五日，才重見天日。第二年，我升上國中，我的「戰爭」終於結束了。[16]

自然，教師與教師之間也並不是沒有差別。柳瀨陽之助記得：

上五年級的時候，我們班有四十個男生。有一天，藪內老師問：「吃飯的時候，你們感謝誰？」大家都說「天皇」或者「士兵」。只有我一個說「稻米」，大家哄堂大笑。雖然他們想到的是軍隊、天皇、國家，可是我想到的是稻米給我們營養。因為我爸爸總是這麼說：「稻米比任何東西，甚至比我們的生命都重要。」大家都笑起來的時候，藪內老師一直保持沉默。然後，他說，這只不過是另一種說法，是擬人法，賦予沒有生命的物體生命。我感覺他是個非常開明的老師。

在那個時候，大多數日本老師是不會那麼善良的。但是當然，他也特別嚴格，總是教育我們長大以後要從軍，要為天皇奉獻我們的生命。[17]這是他必須做的。當時的人真的是這麼想的。就像當今世界上有自殺攻擊的恐怖分子一樣，為了自己的信仰，什麼都做得出來。人，一旦被洗腦，就有可能變成恐怖分子。我們那時候也是一樣。實在太可怕了。

太平洋戰爭打響後，軍事教育變得愈來愈重要，學生參戰的決心也愈來愈堅定，並且還要響應為了戰爭來努力做出貢獻的新要求。吉村隆文記得：

小孩子到了十歲的時候，就要去幫忙那些家裡有孩子從軍的人，到田裡工作。學校有軍訓，比如齊步走和練習操槍。但是因為我們是小學生，沒有真槍，其實就跟男生玩打仗似的。這時候，就有之前從我們小學畢業，已經從軍的人向我們演講，要我們盡快為長大當兵做好準備。他們就成了我們的榜樣。我們以為他們的生活特別浪漫，所以我們都想當兵。這是都針對男生的。我沒問過女生都做了什麼，因為我們是男女分班，大概女生是學縫紉之類的吧。所有這一切，都是由在校老師帶領下進行的。老師教我們怎麼持槍、怎麼齊步走、怎麼擺出士兵的樣子。

橋本一郎則記得：

在國中裡，三、四名軍隊教官把學生分成五十人一隊，進行軍事訓練。體育課上，一般體育項目和軍訓並行。那時候的校服就是軍服，我們跟軍人一樣繫上綁腿、戴軍帽。上課的時候，手持木槍跑步十公里，然後進行身體鍛鍊。上小學的時候，我們把棍棒當成劍，玩打仗遊戲。可是現在，棍棒不再是玩具了。我們還製作了稻草人，在木槍上安上刺刀，練習刺槍。我們學校沒叫學生在稻草人上畫什麼，可是我知道，有的學校在稻草人上畫了羅斯福、邱吉爾和史達林的面孔。這可不是小孩子頑皮，他們是當真的。反正，我們都盡量表現得自己有奉獻精神，希望能被選進為國中生設立的軍事學校。當時日本各地都有這種學校。我的目標是進入海軍學校，當飛行員。

當時年紀尚幼的湯谷貞義記得，看見別府公園入口貼著羅斯福和邱吉爾的全身畫像。大孩子放學以後去那裡玩，大人給他們壘球，叫他們往畫像上砸。他們要是擊中了心臟，就會有糖果作為獎賞。[18]

一九四〇年代中期，佃哲男開始上國中。「我們被教導說，美國兵和英國兵不是魔鬼，就是怪物。上小學的時候，老師就每天講戰爭，鼓勵我們長大以後去當兵，尤其是當神風特攻隊飛行員，襲擊美軍艦艇。一九四四年到一九四五年，大分市街上有很多神風特攻隊隊員來來往往。他們繫著白色的飛行員圍巾，趾高氣揚得可神氣了。對我們這些小孩子來說，十七、八歲的青年就像體面的成年人一樣。我們從來沒聽到過反對戰爭的言論。要是某個老師被懷疑有否定或是消極的言論，他就會被解雇，然後被憲兵逮捕。」

一九四一年，大野忠九歲。他記得當年十二月以後，學校變化的速度有多快：「太平洋戰爭之前，我們上學有書和筆記本，可是戰爭開始之後，書或筆記本就很少有了。老師和軍訓教官拚命把『戰死沙場是我們的責任』這種思想灌輸進我們的腦袋。他們告訴我們，必須堅定、勇敢；心懷為天皇和國家而死的願望，是無上的榮耀。女生也被組織起來，在學校裡、在家裡，花好多好多的時間，縫製能給士兵帶來好運的千針帶。」

體罰

體罰現象在學校普遍存在。六十多年後，教師體罰學生的回憶仍舊鮮明又生動。體罰在日本並不是太平洋戰爭開始後的新現象，只是隨著戰爭的延續，體罰現象也愈來愈嚴重。體罰是學校軍訓中常見的一部分，模仿日本軍隊中士兵被軍官毆打的實際做法。

大野忠記得，儘管學生年齡很小，但對他們的紀律要求非常嚴格。「即便我們沒做什麼壞事，也許只不過是有點吵鬧，老師就會劈頭蓋臉地打我們，或讓我們罰站，一站就是很長一段時間。有一次，我們的老師推擠毆打得太嚴重，把我的胳膊都打斷了。」這位年過八旬的老人捲起衣袖，給作者看他彎曲的手臂，說：「從那以後，這條胳膊就不能完全抬起來了。」那天，他跟家裡人撒了個謊，因為「我們從來不告訴父母在學校挨打的事，因為他們永遠都支持老師的。而且，在他們眼裡，老師是絕對正確的。」

高屋達開始參加軍訓時，是小學五年級學生。跟大多數男生一樣，他希望讓軍訓教官和老師留下好印象，以便將來成為一名軍官。他說：

到了上國中的時候，我們就開始有保持平衡之類的訓練。訓練平衡，就是站在一個竹製大球裡面，努力保持站立。在培訓過程中，老師非常嚴格。如果一個學生做錯了，就等於我們整個小組的人都做錯了。我們小組就得面對整個班級的同學，全班同學看著老師用棍子打我們。比如，我們應該起立，但是有一個同學還坐著，或者是我們應該坐下，有一個同學還站著，那我們整個小組就得挨打。甚至有時候，我們都不知道為什麼就挨打。但是老師總是對的。

我記得有一次，老師特別狠。那天，全校在操場上集合完畢以後，回到教室。我們五、六個人在教室裡玩得正開心，老師進來了。他把我們帶到操場上，叫我們把衣服脫到只剩下內褲，命令我們坐在一盆冷水裡。那是冬天，還下著雪。我們當然凍得要命。他自己回到教室裡，讓我們在那兒凍著。好不容易他回來了，卻是來檢查水溫。他說還不夠涼，又往盆子裡加了好多冷水。我們要是說這樣會感冒，他會更生氣。我們只好老老實實地在冷水裡坐了大概有三十分鐘。還有一次，也是冬天，所有的男生就因為一個男生犯的錯而受罰。跟上次一樣，老師叫我們把衣服脫到只剩下內褲，罰我們跑了好幾公里。但是，那也比坐在冷水裡好多了，至少跑步能讓身體產生熱量。這些懲罰我都沒跟父母講過，因為他們會罵我不聽老師的教導。

從加拿大回到日本的矢野正明，對學校軍訓教官的凶狠至今記憶猶新。他是堀悌吉海軍中將的侄子，同時又是個移民。這個雙重原因使得他受到同學和老師特別的關照，看他是否經得住軍訓的考驗。他回憶說：

襲擊珍珠港之後，我們經歷了「極端軍國主義」。我那時十五歲。在我們杵築學校的教師休息室，軍訓教官和學校的一般老師是分開坐的。軍訓教官既傲慢又凶狠，經常毆打我們，或者打我們的耳光，還美其名曰是培養我們的軍人氣質。我的身體一向比較虛弱，但我都忍下來了，從來沒跟我父母說過。雖然，我父母肯定知道在學校裡，這種事情是家常便飯。在軍訓教官與學校老師和學生之間，存在著不可逾越的鴻溝。那時候，我真的非常害怕那些軍訓教官。

另外，軍訓教官和學校教師懲罰學生的原因也大不相同。軍訓教官訓練我們的時候，學生在小組活動中的表現必須完全一致。一個班五十人分成四個或五個小組。我們會模仿打仗時的迂迴動作，使用沒有子彈的真槍。我們還用代表敵人的稻草人練習刺槍。如果一個學生跟小組其他成員行動不一致，那我們都會挨打。我們老師就沒那麼殘忍。如果一個學生聽不懂老師講課內容，他們光打那一個學生，不會連坐全班同學。

對女生的教育和期望，則與男生顯著不同。戰爭開始時，松本幸惠是大神村的國中生。戰爭對她們鄉下學校的影響相對少一點，除了引進自衛訓練外，她的一般學校課程幾乎不曾中斷。她說：「我們學校很小，所以男生和女生在一起上課。軍訓的時候，我們接受的訓練不是攻擊敵人，而是學習如何保護自己的，女生學怎麼用竹竿對付敵人。男生由軍訓教官訓練，女生則由我們自己的老師訓練。」不像那些學習用步槍、刺刀和手榴彈攻擊敵人的男生，女生的訓練是為了在被美國兵俘虜和強姦的時候能夠抵抗。

來自海濱小鎮津久見的江藤信子也不記得學校裡有女生接受軍訓，和違反綱紀受到體罰的經歷。她說，她的老師都很善良。「有些女生沒有那麼幸運，比如有些身體殘疾，或是像我這樣個子很矮。有時候其他女生會嘲笑我們，但是老師都是用講道理的方式，來糾正她們的錯誤。」

從教師的角度來看，用嚴格的紀律約束學生是必須的。是時代的要求，是校長和軍訓教官的要求，學生將學會自律，因而受到尊重。即使在某些個人層面上，有的教師認為體罰是個很惡劣的行為、缺乏人性，但體罰在整個戰爭的年代依然有增無減。

躲避徵召

戰時當過教師的河村信雄說，他每天都教導學生為天皇而死，可是他本人根本無意當兵，他的家人也不支持戰爭，雖然這是違法的。他記得：「那時候，我父親一年裡有半年不在家。我不知道他去了哪裡，也不知道他在做什麼。我只知道每次父親回到家，他就把一疊一百日圓的鈔票放進家裡的錢箱。那些年，一般人家一年也賺不到一百日圓。直到他去世後，我才知道他從哪裡賺來那麼多錢。我不想玷污我父親的名字，但是他不在家的那幾個月，是去幫忙安排年輕人跑到沖繩附近的一座小島上去躲避兵役。」

換句話說，他的父親是把被徵召的年輕人和現役士兵，偷渡到遠離戰爭的避風港。儘管這似乎是一個沒有任何政治動機的商業買賣，而且極其少見，但它也表明並不是所有的日本人都對天皇和戰爭動員，具有不折不扣的忠誠。利用戰爭牟取私利的人也還是有的。但是最後，河村信雄還是未能逃過被徵召的命運。他繼續說：

二十世紀三〇年代，我在大分市上國中。學校裡一切都是以天皇為中心。我鑽研的學科是美術。一九三九年我高中畢業。本來畢業以後，就應該開始工作，支援戰爭事務。可是，軍方不信任學習美術的學生，所以我們這些學習美術的學生被允許上大學。一九四三年十月二十一日，我大學畢業，考到教師證書。收到證書以後，我被分發到別府附近的一所鄉下學校當教師。那時候有教師證書比較安全，這樣就不會被軍方徵召。我父親知道當兵的危險性，我就是根據他的指點，刻意朝老師這條路發展的。所以我當了老師他很高興。但我還是想以某種方式支持戰爭動員。上大學的時候，我學習了柔道、劍道等武術。當了老師以後，我把學校的孩子集中起來，教導他們殺人的技術。為了讓孩子為將來的軍事生活，做好足夠的準備，我們教師必須對他們嚴格要求。孩子被稱為「天皇的孩子」，當時日本教育的目標，是讓孩子們認識到，應該把國家放在第一位，把天皇當成他們的父親。有些人反對這種教育思想，但我依然嚴格要求我的學生。那時候，女生和男生被分成兩個學校，我在男校，對學生特別嚴格。因為我自己逃避了兵役，所以我知道我不得不表現得更加忠誠。我對自己說，學生是天皇的孩子，他們的生命屬於天皇。政府明確表示了這些孩子屬於國家和天皇，這是不可質疑的。這就是為什麼我這麼嚴格。

戰時的日本，「嚴格」一詞表示對缺乏紀律的兒童，實行嚴重的懲罰。所以，河村的「特別嚴格」，明確表明他對學生採取嚴厲的體罰。可是，他多年處心積慮地迴避被送上戰場的努力，並沒有使他逃避從軍的厄運。他作為一個「特別嚴格」的教師生涯戛然而止。他回憶當時的情形說：

一九四四年三月十日是國家軍隊紀念日。那天，全校學生分成幾組，在操場實施軍事演習。大約九點鐘，我正在指導學生戰鬥訓練的時候，我父親突然到學校來了。當然，那個時候我們村裡沒有電話，我並不知道他要來。我被傳喚到校長辦公室，父親告訴我，我被徵召入伍了。這個消息猶如晴天霹靂，因為我已經被免除兵役了。這時候我才知道，政府剛剛宣布，之前免除兵役的條例不再生效，所有十九至四十五歲的男子，都要向軍方報到。我父親不能像救別人一樣救我。那時，我二十二歲，還很年輕，但是一夜之間，從教學生用棍棒打仗的老師，變成了一名手持真槍上戰場的士兵。

有不願服兵役想法的人雖不常見，但也並不罕見，甚至有些是低於二十歲徵兵年齡的學生。「為了迴避服兵役，許多人偽造身體殘疾和疾病。有些人在體檢之前喝一大瓶醬油，希望引發暫時的肝臟或心臟衰竭。其他人通過喝瀉藥來減輕體重。」[19]然而，隨著戰爭動員變得更加緊迫，愈來愈難找到有效免除兵役的手段。放寬徵兵年齡的限制和體檢條件的要求，讓原本以為身處安全範圍的男子，開始試著尋找不用上戰場的服役單位。

平野守回憶了他通過參與特殊訓練計畫來避免被送上戰場：

戰爭的頭幾年，我在宇佐農業高中上學。我本來應該是在一九四四年三月畢業，但我們家人聽說日軍兵力不足，尤其是在中國的兵力不足，我一畢業馬上就會被徵召。剛好那時候，政府招收志願者，參加一項特殊的軍事訓練計畫，訓練需要十八個月才能完成。我不知道這項特殊訓練計畫是什麼，只不過隱隱約約地聽說與培訓飛機維修工程師有關。我當時想，訓練什麼不重要，重要的是，這是一個迴避被徵召的機會，我可不想被分配到作戰部隊，開赴海外，荷槍實彈地去打仗。並且，我還期望在三月的正常時間畢業，所以就報名了。但是，由於戰事緊迫，為了加快新兵的補充，事實上我們很多高三學生在一九四三年十二月就被迫畢業了。此外，這項十八個月的特別計畫，實際上十個月就訓練完畢了。一九四四年十二月，我被分配到第101中隊——神風特攻隊的一支分隊，所以我終究入伍了。[19]然而，這種拖延策略很可能救了我的命，我因此沒有上過前線。

疲憊悄然增長

隨著太平洋戰爭的升級，戰力和人力明顯地跟不上戰爭的需求。戰爭的疲勞蔓延，青壯年男性被送上前線，日本國內只剩下老年人和婦女耕種田地、捕魚、在工廠工作。政府宣布，所有公民都必須做出貢獻，並進一步強調「學生勞動貢獻」，命令青少年到工廠工作。一九四四年中期，美軍登陸日本已經是迫在眉睫。大分縣軍民攜手合作，開始在縣內沿海進行全面的防禦準備工作，沿著俯瞰海岸的山坡建造了一個完整的碉堡、戰壕系統，並在山上開鑿山洞來容納工廠、避難所和指揮控制中心。[21]

同時，徵兵活動進一步地加強。最初受到保護的學生現在都蒙受服役的壓力。男女學生都被迫加入勞動的行列。由於勞工短缺，日本政府甚至在韓國和中國「招募志願者」到日本打工。事實上，在許多情況下，「招募」和「志願者」這兩個詞被濫用，一些在日本本島鄉間工作的人，被強行帶上船隻和卡車，運到日本九州和其他地區。[22]

但這個時候的日本，也不乏有年輕女子自願報效國家。江藤信子對戰時的生活有著自豪的回憶：

> 我於一九二八年一月出生在津久見市。我生出來的時候特別小。那個時代，家裡唯一的加熱裝置是火爐和小火盆。我母親就把我抱在懷裡，或者是放在火爐旁邊取暖。我就這樣活過了我的第一個冬天。
>
> 一九四四年三月我十六歲，從女子學校畢業。為了響應動員全國婦女的號召，我下定決心，認為為國貢獻最好的方式是當一名護理師，所以我選擇了進入縣立護理師培訓學校。我們班有三十位學生，二十個人學習護理、十個人學習助產。學校裡的高

年級學生與我們這些新生之間，有一條明顯的界線，這是長久以來的傳統。比如，如果我們新生在做事情的時候犯錯，就會受到體罰，跟軍隊裡的傳統一樣，高年級學生會毆打我們。除此之外，新生不但必須勤於履行基本的職責，還要承擔額外的工作，別人休息或睡覺的時候，我們不能休息。我們每天早晨五點半，就得輕手輕腳地爬起來，不能吵醒高年級學生，開始打掃醫院衛生，或者是替設備消毒殺菌。

一九四四年秋天，戰況急轉直下，物資供應極其匱乏，我們必須更加勤儉節約。在課堂上，我們用處方箋的背面記筆記，如果鉛筆太短握不住了，就綁上竹棍繼續使用。

我們宿舍跟大分47聯隊的營房在同一條街上，經常看見士兵來來往往。在那些日子裡，報紙每天都提醒居民，軍民團結，不要放棄努力，直到日本勝利。

對我而言，轉捩點是一九四五年三月的空襲，上野中學的一些學生在空襲中遇難。在接下來的四、五、六月，這三個月裡空襲愈來愈頻繁。我們在醫院的地板底下挖了一個防空洞。但是，那裡面散發著霉味，蚊子成群，沒有食物，也沒有水。我們都盡可能地避免進到防空洞裡去。上二年級的時候，我和其他五位同學承擔了傳令兵的義務。每次空襲之前，我們幾個負責把直接從軍方收到的消息，通知醫院、住院部和宿舍裡的人。我們還用擴音器大喊「空襲警報、空襲警報」，通知周邊所有的人。

23

在上海，數以千計從事商業、教育和政府行政的日本民眾，雖有日軍保護，也意識到日軍面臨走投無路的境地。儘管他們不敢明說，每個家庭不得不考慮是留在將被中國人收復的上海，還是一走了之。南里俊策回憶說：「儘管我在上海沒有受到戰火波及，我的父母沒跟我說過什麼，但我覺得他們知道日軍處境不妙，上海不安全了。一九四四年十二月我和姐姐被送回日本。那時候，很多日本家庭都在撤離上海，所以與朋友分離並沒有特別悲傷的感覺。我回到別府，和我母親的家人住在一起。離開上海之前，我們唯一擔心的傳聞就是日本人都在挨餓。在上海，填飽肚子是沒問題的。」

年少的南里俊策回到了即將受到美軍飛機轟炸的大分縣，但他坐在課堂裡的時間並不長，很快就被分配到大分市以南的軍火工廠，一直到戰爭結束都在工作。

6 天來之火

目標：大分

戰火即將延燒到大分縣的跡象，出現在一九四五年一月一日。但是，多數大分人並沒有注意到。那天，一架美軍B－29轟炸機從大分市區上空飛過。只有少數居民注意到這架拖著長長白煙的飛機。當時沒有人報警；過後也沒有任何新聞報導。事實上，這架美軍偵察機在九州上空，測繪不久將要進行的轟炸點。只有那些理解戰爭走向的人產生了些許之前沒有的忐忑。

一九四〇年代以來，大分縣是日本軍事活動的重鎮。海軍第5艦隊指揮中心位於大分市。此外，海軍第12航空隊總部設在位於大分市東部，大分河畔的海軍基地。時至一九四五年初，數百架海軍戰鬥機，包括神風特攻隊，駐紮在這裡。基地附近的岩田町，修建了第12航空軍工廠，負責大分市、佐伯、福岡縣築城和宮崎縣富岡等地的海軍戰鬥機，其修理、改裝、整備、彈藥補給等重要軍事支援。大分本地各工廠為軍工廠製造所需的火藥和零件。如鶴崎住友化學公司製造火藥、中島工業生產子彈和飛機零件。軍工廠掌握了整個地區的基地的武器供應。製造商受到軍方的嚴格監控，正職員工、工人、學生工人和婦女，一同加入勞動的行列。

受到戰事的擴大與延續，日本將愈來愈多的男子送上戰場，國內缺乏適齡勞動力，阻礙了日軍遏止盟軍步步逼近的寄望。早在開戰伊始，政府就下令所有民眾都要為戰爭做出貢獻，並為在校學生制定了「學生勞動貢獻」。一九四四年，進入工廠工作成為教育課程的一部分，學生離開課堂進行無償工作。大分市工廠共有工人約一萬兩千名，其中八千名是學生。大分中學（上野丘高等中學的前身）提供了一千兩百名學生工人。其他學校的學生包括：工業學校、商業學校、男子師範、女子師範、第一女中、第二女中、鶴崎工業、別府中學、別府女中、日出女中、臼杵中學和竹田女中。所有學校都位於大分縣內，有些學校距離大分市較遠，所有師生毫無怨言地接受了這些他們認為是必要的犧牲。

到一九四五年初，學生工人增加到一萬六千名。由於那時大分縣仍是人煙稀少的偏僻地區，大分市還接納了外縣市支援的九百四十五名學生工人。工廠裡的學生工人責任重大，他們承擔的工作包括：

1. 總務科（維持工廠內秩序，與外單位交涉）
2. 飛機製造工廠（飛機修理、改裝、翻新、技術培訓、製造魚雷）
3. 飛機引擎工廠（引擎拆卸、檢查、維修、改裝、整備、試運轉）
4. 武器工廠（所有飛機武器維修、改裝）
5. 後勤
6. 會計
7. 醫務室
8. 通訊科[1]

古後精一回顧了他在一九四五年離開學校到軍工廠工作的經歷：

我當時在大分中學讀書，但其實沒上多少學。學校根本就是對學生進行洗腦，教育我們為國犧牲和為天皇捐軀。學生被當成士兵對待，就好像我們已經是軍人了。高三下學期，由於勞動力短缺，我們被迫到工廠去工作。也就是說，我們在學校的教育結束了。老師把學生分成幾組，我被分配到第12航空軍工廠零件生產線，製造飛機零件。工廠旁邊就是空軍基地，有的同學被派到基地，其他人被派到魚雷、引擎工廠等等。每天早上我們直接去工廠，在那裡跟老師和同學會合，開始工作。每個工廠都有來自不同學校的學生。在學校，男女生是分開的，可是現在我們都在一起工作。

我很喜歡在工廠工作，因為我一向喜歡理科，喜歡自己動手製作東西，特別是需要技術的東西。工廠裡的專業軍事技術人員是我的師傅，我特別想成為一名技術人員。不只是因為我喜歡理科，也是因為技術人員不必上戰場，我一點也不想從軍。

我負責的工作是維修一式戰鬥機。[2]飛機在空襲或者是訓練期間都會受損，我們參照飛機和部件的藍圖，製造損壞了的零件。那時候沒有機器，我們基本上是手工製作飛機零件。偶爾，會有一台機器是可以派得上用場運轉的，但總的來說，我們十人一個小組，照著藍圖，在軍工廠裡的合格工程師指導下，一件一件來手工製作這些部件。工廠裡有分成好多個小組，每個小組負責做一個特定的部分。

十四歲的園田英雄工作的工廠規模「比宇佐所有的海軍基地都大」。他說：

我的工作是協助修理、製造櫻花特別攻擊機。由於金屬材料的短缺，我們用木頭和薄薄的合板，來製作包括儀表板和測量工具的所有部件。材料運來的時候是各種不同的形狀和尺寸。我們這一組負責把材料鋸成合適的尺寸，另一組根據飛機的藍圖組裝。那時候沒機器，所以切割、塑型等程序都是純手工。櫻花機的背部裝著天線，脫離母機的時候，用一個火箭推進器來推動飛機。櫻花機飛得很低，所以可以直接衝進美軍軍艦。櫻花機進行攻擊的時候，炸彈和化學物質都裝在機身的腹部。

杵築的矢野正明被分配在大分市的軍工廠，住在學生工人宿舍。「十八歲的時候，我到大分市軍工廠製造火藥，不同的小組被分配做不同的程序。我的工作是處理硝酸。火藥配方保密，所以最後一道複雜程序是由專業人員來負責。每天都有士兵時時刻刻、虎視眈眈地盯著我們，我們必須特別勤奮、認真。不過現在看來，這是好事。因為我們必須嚴格遵守規定和程序，所以沒出過任何事故。」

舟木淳一記得：「那時候有很多工廠，第1、2、3、4工廠，可以一直數下去。誰也不知道到底有多少工廠，也不知道每間工廠是製造什麼的，除非是你自己工作的工廠。我在第2工廠，也就是大炮製造廠工作。每天，大約二十公分寬、一百五十公分長的鋼管運來，我們的任務是把鋼管鑽孔、打磨、拋光，製成炮筒。我的工作是在鋼管上鑽孔。鑽一根鋼管要花四、五個小時。然而，我浪費的鋼管遠比鑽好的多得多。因為要想鑽得恰到好處實在太困難了。」

河村信雄的妹妹在一個軍工廠裡製造手榴彈。女學生與男學生一樣，肩併肩地做著這種極其危險的工作。

一九四五年三月中旬，美軍將轟炸東京、名古屋等主要城市，並擴大目標到九州。這個決定是基於美軍占領日本沖繩地區計畫的考量。攻占沖繩是作為徹底打敗日本的第一步。而九州是多個日本海軍和陸軍航空基地的所在地，日軍可以輕易地從這裡向美軍發起反擊，因此九州是進攻沖繩後的下一站。柯蒂斯・李梅（Curtis LeMay）將軍的優先轟炸城市名單上有：鹿兒島縣鹿屋市、宮崎縣宮崎市、福岡縣大刀洗町、長崎縣大村市、大分縣大分市和大分縣佐伯鎮等城市。[3] 轟炸開始時，名單上新增了大分縣宇佐鎮。

三月十四日，一架日本偵察機發現了正在開往沖繩方向的美軍艦艇，立即將情報上報給宇垣纏中將。宇垣纏意識到此跡象表明，美軍將要轟炸九州，遂令九州的所有戰鬥機到九州南部集結，準備向美軍艦隊發起攻擊。

預計沖繩之戰開打後，日軍會從九州派出增援，三月十八日，東京大轟炸一週後，美軍在大分市投下第一批炸彈，目的在於盡可能地摧毀戰鬥機、軍事基地、軍工廠，並切斷燃料和彈藥的補給線。[4]

三月十八日凌晨三點，日軍飛機從各個基地起飛，向南襲擊美軍艦隊。這次行動對日軍來說是一場極大的挫敗，兩百多架飛機有去無回，而美軍一艦未損。同日，當大分市民展開他們新的一天時，美軍F6F「地獄貓」艦載戰鬥機（Grumman F6F Hellcat fighter planes）和SB2C「地獄俯衝者」轟炸機（Curtiss SB2C Helldiver bombers）正在飛向目標：大分。

大分空軍指揮部估計美軍會在天亮之前採取行動，維修人員和駕駛員急忙把留在基地的飛機，疏散到基地周邊。早上八點三十分，三十架美軍地獄貓戰鬥機和地獄俯衝者轟炸機出現在別府灣南面，迅速接近坐落在別府灣的大分市。幾分鐘之內轟炸開始，成串的炸彈從天而降，震耳欲聾的爆炸聲響徹全市。接著，美軍開始轟炸整座基地。當事人記得驚天動地的爆炸聲和令人毛骨悚然的尖叫聲。地獄貓戰鬥機的目標，是已經從基地移出的飛機。轟炸不僅摧毀了建築物，而且嚴重損壞了機場跑道。由於事先接獲空襲警報，軍工廠迅速做出反應，將飛機從機庫中撤離，因此在大規模空襲中，只有五架飛機被摧毀，傷亡人數較少。正如一位當地歷史學者所說，這是不幸中的大幸。[5]

雖然當天基地避免了遭受重大損失，但在軍工廠工作的學生卻沒有那麼幸運。轟炸過基地後，美軍飛機又轟炸了附近的軍工廠。

園田英雄回憶說：「我到軍工廠才一個禮拜，地獄貓就開始空襲大分市和我工作的軍工廠。空襲一開始，我和同學趕緊往外跑，還沒到防空洞，那些飛機就朝我們射擊了。我們嚇得跳進河裡、躲在水中，子彈就在我們頭頂上飛過。這些飛機飛得特別低，離我們特別近，我們都能看見飛行員的臉。炸彈就在我們周圍爆炸。我那時候才十四歲，十分害怕。那是我第一次體驗戰爭。」

另一位十四歲的學生工人橋本一郎敘述了他當天的經歷：「我清楚地記得那一天。轟炸開始的時候，我驚惶失措，腦袋一片空白從市裡跑出來。一架地獄貓就跟在我後面。那架飛機並不大，是一架只有一名飛行員的戰鬥機。周圍沒有防空洞，河邊只有一條路，我嚇得不知道該如何是好。幸好，附近有座橋，我趕緊躲在橋底下才逃過一劫。後來，每天都有空襲，我才慢慢地習慣了。」

第二天的空襲為大分海軍航空基地、軍工廠和大分市東部（基地和軍工廠地區）造成了重大傷亡和破壞。這兩天，不只是大分市，佐伯空軍基地和宇佐空軍基地也遭受攻擊，其中，宇佐在同一天從下午一點到三點半遭遇三次空襲，十四人死亡。

宇佐是湯野川守正上尉率領的第721神風特攻隊第3中隊的總部。湯野川手下有三十二名二十至二十四歲的「神風志願者」。他們於二月中旬抵達宇佐，準備在接下來的一個月，對正在靠近沖繩的美軍進行自殺式攻擊。他說：

抵達宇佐之後，我大部分時間都花在研究地圖上，並模擬戰鬥。我們仔細討論怎麼才能擊中沖繩周邊美軍艦隊最重要的八艘軍艦，給美軍造成盡可能最大的損失。我們考慮船舶可能停靠的位置，並嘗試制定最佳攻擊方案，這些都是在室內進行的。我們還進行空中和地面訓練。我前前後後一共訓練了大約兩百名飛行員，兩人死亡，一人在訓練中受重傷。但我對其他人能夠完成我們的使命充滿信心。

駐紮在宇佐的，還有神風特攻隊之外的其他單位。我們跟那些人一起到宇佐鎮或是別府市喝酒聊天。三月中旬，他們大多數都開赴前線了，只有另外一個單位留在宇佐。我們中隊計畫在三月十八號那天出發。幾個禮拜以來，我們參拜了宇佐神社，身心都做好了準備。

三月十八日下午三點半，一切準備就緒。飛機引擎開始運轉，我們在一張桌子前排成一列。美軍飛機突然出現的時候，我們正舉起酒杯，要為我們的「最後一杯酒」（實際上是水而不是酒）乾杯。美軍的奇襲執行得太好了，我連下命令的時間都沒有。大家都發瘋似地四處逃竄。看著當時的場面，我暗想：「這下糟了。」我聽見旁邊一棟建築的二樓，有一挺機關槍正向美軍飛機掃射，試圖擊落飛機。我手下的飛行員都自顧自尋找掩蔽處而鳥獸散了。當下我沒別的事情可做，於是就跑上二樓，鼓勵機槍手繼續射擊，並問他需要什麼。他說他需要水，我趕緊跑去替他找水。然後是第二波攻擊。我能看見美國飛行員的臉，還注意到他們的飛行員圍巾。我不記得空襲結束後做了什麼，但我記得當時想：「真要命！」那天，我們特攻隊的十八架飛機裡，有十一架被摧毀。之後，我們奉命到宮崎重新編組。

儘管湯野川守正的神風特攻隊遭到破壞，重新整補之後，神風飛行員在未來三個月繼續在宇佐集訓。四月六日、十二日、二十八日和五月四日，神風特攻隊從宇佐出發，進行了五次飛行任務。共有八十一架神風飛機從這個沿海小鎮起飛，一百五十四名飛行員喪生。現在，若是訪問宇佐，遊客可以看到這一百五十四名青年的姓名，被珍藏在鎮上的和平紀念館。

十四歲的吉村隆文也記得那天的恐怖：「那天，我正在海軍基地旁邊玩，一抬頭，只看見一架飛機朝著我飛過來。當時沒有空襲警報，所以我以為是日本飛機。然後，射擊就開始了。那架飛機飛得很近，我甚至能看見飛行員。我拚命地跑呀。這是我第一次看見地獄貓，不過，後來看見過很多次。那天大概有十幾架吧，盤旋、射擊了很久才離開。那天事發太突然了，我連一架起飛迎戰的日本飛機都沒看見。」

美軍不只是衝著基地和軍工廠來的，還意在摧毀補給線，遏止日軍對沖繩的支援與防禦。三月十八日和十九日，來往於偏遠鄉村、載著平民百姓的火車遭到襲擊。十八日，在日豐本線的幸崎附近，一名列車員和一名乘客被炸死，許多乘客受傷；杵築附近五名乘客被炸死，一名列車員受重傷。十九日，豐肥線中判田至瀧尾路段，一名列車員和一名乘客被炸死；宇佐至立石，一名列車員被炸死，另一名列車員身受重傷。6

杵築的矢野正明清楚地記得，一九四五年三月十八日那天火車乘客遇難的情況。他把作者帶到院子裡，指著距離他家高地下方，大約四百公尺遠的鐵道說：「地獄貓戰鬥機飛過我家屋頂的時候，正好有一輛從小倉開往佐伯的電車從這裡經過。一架地獄貓在軌道上低飛，瞄準了載滿乘客的電車，投下一枚炸彈。我們都趕快跑去，幫忙把受傷的人扶到我家隔壁的廟裡。隨著這些針對鐵路的攻擊，為了減少被擊中的機率，火車車掌在月台停車的時間非常短。三月十八日空襲開始以後，每天都會有空襲警報。人們生活在恐懼之中，日用品日益減少，我們的生活愈來愈困難。」

美軍飛機幾乎暢行無阻地轟炸這個地區。由於日本空中戰力的削弱，已經沒有足以匹敵的力量。脇鈴子家住在別府和杵築之間的日出町，那時候她在大分市的工廠工作。她記得一個休息日，她回到日出偶然看到的一幕：「有一天，我看見一架地獄貓和一架零式戰機，在日出往塚山那邊的上空纏鬥，就好像看電影似的。後來，他們在離豐岡公園不遠的海邊，找到那個地獄貓飛行員的屍體，日出町的政府官員鄭重地把他安葬在那附近。」7

隨著戰爭打到家門口，太平洋地區的戰鬥也更加殘酷。死神在大分徘徊，全縣各地愈來愈多的家屬哀悼在戰爭中陣亡的兒子、兄弟和丈夫。當地的報紙並不避諱報導當地的陣亡士兵，以發表照片和簡短傳記的方式，宣揚他們的英勇事蹟。例如，一九四五年三月十八日，大分市被轟炸當天，人們在《大分合同新聞》的〈五十九勇士獻身〉標題下，看到幾位士兵的人物特寫：

上士安藤利雄
出生於大分縣玖珠町第十區
在南方前線陣亡
留下父親豐吉（五十六歲）；母親朝子（五十歲）；妻子美代子（二十六歲）和兩歲的兒子

上士神野義勇，
出生於大分縣大野町桑原
去年冬天陣亡
留下父親勝三郎（五十九歲）；母親今（五十七歲）；哥哥春男（三十八歲）妻子幸惠（三十四歲）及五個孩子；弟弟誘一（二十歲）是滿洲軍隊志願者。

上士藤原為義
出生在杵築町
去年夏天在滿洲陣亡
留下母親幸（六十五歲）和三個弟弟在家裡務農。

上士大久保定
出生在大分市金池町
去年冬天在南太平洋戰役陣亡
妻子花陽（二十九歲），長男（十一歲）和另外兩個孩子被留在家裡。

四月一日美軍抵達沖繩時，大分縣民眾已經感受到這場大規模戰役的影響。他們了解到，美軍轟炸全縣各地的空軍基地、摧毀戰機，是為了使日軍無法從空中支援沖繩戰役，最關鍵的是，摧毀從宇佐起飛襲擊美軍軍艦的神風特攻隊飛機。

沖繩島上，美軍與日軍地面部隊進行了一場戰史上最殘酷的戰鬥之一。這場戰鬥將決定未來戰爭的走向。當美軍炮彈在大分和日本其他地區的空中落下同時，美軍海軍士兵緊張地注視著海面上空，尋找神風飛機的身影。

E・B・斯萊奇（E.B. Sledge）和唐・卡爾頓（Don "Slim" Carlton）當時都是準備攻占沖繩的年輕海軍陸戰隊士兵。斯萊奇在回憶錄中寫道：

一九四五年三月十五日，軍艦從拉塞爾群島（Russell Islands）出航，開往烏利希環礁（Ulithi Atoll），加入占領沖繩的艦隊。我們於三月二十一日抵達烏利希環礁，一直待到二十七日。我們在烏利希環礁得到沖繩之戰即將開打的簡報。一名中尉說：「預計這場兩棲作戰的傷亡會非常嚴重。我們在距離日本鬼子的本島只有五百多公里的地方展開攻勢，所以，要做好準備，敵人將會以比以往任何時候，都要更頑強的反抗來對付我們。我們預期，僅在海灘上就會有百分之八十到八十五的傷亡。」

我旁邊一個夥伴側身小聲跟我說：「誰會這樣提高部隊士氣?!」

……

中尉繼續說：「注意鬼子傘兵從後方偷襲我們，尤其是晚上。我們第一天晚上或者是次日凌晨登陸的時候，日本鬼子會全力以赴發起抵抗是無庸置疑的，很可能還會有坦克前來支援。」

……

三月二十七日，擴音器傳來：「請注意、請注意。準備起錨，準備起錨。」

出發前夕，氣氛十分緊張。我們收到了最後的命令，盡快開往沖繩，登陸海灘。我們估計搶灘作戰將會化為地獄，為了養精蓄銳，我們都早早鑽進被窩睡覺了。

天亮之前的起床號，迎來了一九四五年的復活節，同一天也是愚人節（四月一日）。軍艦上很快開始忙碌了起來。早餐是傳統的戰前大餐：牛排和雞蛋。我回到鋪位，整理好子彈、戰鬥背包和迫擊炮彈藥包。軍艦炮台上炮手嚴陣以待，準備隨時向神風飛機開炮。破曉時分，登陸前海灘突擊轟炸開始了。透過炮火聲，我能聽見敵方飛機進入戰鬥狀態的轟鳴聲。8

在同一艦隊另一艘軍艦上的卡爾頓寫道：

終於按照命令集合起來以後，軍官清了一下喉嚨開始說道：「……我們的命令是作為兩棲作戰部隊的一部分，前往占領沖繩島。」

「這個鬼地方在哪兒？」我背後有人嘟囔。

某位弟兄回答：「不知道，從來沒聽說過。」

軍官告訴我們說沖繩離日本本島五百多公里，在日軍飛機的巡航範圍之內，所以要做好飛機空襲的準備……不幸的是，我們不能依靠這座島上的老百姓。

「那麼該怎麼辦？」有人問。「如果抓到老百姓，是要殺了他們，還是釋放他們？」

軍官的回答是：「見機行事吧。但願他們別跟我們作對。可是，絕不能信任他們。」

「那俘虜呢，又該怎麼處理？」

「由於後勤補給一時半刻跟不上，前三天不要抓俘虜。了解了嗎？」

三月的最後一天到了，明天就是愚人節和復活節。艦上的隨軍牧師進行了禱告。天主教徒接受了赦免和聖餐。晚餐非常豐盛，但我根本食不知味。我看著身邊的戰友，恐懼寫在包含我在內的每個人臉上。滿腦子的猜想：會不會在到達海灘之前，敵人就把我們炸成碎片？登陸會是什麼樣的情景？會不會在向內陸發起進攻之前，我們就在海灘上全部陣亡了？[9]

戰後，日軍駐沖繩的八原博通上校，回顧了空軍在取得這場勝利中的重要性：「一九四五年四月初，哈爾濱的秘密特務組織提供了似乎可靠的情報，如果我們在美國海軍的攻擊下再堅持十天，敵人就會被迫中斷在沖繩的行動。這個消息減輕了我們的精神壓力，讓我們覺得有可能成功奪回被占據的領土。」[10]

四月六日，美軍掃雷艦防衛號（USS Defense）上，所有的眼睛都緊盯著天空，神情緊繃地等候神風特攻隊的到來。艦上一名年輕的水手卡羅爾・威廉斯（Carroll Williams）來自俄亥俄州的一座小鎮。在沖繩之戰結束後，寫下一首打油詩留給後代子孫。從這首詩，我們可以看到為什麼四月初，日本指揮官還對神風攻擊懷抱希望，以及為什麼美國會如此無情地轟炸日軍的飛機軍工廠。

〈地獄的五分鐘〉

四月六號，那一日，
餘生永遠牢記。
大約四點鐘，
猶如下起岩石雨。
鬼子飛機從天降，
警報響，備好槍。
來了，來了，敵機來了，
飛得既低又很近。
敵機向我們俯衝，欲與我們同歸於盡。

剎那之時，
鬼子喪失勇氣，
飛機衝向空中。
第20炮位向他瞄準，
把日本鬼子送進地獄。
還未來得及慶賀，
又見飛機衝來。
炮彈再次上膛，
嚴陣以待。
開火！
擊中了俯衝的敵機。
受損的敵機緊急轉向，
頭朝下，橫向滑翔，
撞到驅逐艦側面。
環顧四周，又見兩架敵機。
準備炮彈，等待他們。

兩架敵機分頭而至，
一架船尾，一架船頭；
每人同有一個念頭：願上帝是我的朋友。
彷彿地獄就在眼前，
活死人向我們逼近。
每人的心忐忑不安。
每人的恐懼寫在臉上。
弓發箭來不可阻，
魔鬼低翔不能擋。
冒著炮彈他不怕。
直衝過來他不停。
將他擊中在艦首。
墜入水中驚天地，
爆炸震響沖九霄。

11

一九四五年四月二十一日

正當美軍同日軍在沖繩殺得難解難分，大分市、宇佐鎮和佐伯鎮的百姓，則為每天的空襲心驚膽戰。空襲主要是兩種飛機。一種是被日本人簡稱為「格魯曼」的地獄貓戰鬥機。這種飛機可以近距離掃射，在整個戰爭期間被用來進行低空攻擊和偵察。第二種飛機，也是最可怕的，是李梅將軍所使用，號稱「空中堡壘」的B－29轟炸機，這種轟炸機不僅投擲一般炸彈，還有燃燒彈和定時炸彈。

一九四五年四月二十一日的空襲，是在大分市軍工廠工作的學生最難忘、最悲慘的一天。那天早上六點十八分警報響起，隨之而來的是一種陌生的轟鳴。仰望天空，人們看到B－29轟炸機的輪廓在高空飛行。之前，他們看過這種飛機，但那時候，這些飛機只是經過大分縣，去九州北部轟炸其他目標。大約半小時以後，六點五十分左右，炸彈像雨點一般落在大分市區。金池町街區燃起熊熊大火，大分火車站周圍被夷為平地，電車停止運行。房屋燒毀，數十人死亡。大約投下兩百枚炸彈後，飛機離去，九點三十分空襲警報解除。

軍工廠的學生還在繼續工作，以為他們躲過了轟炸。然而正當大家都認為最可怕的轟炸已經結束時，一架B－29轟炸機飛回大分，目標是第12海軍軍工廠的第3廠房。

這一天的記憶深深地烙印在橋本一郎腦海裡，他忘不了那天目睹的慘況，並慶幸自己得以死裡逃生：

那是中午十二點十四分。因為沒有警報，我們都在工廠工作。一枚炸彈落下來，我的同學裡有十八個人喪生。那一枚炸彈一共炸死了七十個人。當時我要是在工作崗位上，肯定也死了。幸運的是，我被叫出去做別的事情。我記得特別清楚，好多人痛得尖叫。一個女生放聲大哭：「好痛啊！請幫幫我！」清理現場的時候，到處都是血和人的屍體。機器倒塌砸在人的身上，或是二樓倒塌壓在人的頭上，腦漿濺得到處都是。我記得每一個細節。

那天逝去的十八名學生都是我的好朋友。我們都是同一個劍道和柔道社的成員，過去每天都在一起練習。從一開始，老師就根據我們彼此家裡的地址分配工作崗位。那天坐在我前後左右的同學都死了。工廠死的人太多了，我們在河邊舉行了集體火葬。我們沒有為死了的學生舉行特別的儀式，那時候，我們真的什麼都做不了。軍工廠也沒有對我們同學有什麼特殊的表示。只有我和一些同學單獨到死去的朋友家裡，和他們家人一起為他們祈禱。戰爭結束以後，其中一位男生的姐姐，在大多數死亡的同學上過學的上野丘高中（前大分中學）校園，建了一座紀念雕像。雕像是一個穿著軍服的十幾歲男生。直到現在，我們每年四月二十一日都會去那裡，紀念那些同學。

一九四五年四月二十一日的轟炸，是我永生永世也不會忘記的一天。

遺體火化的時候，十二歲的吉野二雄剛好從大分河邊經過，他說：「屍體被抬到河邊的時候，還穿著工作服。我碰巧路過，就在不太遠的地方停下來觀看。河邊大約有三十到四十具屍體。負責焚燒屍體的工人把汽油倒在屍體上，然後點燃。」

大分市民都知道這場轟炸中死了許多人，但是，當地的報紙既沒有報導轟炸的嚴重程度，也沒有提及任何學生的死亡，所以相關死亡和葬禮的細節，只有直接經歷空襲的人才知道。在四月二十二日的《大分合同新聞》，只有在第二頁簡短地提及前一天的轟炸：

> B－29最近在大分上空進行多次偵察。二十一日早上六點二十五分，大分發出空襲警報。B－29的三個編隊及另外十架飛機，從東南方向飛越大海，入侵大分市，目標是兩座重要的工廠。八點十分，大約三十架B－29經豐後水道，投擲了中型炸彈、定時炸彈和燃燒彈。大分傷亡有限。空襲警報於九點二十三分解除。但是，之後，在十二點二十一分和一點二十五分，一架或兩架B－29又一次空襲大分。這些襲擊沒有造成任何損失。大分市民在防空作戰中表現得很勇敢，但我們仍然對這些空襲感到擔憂。任何時候都不能放鬆我們的防備警戒。[12]

同一天，宇佐的海軍航空基地也遭到美軍空襲。根據美軍官方報導，海軍第20艦隊的第21轟炸中隊，派出二十九架飛機在宇佐投下五百四十五枚炸彈。這份官方報告題為〈通過摧毀日本海軍航空基地支援沖繩戰役〉（Assist War Efforts in Okinawa by Destroying Japanese Air-Naval Base）。這批炸彈有一半是標準二百二十五公斤重的炸彈，一半是定時炸彈，將在設定後一至三十六小時之間爆炸。執行任務的飛行隊從馬里亞納群島（Marianas）起飛。根據美國官方統計，九架日本飛機被摧毀，十八座炮塔、三座軍營、兩個飛機掩體，以及一座發電廠因受損而停止運轉。另外，兩條飛機跑道也遭受破壞。美軍方面沒有任何損失。日軍因為將戰力集中在對付在沖繩以及其周邊海域的美軍，無法組織有效的反擊。

李梅將軍及其部下認為，四月二十一日對大分市和宇佐的轟炸「非常成功」。從美軍飛機拍攝的照片上，可以看出一條「成功的轟炸軌跡——許多炸彈命中飛機掩體和行政大樓，地面被摧毀的飛機清晰可見。轟炸過程中沒有遇到任何抵抗」。十七架B－29轟炸機在大分市投擲的炸彈中，包括一百七十枚定時炸彈。這是最讓大分人擔心的，因為誰也不知道這些炸彈何時會爆炸。這些AN－M64型炸彈設置了不同的延遲機制，以便「延長炸彈的有效性」，用來防止跑道、公路和飛機的快速修復。與此同時，也能夠威嚇生活在這些地區的民眾，削弱他們的士氣。當天在大分市投下的定時炸彈包括：

延時一小時　九枚
延時兩小時　九枚
延時六小時　五十枚
延時十二小時　五十一枚
延時二十四小時　三十四枚
延時三十六小時　十七枚[13]

空襲宇佐時，B－29轟炸機合計扔下一百三十六噸炸藥，定時炸彈的比例與大分的狀況大致相符。美軍繼續部署後續轟炸行動，讓日軍幾乎不可能立刻恢復戰力。悲哀的是，日本政府拒絕承認這一明顯的事實，造成數以千計的民眾平白無故犧牲。

當炸彈大雨傾盆似落在大分的時候，沖繩的戰鬥也愈加激烈。卡爾頓回憶說：

登陸後，我們毫無阻礙地向內陸移動，直至來到一個路口，接到命令在這裡修築戰壕……面對敵人占領的178高地。我們為打下這塊高地進行了一場苦戰……我和新來的機槍副手東尼剛挖好一個散兵坑沒多久，一支巡邏分隊來到我們身後。東尼說：「看來他們是要偵察我們面前的這塊區域。」巡邏分隊由四名步槍兵和一名扛著火焰噴射器的士兵組成。他們從我們旁邊走過去的時候，我暗自說：「祝你們好運！」……他們走過去大概十多公尺的時候，迫擊炮彈像雨淋似地朝他們傾瀉下來。他們開始往回爬。扛著火焰噴射器那個人運氣很不好，一顆炮彈就落在他身邊，把他拋向空中。當他落下來的時候，我們看見他的兩條腿都從大腿中間被炸斷。

這時候，一件奇怪的事情發生了。在我面前大概三公尺遠的地方，一個日本鬼子站起身來。他沒有轉過身，也沒有逃跑，而是一動不動地直視著我。他的雙臂垂在身體兩側。他是要投降嗎？別想！我要為我陣亡的戰友報仇。我一連扣了好幾次扳機，他臉上閃出驚喜的神情，軍服上飛揚起塵土，他仰身向後倒下。[14]

無處可藏

起初，大分市民試圖保持正常的生活，孩子上學，婦女上街購物、處理家務。聽到美軍空襲飛機逼近的聲音，居民們紛紛慌忙跑進防空洞。接著是震耳欲聾的爆炸聲和大地猛烈的顫動。他們都猜想是不是自己家周邊的商店和街道被炸毀。大家在黑暗的防空洞裡緊緊地拉著彼此的手，暗自在心裡祈禱轟炸快點結束。沒人知道轟炸將會持續多久，沒人說話，大家都保持著沉默。

等到轟炸機終於飛走時，人們從防空洞裡鑽出來，聚集在一起，查看自己的街道受到的破壞。一枚炸彈落在一戶人家的屋頂上，一家四口無一幸免。雖然城市周邊山坡上修建了一些防空洞，但是人們不可能立刻跑到那麼遙遠的地方去。大分市裡的人只是在自己家院子裡挖一個洞，用一些木板和樹枝蓋在上面。當人們突然意識到自己院子裡的防空洞根本起不到保護作用，大都再度陷入恐慌。很多人質疑政府和軍方為什麼都沒有告訴他們，如何建造有用的防空洞。這時，謠言四起，比如，美國航空母艦已經進入別府灣。人們每分每秒都擔心美軍飛機的下一輪轟炸。

到了四月下旬，幾乎沒有一天是沒有空襲警報的。隨著B－29轟炸機令人毛骨悚然的轟鳴聲愈來愈響，人們不禁會想，這一天會不會正是他們死亡的日子。橋本一郎回憶說：「B－29轟炸期間，每次警報一響，比如，要是正在去工廠的路上，我們就立馬掉頭跑回家。有段時間，我家附近所有的建築物都被炸毀燒光了。奇怪的是，我家和隔壁鄰居家的兩棟房子倖存下來。後來我們回收了我家附近的炸彈殼，捐給金屬工廠。我家住在位於市中心的大分火車站背後。一有空襲，我們就躲在自己挖的防空洞裡。現在回想起來，那個防空洞一點用處都沒有。我們就在地上挖了一個洞，用木板蓋上。不過，這也是沒有辦法中的辦法。」

當人們終於意識到繼續正常的生活是不可能了，一開始為了安全起見，他們將兒童疏散到附近的農村。很快，許多人全家一起搬離了大分市。

在宇佐，江島晃教的父親決定移居到山裡來躲避轟炸。他記得：「我母親在生病，我有一個比我小兩歲的妹妹，還有一個四歲和兩歲的妹妹。我們把東西裝在一台手推車上，母親和最小的小妹坐在車上。父親在前面拉，我和最大的妹妹在後面推，四歲的妹妹跟在我們後面。我們徒步走了將近二十公里的路程到安心院。一路上大人和孩子都默默地咬著牙向前行。」

四月二十六日，B－29轟炸機再一次來到宇佐。以下是折元machiko（マチ子）[15]對當天的轟炸和混亂局面的回憶。那時，她的父親和哥哥都已經從軍，她和母親生活在一起。她清楚地記得：

那是一個難忘的早晨。隨著B－29的炸彈從天而降，空襲警報響個不停。二十七架戰機和兩架B－29從東向西飛來。媽媽衝著我喊：「machiko，快跑！」我們趕緊鑽進防空洞。防空洞離我家的房子只有幾公尺遠，在宇佐神宮往長洲的縣內公路旁邊的稻田裡，能容納大約二十個人。防空洞裡黑漆漆的。炸彈爆炸的時候震耳欲聾、大地顫抖，我緊緊地抱住自己。我們能聽出來，爆炸方向是在柳浦村。最後，爆炸聲漸行漸遠了。

這是我體驗第一次轟炸，大地顫抖得如此驚心動魄。大人們推測，轟炸目標一定是離我們防空洞只有幾百公尺遠的宇佐空軍基地。從防空洞出來，我們就看見柳浦村方向濃煙直竄天際。有個人向我們跑過來，一邊喊著說：「整個宇佐都受到空襲。」這時候，我們看見一架B－29掉頭回來，飛得更低了。「飛機！」大家都尖叫起來。我們又往剛出來的防空洞裡跑。衝進防空洞那一刻，只聽得炸彈在我們頭頂呼嘯而過，緊接著就是一連串的爆炸。防空洞一下子就被震垮了，我們都被埋在土裡。我母親反覆輕聲地說：「machiko，別害怕。」發生什麼事了？我們應該怎麼辦？誰也不知道。大家都聚集到防空洞中間，互相依偎著彼此。

爆炸聲漸漸遠去，我們都還活著，可是沒有人說話，所有的人都因恐懼而顫抖。最後，我們從防空洞裡出來，拍掉衣服上的泥土，仍然嚇得發抖。當大家再次走到路邊時，我們被眼前的情景嚇傻了。轟炸之前，南柱太郎他爺爺家的豪宅在這個地區是最顯眼的，可是現在只剩下一半，旁邊的邊間整個不見了。路邊的電線桿橫躺在地上，有些斷成兩截，有些則是從中間劈成兩半。周圍房屋有的沒有屋頂，有的沒有門窗，有的沒有牆壁。我家房子的屋頂沒了，房子向一邊傾斜，廚房的牆壁上多了一個兩個大人可以並排穿過的大洞。大家看著這個洞，都感到困惑，無法想像爆炸的威力有多強。

我們很快聽說南政雄先生和他家的一名工人在轟炸中罹難。我已經因為自己家房子的慘狀而感到失魂落魄，可是鄰居遇難的悲痛蓋過了一切。突然間，我開始往路上跑去，我想擺脫眼前的恐怖。

看來，那名工人是想到南先生家裡去躲避轟炸，他以為那裡應該是安全的。可是，炸彈正好落在房子上。南太太本來是往防空洞跑，當她意識到來不及的時候，靈機一動跳到河裡，才得以死裡逃生。我們來到她家房子的斷垣殘壁時，她正在一邊哭，一邊到處尋找南先生被炸成碎片的屍體。真不知道還有什麼比這個景象更接近地獄。我們用筷子幫她把那名工人和南先生的屍塊，放在箱子裡。

南太太正在向我們道謝的時候，一個鄰居跑來。他氣喘吁吁地小聲說，住在湖邊的韓國人李先生死了。李先生在那裡種田、在鎮上收垃圾，大家都認識他。我們好多人去幫忙料理他的後事。他是受到炸彈爆炸的驚嚇而死。他看上去像是睡著了。我們在湖邊為他進行了葬禮。

直到晚上，我和母親才回到自己家。母女倆不知道應該從哪裡著手清理。我們就開始把所有破碎的家具搬到外面。村裡不少人來幫助我們。這時，警察也來了，告訴我們說，廚房牆上的洞是一顆定時炸彈落下來的時候砸壞的。定時炸彈隨時都可能會爆炸。於是警察命令所有人立即撤離。我們就搬到一個離我們家三百公尺處的朋友家，度過了一個無法入眠的夜晚。第二天一大早，一個年輕人帶了五個朋友來。他對我母親說：「我無法幫你處理定時炸彈，但是你有什麼必要的東西嗎？」我母親回答說：「往我家的道路已經被封鎖了，誰都不知道定時炸彈什麼時候爆炸。感謝你的好意，但我求你不要去那裡。」年輕人回答說：「我們已經被徵召入伍了，很快就要開赴前線。對我們來說，死在哪裡都是一樣的。請允許我們幫助你。」

我母親想了一會兒，說：「如果真是這樣的話，那請你幫我把我家的神位帶出來。我家的神位離廚房最遠，並沒有受到破壞。如果可以的話，請幫我們帶出來。」「沒問題。」年輕人轉身向我家跑去。他們從家裡替我們拿來了神位，和三袋稻米。直到現在，我都還用這個神位來祈禱。

第二天晚上，我還是嚇得魂不守舍，徹夜未眠。第三天清晨五點鐘，我們聽到一聲巨響，門窗顫動。向外看去，只見原本是我家房子的地方冒著黑煙，什麼都沒了。母親淚流滿面，我也哭了。我們住的那家主人說：「房子不在了，所有的東西都沒了，但是我們還要繼續生活下去。你要是沒有離開房子，你和在你家幫忙的人就都沒命了。要對活著心懷感激，只要活著，就有希望。」我同意他說的話，但就是止不住哭泣。

後來我們家周邊一帶，被地獄貓反覆攻擊過，但是第一次攻擊造成最大的破壞。

三棟房屋全毀，另外二棟房屋被燒毀。我家原址的地面上有八個灌滿了污水的坑洞。但我們重建了一棟房子，將神位放回原處。[16]

大木生兒回顧了一九四五年七月，在宇佐附近類似的遭遇：

一天上午八點半，空襲結束以後，當我們從防空洞出來的時候，當地神社的神主已經在鎮上查看了一圈。他驚魂未定地說：「則夫先生家的房子裡有個炸彈坑。」我們就跟他一起去則夫先生家一探究竟。我們到那裡時，好多人也已經到了。則夫先生院子中間，有一個直徑大約三公尺的坑。沒有人明白為什麼會有這麼一個坑，因為之前誰也沒見過。有人提議說也許會有危險，應該暫時撤離這個區域。接著，神主去通知警方。

市政廳的警察和消防部門都派人前來了，可是誰也不知道該怎麼辦，警察就回到警察署去報告、請求指示。與此同時，人們戰戰兢兢地瞪著那個大坑。我很害怕，跑回家後就躲進防空洞不出來。不久之後我們知道了，這個坑洞是被一顆很大的定時炸彈砸出來的。一名警察騎著腳踏車，在則夫先生家那附近喊著通知大家：「疏散！撤離！立刻疏散該地區！」那時候，警察、消防員和市政官員，都騎著腳踏車幫忙確保市民的安全。他們很辛苦。

大概過了有十二個小時，我們都在防空洞裡。我家一名工人正在準備飼料餵牛，突然間只覺得天搖地動，防空洞開始塌陷。不曉得發生了什麼事，我們家的人都互相緊緊抓著對方。然後，就聽見有人大喊：「爆炸了！爆炸了！」我們從防空洞跑出來，可是一切似乎沒有異常。工人說：「則夫先生家那個炸彈爆炸了！」我們跑去看則夫先生家的房子。房子已經被炸成碎片，好像是從高處墜落似的的。原來，那棟房子被炸飛起來，房子的碎片和瓦片散落到三十公尺遠的地方。幸好，房子裡的人都已經疏散了，沒有人受傷。但我從此知道了定時炸彈的恐怖。[17]

除了自身的安全之外，濱崎美佐代說：「人們還面臨其他的挑戰，比如服裝和飲食。實用的褲子取代了傳統的和服，使婦女能夠在聽到警報時盡快逃生。另外，因為婦女開始在田埂和工廠裡工作，褲子也比和服更實用。學生上學的校服改為軍服，這樣一來，當他們被國家徵召時，就不用再換發軍服了。到戰爭結束的時候，商店裡已經沒有販賣衣服。所有的衣服都由自家手工製作，以便隨時縫補。食物變得相當匱乏，政府發放了鹽票、糖票和其他食物票證。到後來，即使憑票也買不到任何東西。政府又制定了抽選制度，來決定哪些票證能夠兌現。」

填炸彈坑，挖防空洞

宇佐遭受到空襲後，一群鄰近城鎮的學生被派去協助重建宇佐空軍基地。他們在那裡工作了兩個月，認識到為戰爭而犧牲的真正意義。平田一男記得：

一九四五年四月我住在中津市，剛上國中。日本正在遭受嚴重的空襲，所以我的學業一度中斷。那時候，高年級學生已經被分配到各地的軍工廠去工作。現在，國一學生也得開始工作了。我們被派往宇佐空軍基地，沒人告訴我們去那裡做什麼。雖然有點擔心，但我還是挺期待的。

四月初，我和同學們，兩百位陽光、年幼的國中生，在中津火車站集合，緊張又激動。我們上了七點三十分開往宇佐的火車。快到宇佐的時候，老師叫我們拉上窗簾，為了不讓敵軍間諜發現。可是我們忍不住時不時地偷偷往窗外看，希望能夠看見什麼意想不到的東西。

我們在柳浦村站下車，監督官已經在站台上等候。他們向我們老師鞠躬的樣子很帥氣。他們交談了一陣子後，就把我們分成五組。

每個組跟在一、兩位監督官後面，在一條塵土飛揚的路上朝空軍基地前進。在我的想像中，空軍基地應該會有成排的飛機整齊地依次排列，穿飛行服的飛行員會熱情地迎接我們。可是到了那裡，我大吃一驚，我的期望化為泡影。跑道上只有一架被炸壞的飛機，飛機旁邊有一個直徑二十多公尺的大坑，坑裡面是發紅的泥漿。監督官大聲說：「你們的任務是把這個坑填平！」本來我們都幻想著會接受什麼有意義的重大任務，大家便開始抱怨。老師立刻轉過身來斥責我們。

我們爬上卡車，離開基地。路邊矗立著一些用竹子和泥土偽裝起來的飛機。這些一定是被地獄貓戰鬥機掃射過的飛機，因為每一架飛機的機身上都有很多彈孔，沒有一架完好無損。我偷偷地想：「我們真的能打贏嗎？」

卡車停在驛館河邊。五名士兵在等著我們。我們被分成兩人一組，每組發一個木桶和一根厚厚的木頭扁擔。我們把較大、扁平的石頭放在木桶裡，然後用較小的石頭填滿兩側。我們從來沒做過這種粗重的工作，動作顯得不得要領，從河灘走到卡車，一路上落下不少石頭。後來，學會調整呼吸來配合移動以後，就感覺好多了。卡車裝滿了石頭以後，我們爬上車，乘著卡車回到基地。路途上涼風徐徐，感覺很不錯。

回到了基地，又是一陣埋頭苦幹。我們得再把石頭裝進桶子裡，抬到坑邊倒進去。這個坑太大了，我們四十個人花了大約兩週的時間才把它填平。

填完這個坑，還有其他空襲留下的坑，和新的空襲造成的坑洞。有時候正在工作，空襲警報一來，我們就得趕緊爬上卡車，開到驛館河東岸的防空洞去，這就像是我們的休息時間。

一會兒，警報聲變成爆炸的聲音，幾十個孩子安安靜靜，沒有平常的嬉笑打鬧，我們在防空洞屏住呼吸，一直等到B－29飛走。

警報一般會在空襲前三十分鐘響起，可是有時候警報響得太晚，我們還在卡車上，地獄貓就到了，向我們射擊。沒被子彈打中的人都感覺自己特別幸運。

不過，這種日子也不是沒有任何樂趣。午餐時間，學生們沿著河邊散開，邊吃飯，邊把腳泡在涼爽的河水裡。由於糧食短缺，飯糰大都不是稻米，而是其他穀物做的，配著海苔和酸梅吃。有時我們還會跟二十多歲的士兵聊天。

有時候，我們迅速地吃完飯糰，跳到河裡去抓魚。我們四、五個人把魚追到一個死角，徒手抓住。因為每天都有整整一個小時的午餐時間，我們都成了抓魚高手。然後我們把捉到的魚平分，藏起來，晚上帶回家。

做完一天的工作，每人發一杯稻米。我們做的是苦力活，所以總是吃不飽。大家的身體狀況都太差了，於是他們終於決定每天給我們加一杯稻米。為了把稻米帶回家，我們必須自備裝米的袋子，如果忘了，那天就領不到稻米。每天早上離開家的時候，我們都得特別認真地檢查，千萬不能忘記午餐和裝稻米的袋子。

下午四點左右下班，排隊領米。兩名士兵負責發放稻米。我們總是得央求他們把杯子裝滿。比較慷慨的士兵，他的隊伍會比另外那一邊長得多。可是，當隔壁那隊沒人排隊了，他們就向我們大喊：「嘿！後面的人過來這邊排隊！」

沒有辦法，我們只好心不甘情不願地站過去，心想：「今天算是白忙一場了。」缺乏糧食能讓人變得不像自己。整整兩個月，我們每天的工作就是填炸彈坑；一直到六月分雨季來臨時，才完成作業。18

一九四五年，大木生兒也是國中生，同樣被派到宇佐空軍基地去工作。但是，他的任務比平田一男的任務更有「意義」，是偽裝飛機的掩體。他回憶道：

五月至六月，每週兩次，不同學校和學區的學生集合在一起。一個軍官給我們分配當天的工作任務，發給我們必要的工具。對我們做完簡短的解釋以後，大吼一聲：「出發！」

於是，我們攜帶著工具，前往宇佐空軍基地。飛機掩體是七、八公尺高的混凝土建築物，每個飛機掩體之間，相隔大約三百公尺。我們的任務是用土和草皮掩蓋整個飛機掩體。可是，後來我們發現，無論我們自認為偽裝得多麼巧妙，敵機總是一眼看穿。但是，我們只能聽從命令，努力工作。

大約十五名大人和學生負責一個掩體，從兩側堆至少三公分厚的泥土，一直堆到掩體的頂端。做這種工作，小孩子很容易體力不支，也不能長時間集中精神。指揮我們的監督官人很好，每當我們開始顯露疲態時，他不打罵我們，而是鼓勵我們說：「做得不錯，繼續努力！不要鬆懈，不然敵人會打敗我們！」他也知道這種體力勞動對國中生來說太過嚴峻。慢慢地，掩體上方混凝土的面積愈來愈少，我們的努力取得了進展。

有一次，掩體差不多快全部覆蓋上泥土的時候，我們剛吃完飯糰，警報就響了。一般情況下，警報一響，就會有一個成年人過來指揮學生逃生。可是這次一個大人都沒來。我們不知所措，就站在那裡面面相覷，互相問：「怎麼辦？怎麼辦？」突然之間，空中響起了槍聲。

有人喊：「敵人！快跑！」我們像蜜蜂從蜂巢裡湧出一樣四下散開。我連想都沒想就開始往回家的方向跑，跑過樹林，藏在火車站裡面。這時候，我看見兩名學生躲進車站西側的一座穀倉。地獄貓可能是看見他們了，因為飛行員開始向穀倉射擊。我在車站裡面往外看，緊張得心臟都快停止跳動了。不一會，穀倉開始燃燒，很快地化為灰燼。後來我得知，穀倉燒起來的時候，那兩個孩子藉著濃煙逃出來了。

從六月到七月，我們在覆蓋掩體的泥土裡撒下種子。這樣的工作比較輕鬆，所以比上學有意思。午餐是飯糰，中間一個漂亮的栗子，還有些醃蘿蔔。我的家人是不吃這種東西的，但是因為工作的繁重，所以吃起來真的很美味。偶爾，我們的監督官還能多要到一些飯糰，發給我們。這個時候我們都特別開心，對我們而言，他就像是一位仁慈的父親。

有一天早晨十點左右，空襲警報又來了。大多數人跑到神社、寺廟，或附近的樹林裡。一位海軍軍官指揮我們來自不同學校，大約五、六十個孩子，到基地裡的一座防空洞躲避。這是一個大約四公尺寬、兩公尺高、五十公尺深的隧道，有許多步槍靠在牆邊。他說，這都是最新式的九九式步槍。走進兩側的一個通道，我們看見裡面到處都是武器和工具。我驚訝得說不出話來。那位軍官立刻說：「參觀結束！」

我們坐了下來，吃起了飯糰，但是依然靜不下來。我們就到隧道口看敵機來了沒有。這時候，我聽見背後有人被打了一記耳光。一個聲音說：「我錯了，下不為例。」我轉過身去，看見一位五十歲從四國來的男人，被一位二十歲的士兵毆打，因為他沒有正確地向這位士兵行禮。我暗想：「大家都在為打仗出一份心力，這時候為這種原因打人有必要嗎？」[19]

在大分市，連小學生都被分配到工作。一九四五年初，二宮吉男是小學高年級生。他回憶說：「戰爭最後一年，學校停課，我們都得去工作。我和同學去河邊把礫石集中在一起，裝上卡車，運送到大分空軍基地。因為炸彈把飛機跑道炸得到處坑坑窪窪。我們每天從早上九點做到下午三點或四點，一直到戰爭結束那天。那時候我十二歲。跟我們一起工作的還有一個十一歲的孩子。」

十二歲的後藤豐喜被派去挖保護軍用裝備的防空洞。他說：

我們在離大分市八公里的山腳下挖防空洞。軍工廠被轟炸以後，他們把維修工廠搬到我們挖的防空洞裡。有一次，我們正在工作，幾架地獄貓飛過來，開始用機關槍朝我們射擊。飛機飛得特別低，我們都能很清楚地看到飛行員。我那時候沒有任何恐懼或怕死的感覺，因為我們都被教導說，很快就會為國家赴死。在我心目中，死在地獄貓的子彈下，是為國捐軀的光榮。只不過，想到施工現場要是被破壞，那麼就全部前功盡棄了，我們二十多名學生都感到很氣憤。幸運的是，從防空洞回到工地的時候，我們發現損壞的程度並不大，感到挺高興的。我記得，當時我首先想到的是：「咦，我的便當盒跑到哪裡去了？」

年紀更小的田中康生也肩負重任，但是比較幸運。他記得：「農忙的時候，我和同學被送到周邊的村子去下田幫忙。因為男人都上戰場了，村裡只剩婦女和老人。我們分為兩組，住在當地人的家裡。我們的老師跟我們一起去，但是我們除草、耕地和收成蔬菜的時候，他們就只是在一旁看著。我們去幫忙，農夫們當然很高興，因為這些工作全靠人力，特別累人。可是對我們小孩子來說，特別開心，因為在城市裡糧食短缺，我們填不飽肚子；在這裡，農夫家裡都有充足的糧食。」

與此同時，在軍工廠工作的女生也面臨和男生一樣的危險。在某些情況下，這種危險不一定與轟炸直接相關，而是由於戰爭的混亂造成的。脇鈴子記錄了一些她個人及她同學的遭遇：

一九四五年，我已經十五歲了。我的工作是在空軍基地協助一名製造零式戰鬥機的軍官，處理機密文件，內容是有關飛機上的機槍、瞄準鏡和無線通訊設備等等。我工作得很出色，一起工作的士兵都大力稱讚我的表現。

一九四五年三月二十三號那天，基地日常的集合點名完畢之後，我們一些人開始猜拳，誰贏了就跟著卡車，到基地周邊工廠去運送物資。我和一個男生和四個女生贏了，高高興興地爬上卡車車斗，坐在物資上面等著開車。大家都喜歡出去透透氣，而且都喜歡搭著卡車兜風。沒想到，開車之前我被叫下車，留在辦公室工作。我當然很失望，他們都安慰我，說也許明天我能跟他們一起去。但是那天下午噩耗傳來，卡車陷進路邊的排水溝，五名同學都被壓在物資底下。下班以後，我們一行人趕到醫院去看望他們的時候，他們都已經過世了。四名女生的臉上已經為了葬禮化好了屍妝。

我們住在靠近基地的宿舍裡，伙食極差。偶爾，來自農村的女生的家人，會為她們送來番薯、稻米和醬油，她們就會跟我們分享。另外，基地宿舍的浴缸很大，可以同時容納三十到五十個人。可是，得按照順序：士兵第一、工廠工人第二，最後才是學生。輪到我們洗澡的時候，熱水已經快沒了，浴缸裡的水也特別髒，但是沒人抱怨。我們的口號是「我們永遠不會倒下，直到獲得勝利」，大家不斷重複這個口號，告訴自己，耐心、耐心、必須耐心等待。[20]

有一天在基地裡，我走路的時候踩到一根釘子，右腳的腳底板因為感染腫了起來。很快，連路都不能走了。我只好到中村醫院去看醫生。醫生立刻安排我住院開刀。開刀的時候，他們把我的手和腳分別綁在床鋪四個角落的欄杆上，把毛巾放在我嘴巴裡來替我開刀。那時候，麻醉藥都得留給士兵使用。

我的同學兼好友佐野雅子的遭遇更加悲慘。有一天，空襲警報來了的時候，她和其他學生正在一起把一架飛機推到隱藏在山坡上的機庫。混亂中，有人踩到她的涼鞋，她被絆倒在飛機的輪子底下。現場工人大叫：「擔架，快，需要擔架！」她被抬到工廠的醫務室；可是，因為空襲警報還沒解除，醫生沒有採取任何急救措施，就又把她抬到防空洞。我到處尋找我們的老師，她每天都跟我們到工廠去，可是老師辦公室沒有人。空襲開始了，我的好朋友身處險境，又找不到老師。我都急得快哭了，可是我下定決心要找到老師。基地警衛看見我在基地來回地奔跑，大聲叫我：「立刻疏散到安全地點！快點！」可是我無暇他顧，一邊跑一邊不停地呼喊老師。最後，我在一片桃子果園中間的一個小防空洞找到她。老師馬上騎上腳踏車，我跟在她後面跑，到了雅子所在的防空洞。她的右大腿骨斷了。老師把雅子的頭放在她的膝上，輕輕地撫摸著雅子的頭髮，鼓勵她「堅強點，堅強點」。空襲過後，雅子被抬回醫務室。她的大腿骨腫得很厲害，腳扭到另一側的方向，皮膚也變得破破爛爛的。醫生叫我們壓住雅子的上半身，試圖拉直她扭曲的腳。但是沒用，她的腿傷太嚴重，又沒有得到及時的治療。她痛到叫了起來，醫生對她大聲喊：「不許哭！咬緊牙關！再哭，我就揍你！」雅子便停止哭喊，可是她痛到把我們的衣服都撕破了。她被送到海軍醫院接受治療，再也沒回來跟我們一起工作。她來看過我們一次，拄著拐杖。那是我們最後一次見到她。不久之後，她就去世了。一個十五歲的女生，還沒有感受到人生的樂趣，就早早地離開了這個世界。她只是戰爭的受害者之一。[21]

7 「我死而無憾」

神風特攻隊少年

開始醞釀此書時，作者無意介入有關神風特攻隊的話題。這是由於描述、研究神風特攻隊已經大有人在，無需贅述。然而，一個意想不到的邂逅使我們改變了初衷。

採訪初期，我們在宇佐當地歷史協會負責人陪同下，參觀了前宇佐四日市海軍基地舊址，看到前一章提到的孩子們曾經填過炸彈坑的飛機跑道，和布滿彈孔的海軍指揮部。接著，我們參觀了當地的和平紀念館。這裡的展覽包括宇佐遭受美軍B－29轟炸機襲擊時的照片、戰時學生工作的照片、日本零式戰鬥機的仿製品，和未爆炸的B－29炸彈。宇佐曾經是怎樣的一個繁忙軍事重鎮一目了然。在這裡，我們還看到了介紹神風特攻隊活動的照片，宇佐是神風特攻飛行員的訓練基地和攻擊起航點。對此，我們感到十分驚訝，但是因為神風特攻隊不在我們興趣範圍之內，我們只隨意瀏覽而過。

但接下來，我們看到的一組照片是一群飛行員，其中大多數不過是穿著飛行服的少年。這些，就是神風飛行員。我們的第一反應是：怎麼可能？他們還是孩子。當我們難以置信的目光，從一張少年的面孔，移到另一張少年的面孔，這些少年飛行員似乎在與我們對視。我們盯著他們，他們看著我們。我們的目光在同一張面孔上停留下來。這張年輕的臉龐洋溢著滿足與自信。在這張面孔上，冉瑩看到中國宣傳畫中年輕的董存瑞、黃繼光和金訓華等人為共產革命獻身的堅毅果敢。在這張面孔上，作者看到了自己在大學裡帶的那群自信滿滿的大學生，可是這位神風特攻隊員看上去比大學裡的新生還年輕。我們同時想到自己的三個兒子，想起他們在這個年紀時無憂無慮的生活，以及對未來生活的期望和嚮往。

再仔細端詳其他照片，都一樣。他們不是一般人心目中那種思維早已定型、充滿邪惡的惡魔，他們不過是群十八、九歲容易受影響、缺乏判斷能力的孩子。他們在拍完照後幾個小時、幾天、幾個月內即將飛向死亡。他們似乎在提醒我們：請不要忘記我們。在你們的書裡，請給我們留下一頁。這時，我們知道不能對這些孩子視而不見。就在周遭國、高中學生在工廠裡做著繁重、時常是危險工作的同時；就在小學生吃力地來來回回修補飛機跑道的同時，分散在大分縣海軍基地的少年神風飛行員，正在做好準備，以自己渺小的血肉之軀挑戰美軍的偌大鋼鐵之艦。這些孩子，他們的心身亦是戰爭的受害者。離開宇佐和平紀念館時，我們意識到隱藏在大分這日本偏僻的一隅，在戰爭時候的故事比我們想像的詭譎、複雜得多。

大分的神風

大分縣有二十五個家庭的兒子，有些人駕駛著飛機衝進敵艦，或是攻擊未果墜海身亡。還有一些受過嚴格訓練，但得以逃過一劫的人們，在接到赴死任務之前，戰爭就結束了。其中一位就是當時十九歲的川野喜一。按照計畫，他原本應該在一九四五年八月十六日起飛赴死，但八月十五日廣播播放了天皇的《大東亞戰爭終戰詔書》（大東亞戰爭終結ノ詔書，以下簡稱《終戰詔書》）。他記得那些在神風特攻隊的日子，以及他和其他飛行員為自殺任務所接受的訓練：

一開始，我是海軍飛行員，受的是正規的攻擊訓練。到一九四五年，日本軍事力量消耗殆盡。由於後勤維修跟不上，我們的飛機狀況不再適合進行正規作戰，一九四五年七月二十五日，最高軍事領導人決定將我所在的飛行隊改為神風特攻隊，如此一來，我們隊的飛機便不需要處於最高戰鬥狀態，原因很明顯。我們這個飛行隊一共有一百一十六名飛行員。接到命令的時候，我一點都不害怕，儘管我明確意識到死亡的時刻已經來臨。我十六歲參加海軍的時候，就做好了赴死的心理準備。可是直到這時候，死亡才終於化為現實。我沒有告訴家人，因為我無法跟他們說出口。所以，我想，反正我死了，軍方會通知他們。而且，他們也不會太驚訝，因為那時候，所有的父母都知道他們在軍隊的兒子會為國捐軀。

神風特攻隊的飛行培訓跟一般的飛行訓練不太一樣。一般訓練中，飛行員必須掌握飛機的各種功能，學會處理可能出現的任何問題的技能。相比之下，神風特攻隊的培訓簡單得多，但是也危險得多。我們要在飛到海拔兩千公尺之後，以四十五度角的斜度俯衝，然後在大約五百公尺處拉回水平。每天重複這樣的訓練，每次訓練需要花費大約三十分鐘來完成。我們隊的一百一十六名飛行員裡，幾週內就死了三十九人。[1]

不是所有的神風飛行員都被指派到執行自殺任務。在宇佐培訓神風飛行員的湯野川守正談到，他是如何加入神風特攻隊的：

一九四四年八月中旬，馬里亞納群島失守之後，很明顯，日軍內部大多數人認為，我們不能繼續用傳統手段取勝。於是制定了神風特攻隊計畫，並發出徵召志願者的號召。當時，我指揮的飛行隊已經計畫參戰，但是我們沒有能夠打贏的自信。馬里亞納群島戰役前，我們進行過一次沙盤推演。實際開戰以後，與推演的結果相符。我可能是第一個知道不能通過正常手段取勝的人之一，我個人認為，這是因為我們的飛行員沒有接受過美國飛行員那樣精良的訓練。另外還有頻繁的機械故障。例如，有一次訓練的時候，我的油量表發生了故障，我不知道油箱已經空了，迫降的時候墜機，我的眼睛受傷，差點失明。從那以後，我失去了參戰飛行的資格。

招收神風特攻隊志願者的時候，我認為這可能是我們仍然可以取勝的一個辦法。此外，還能給我一個繼續飛行的機會。這是我們在菲律賓首次運用神風特攻攻擊前的兩個月。報名的神風志願者被告知，加入神風特攻隊就意味著我們必死無疑。所以，如果想繼續做一名一般的戰鬥機飛行員，可以退出，給予志願者一天時間做決定。第二天，每個人都必須簽署一份同意書，表明他願意成為神風特攻隊員，不然就退出。許多飛行員退出了。可是，我用自己的血在同意書上簽了名，以表示我自願成為神風的決心。我相信，如果我能給敵人造成一次破壞性打擊，我這輩子就沒白活。

第一個衝到美軍艦艇上的大分縣神風飛行員是渡邊四郎。一九四四年十月二十四日，他參加了有史以來的第一次神風特攻攻擊。他將飛機撞向停靠在菲律賓雷伊特灣（Leyte）的美軍運輸艦。出發之前，他告訴朋友說，他選擇當個神風特攻隊員，一半是為了紀念之前已經在戰爭中陣亡的哥哥。他還寫信給父母：

父親，我將義無反顧地，為日本帝國，在空中與敵人作戰。謝謝你們給我的祝福，我將直飛向前，為國盡力，做我應該做的一切，連帶哥哥的份一起。

母親，如果你想要我留在國內，這是有可能辦到的。請告訴我。

而他的母親則回答說：「我已經把你獻給國家了。做你認為應該做的事情。」

一九四五年一月二日，《大分合同新聞》刊登了渡邊四郎的故事，讚頌其為國捐軀的精神與事蹟。報導說，在他的家鄉杵築，鄉親們得知他犧牲的消息後，集體祈禱：「揚起猛烈的神風吧，不要停歇！」[2]當地村長把他作為鼓勵大家效仿的楷模。

一名退伍軍官說：「當聽說像四郎這樣的年輕人如此有擔當，一肩扛起這場偉大的戰爭時，我們感激涕零。一個全新的、強大的時代即將到來。海軍上將豐田副武說過，光靠指揮官是不可能打勝仗的；我們還需要更強大的後方防線。雖然我從來沒有見過四郎，但我聽他母親和其他人講過他的為人，我可以想像，他是個擁有領袖魅力的人。我們要抱持跟四郎一樣義無反顧的精神來保衛祖國。」[3]

大分縣的一些其他神風飛行員包括：

來自大分縣南部歷史悠久的佛教小鎮臼杵的泰正真島，十九歲，四月二日（美軍登陸沖繩的同時）陣亡。遺言：「我們少年神風無比自豪。」

來自大分市的古橋吉郎，二十二歲，四月九日從沖繩基地起飛陣亡。

來自大分市的三宮純正少尉，十八歲，四月十六日在沖繩海域陣亡。在留給父母的遺言中，他寫道：「這是我給你們的遺書。謝謝你們養育了我。我會盡全力攻擊美軍戰艦。」

來自大分縣南部海濱小鎮津久見的中村哲一郎少尉，四月二十二日陣亡。他匆匆寫下：「迫不及待地用我強烈的決心擊沉一艘美軍戰艦。」

來自大分縣最北端中津市的中島秀彥上尉，二十歲，六月八日陣亡。將這張紙條留給家人：「即使我死了，我還會為國再攻擊七次。」

來自別府的中島昌一中尉，十八歲，五月十九日陣亡。家人沒有收到任何遺言。

五月十四日，《大分合同新聞》頌揚了這些年輕的神風特攻隊戰士，並刊登空軍一等兵小畑弘寫給家人的信：「我親愛的母親和家人，我希望大家身體健康。我期待已久這個最榮耀的時刻終於到來了。明天我將發起襲擊。我深感這個時刻的重要。我為自己出生在這個國家和有你們這樣的父母而驕傲。我早就準備好了，我要奮起攻擊、徹底摧毀殘酷的敵人。因為，儘管我們盡到了最大的努力，勇敢地向他們發起反擊，可是為了侵略帝國的土地，他們還是在我們的領土上投擲了那麼多炸彈。請你們放心，我相信我能夠按照命令和我自己的經驗，成功履行我的職責。我絕不會讓我們家族蒙羞。總而言之，我希望母親和其他家人健康。我死而無憾。」[4]

在戰爭的最後幾個月裡，全國各地的報刊不但大肆讚美神風飛行員，還讚美軍民合作。三月十九日，大分報紙刊登了一組在工廠裡工作的女學生照片。照片中，女學生們正在修理神風特攻隊使用的飛機機翼。照片的說明是：「女志願者頭戴神風頭帶勇敢地修理機翼。」[5]

一九四五年池永義人十二歲，他的哥哥已經離開家去參加戰爭。他回憶說：

我哥哥到位於日本本島的山口縣接受訓練，成為一名飛行員。那時候，他才十七、八歲。他很快就報名參加了神風特攻隊。他沒跟父母商量，自己就決定報名，儘管他們是不會反對的。相反地，他們會尊重他的決定。可是，就在執行飛行任務之前，他生了重病，回到別府海軍醫院治療。痊癒以後他的身體狀況無法歸隊，他才告訴父母他是神風特攻隊員。儘管他告訴我父母自己是特攻隊員以後，他們對他說：「真可惜你沒法執行神風任務了。」但我知道父母為他回到家而高興。

那時候我們都被洗腦，什麼都是為了國家的利益，連生病不能上戰場都感覺是對國家不忠。要是他成功地執行了任務，那對他和對我父母來說，都是非常光榮的。能夠被選中接受神風特攻訓練，被認為是最高的榮譽。這可能是父母最後一次看到孩子，但是他們仍然會驕傲地跟兒子道別。現在，這種思想太難以想像了，但那是一個不同的時代。

日軍不僅向美軍發起空中的神風攻擊。愈來愈絕望的日軍千方百計地尋找任何可以想到的優勢。由於神風飛行員確實取得了一定程度的成功，至少對逼近日本領土的美軍起到了威嚇作用，日軍設計了一種袖珍潛艇在水下攻擊。一九四五年四月，海軍在地處別府灣的日出町大神村，建立了一個人體魚雷「回天」訓練基地，共有兩千名海軍士兵，包括潛艇駕駛員和維修人員。袖珍潛艇實際上是由一名海軍士兵坐在魚雷裡進行手動操作，瞄準敵艦的船體。這些袖珍潛艇從一艘正規潛水艇發射出去，快速、準確地攻擊目標。海軍還為了這些神風海軍士兵和周邊村民的精神需求，建立了大神回天神社。在此之前，海軍的第一個「回天」訓練基地於一九四四年在山口縣成立。大神部隊是日軍在戰爭結束前建立的最後一個「回天」基地。以下的戰歌表達了神風水手的決心和信念：

永恆和堅不可摧的日本，
拯救她危機時刻已來臨。
年輕、忠誠、堅強，
回天團隊熱血沸騰。

回天戰士聲譽純潔，
效法楠木正成[6]的精神而來。
帶著微笑出發，
回天團隊無比榮耀。

七次出生入死，
沉沒巨型軍艦，必死。
二十歲年輕的櫻花，
回天團隊沉著走向死亡。

用他們脹滿水的屍體奠定基礎，
相信春天，預示著
天皇的勝利。
啊，回天團隊凶猛、正義。

一九四五年八月二日，八名「回天」潛艇海軍士兵離開大神基地，前往位於日本本島的高知縣與母艦會合。因為執行命令之前戰爭就結束了，沒有任何一名在大神基地受訓的士兵喪生。然而，戰爭結束後十天，該部隊指揮官松尾秀輔卻在大神基地自殺了。[7]

8
永不停歇的警報

一位小學校長的日誌

亡命的神風攻擊使美軍更加堅定了炸平日本的決心，大分縣是主要目標之一。從一九四五年三月中旬至八月中旬戰爭結束這段期間，美軍戰機沿著海岸飛行，轟炸大分市，以及宇佐和佐伯的海軍基地。四月二十六日，B－29轟炸機再度前來執行任務，二十八人在自家建造的簡易防空洞裡喪生。

然而，當地媒體繼續誤導民眾。四月二十二日《大分合同新聞》報導：軍事行動已經進入你死我活的決定性階段。日本勝利在即，因為神風特攻隊和天皇陸軍勇往直前的力量銳不可當。敵人目睹自己即將滅亡的未來，因此對我們進行狂轟濫炸。二十一日清晨，敵機轟炸了大分。但是，大部分炸彈沒有命中目標。

五月八日，當地報紙誤報說，前一日，日軍攔截了八架美軍B－29轟炸機：「百萬大分市民目睹了我們的炮彈命中敵機，大力讚揚了我們的防禦實力。製造飛機的工人受到這次反擊的鼓舞，更加意氣風發，加快了製造飛機的速度。」這是又一個用假新聞提高士氣的例子。製造假新聞的事情直到戰後才被公諸於眾。[1]

美軍轟炸嚴重破壞宇佐民眾的日常生活，學校裡，適齡的男老師被送上前線。但是，校方仍然試圖盡可能地讓學生維持一定程度正常的狀態。以下是節選自宇佐天津村的一位小學校長小心翼翼保存下來的日誌，記載了學校一九四五年四月（日本學年開始）至八月中旬（戰爭結束）的活動：

四月（宇佐基地第一次被空襲的兩週後）

二號，星期一：早六點，歡送樋田豐老師應召入伍；下午兩點半，歡送德光速老師應召。

……

七號，星期六：下午一點，舉辦歡送竹下老師應召儀式。

……

三十號，星期一：早十點，警報。十一點，空襲。立即疏散所有學生。

五月

一號，星期二：午十二點半，警報。一點，空襲。立即疏散所有學生。

……

十五號，星期二：早七點半，警報。八點，緊急教師會議，討論如何解決空襲造成學校無法正常開課的問題。暫定，把學生分成小組，由教師到學生家替小組上課，便於警報時快速疏散。……三十號，星期三：早上，全校集合後，除了一年級學生外，所有學生剝樹皮。

六月

一號，星期五：早九點半，警報。十點，空襲。十一點，二年級以上學生剝樹皮。下午兩點，在忠靈塔舉行國家義勇隊組成儀式。

……

七號，星期四：早八點半，警報。九點，空襲。午十二點，警報。十二點半，空襲警報。

……

二十九號，星期五：夜，空襲警報。

三十號，星期六：早九點，警報。小型飛機空襲，提前放學。

七月

一號，星期日：夜，空襲警報。上午正常上課。下午所有學生下田工作。

……

十五號，星期日：早十點，警報。十點半，空襲警報。農忙停課第六天。

……

三十一號，星期二：早十點，警報。十點，提前放學。

八月

一號，星期三：早七點，警報。八點，空襲。

……

十四號，星期二：早七點，警報。八點，空襲警報。由於空襲加劇，採取新的做法。如果早上八點之前有警報，學生上小組課。如果有空襲警報，學生在家自習。

十五號，星期三：無警報，學生上小組課。下午三點警報。政府發表重大公告。

十六號，星期四：校長到四日市町確認了戰爭結束的消息。由於戰爭結束，學生正常上課。上午上課，下午大掃除。放學。

……

二十四號，星期五：早八點半，在忠靈塔舉行太平洋戰爭終戰儀式。[2]

這裡需要說明的是小學生參與的剝樹皮活動。由於太平洋戰爭開始之前，美國對日本實行了石油封鎖，戰時日本石油儲備銳減。為了尋找其他油源，許多研究人員認為可用松樹油作為日本軍事設備的燃料。所以，一九四四年，政府推出「松油計畫」，動員民眾上山剝松樹皮。因此，學校裡的小學生也參加了剝樹皮的動員。值得一提的是，日本為提煉七萬桶松油，建造了三萬四千個蒸餾器。靠山之處到處堆滿了松樹皮和樹枝，山上絕大部分的松樹皮被剝光。然而，由於技術人員未能為飛機和軍艦必需的精煉松油，提供合格的煉油設備，所有的人力物力全部白忙一場。更加可悲的是，輕率的「松油計畫」造成了對日本自然環境的破壞。一九四六年，由於失去了樹皮的保護，大規模松類森林遭受金龜子蟲災。護林人員估計，六十萬公頃松林受損。一九五〇年代，日本人開始在山上重新人工植樹造林。現在人們可以從日本國內上空看到九州島和日本本島山上排列整齊的松樹林。[3]

孩子也是目標

儘管宇佐地區的小學生每天都在等待下一輪空襲的惶恐中度過，但生活必須繼續。他們在田裡耕田，到山上樹林裡去剝樹皮，偶爾分散在各家各戶，或山裡面相對安全的神社、寺廟，分成小組上課。戰爭的最後一年，食物變得更加短缺。宇佐的小學生吉村隆文回憶說：「還有上學的時候，我們還像以前一樣帶午餐到學校去，可是，不像現在便當盒都是木製的，戰前的時候是鋁製的。另外，午餐是大麥而不是稻米。老師每次都得檢查我們確實吃的是大麥，因為稻米必須賣給政府。」

另一位宇佐小學生池田才二描述了戰爭結束前幾天，有驚無險的遭遇：

接近戰爭快結束的時候，我開始上學，在長洲小學。但是，幾乎沒有上什麼課，每天都是高年級學生幫我們在校園裡挖防空洞。暑假期間，警報總是沒完沒了的，我們不得不白天和晚上都待在學校。因為要是學校被轟炸了，我們得立刻幫忙滅火，防止大火蔓延。

有一次空襲的時候，我正從小松橋上走過。突然間，一架地獄貓從我後面飛過。我剛好走到橋中間，就聽見子彈射進水裡濺起來的聲音。我立刻意識到：「他在向我射擊！」子彈在我身邊飛來飛去，我知道我是必死無疑了。可是我不想死在橋上，所以，我轉過身往回跑。那是我一生中跑得最快的百米。幸好，河邊有個防空洞，我衝進去，裡面沒人，我在那裡待了好半天才喘過氣來。等到沒有飛機的動靜以後，我鑽出防空洞，繼續往家走。走到山頂的時候，他又飛回來了，而且再度朝我射擊。幸好我又找到一個防空洞，一頭鑽進去，裡面有幾張榻榻米。就在我以為脫離險境的時候，一枚炸彈落下來，防空洞坍塌了，我被埋在土裡。我好不容易回到家，不但疲憊不堪，而且身上還受了傷。[4]

防空洞裡接生

大分縣居民的生活愈來愈艱難，可是他們仍然努力不懈為戰爭做出貢獻。年過八旬的友成鶴子在大分市長大，戰時在護理師學校學習助產。六十多年後，她依然清楚地記得戰爭時代的經歷：

幾個年紀稍長的女生把我家周邊的女生組織起來，大約二十人一組，幫助鄰居滅火或是挖防空洞等等。有時候，小型定時炸彈落下來，卡在屋頂上。我們一組人就穿上圍裙，爬到屋頂，用長長的竿子把炸彈弄下去。那時候不知道害怕，因為沒想到過那些炸彈會爆炸。現在回想這種事情根本不可思議，可是那時候，這些都是正常的。我們也真是幸運，一顆炸彈也沒爆炸。

那時候，我阿姨住在別府，是一家婦科診所的助產士，所以畢業以後，我來別府跟她一起工作。我每天早上起床後，戴上護理師帽，為病人準備早餐，然後給設備進行消毒滅菌。我們助產士都住在診所裡。雖然別府從來沒被轟炸，可是因為與大分市毗鄰，誰也不知道下一次會不會輪到別府。每次一有空襲警報，似乎總是在晚上，我們就撤到我們自己在診所旁邊挖的防空洞裡。防空洞很小，只能夠讓幾個人站在裡面。剛開始，診所有三十八名助產士，可是轟炸開始以後，大部分人離開了這個地區。只剩下我們三個人留在這裡，直到戰爭結束。有的醫生也走了。

轟炸的時候，我們把馬上要分娩的人從診所轉移到防空洞裡去。可是因為防空洞實在太小了，所以其他孕婦只好留在診所裡。其實，在防空洞裡接生非常困難，因為裡面很髒，泥土不停從頭頂掉落。最糟糕的是，防空洞裡沒有熱水和任何設備。所有東西都得留在診所裡，因為我們不可能在防空洞裡替設備消毒等等，因此最大的問題就是感染。即便是在診所，我們的衛生設備也很有限：沒有紗布、繃帶或乾淨的針頭。紗布和繃帶都是洗了又洗，接著繼續使用。我猜想所有的物資都供應給軍隊了。全部的孕婦都必須自然分娩。剖腹產是不可能的，我們沒有足夠的手術器械、消毒和清潔用具。有時候，產婦出現併發症，我們無法為母親和嬰兒採取任何措施，只能眼睜睜看著她們等死。嬰兒要是在防空洞裡出生了，我們能做的只不過是剪斷臍帶。其他所需的一切都得等回到診所才能進行。母親和嬰兒回家以後，就都得自己照顧自己了，因為我們人手不足，不能為她們提供定期檢查。幸好，大多數嬰兒還算是健康的。而且由於轟炸並不是直接落在別府市，醫院設施完好無損，警報停止後，我們可以立刻回到診所去處理剩下的一切。每次空襲持續大約一個小時。

儘管警報和轟炸日復一日，學生也像護理師一樣，繼續面對新的挑戰。一些工廠搬到山上。從一九四五年二月開始到戰爭結束為止，在飛機引擎工廠工作的橋本一郎回憶說：「隨著空襲的加劇，為了逃避轟炸，像一些我們這樣較小的工廠也搬到了城外。山脈兩側挖出大型隧道，我們搬到那裡繼續工作。當時的飛機引擎沒有那麼大，所以我們能一直持續生產。學生沒經過任何培訓，因此沒有相關專業技術的經驗，但是我們在工程師的指導下，傾盡全力工作。」

9 仇恨的火焰

兒童瞭望哨

一九四五年四月初至六月下旬的沖繩之戰期間，日本媒體還在不斷地報導日軍的勝利，鼓舞民眾士氣。與此同時，「大分地區繼續受到空襲騷擾。直到日本投降那天，整個日本幾乎被夷為平地，這是一場可怕的大屠殺」。[1]老百姓對美軍的仇恨日益增長。孩子們也愈來愈大膽，玩耍的時候也不忘履行充當瞭望哨的責任。一位當時是大分市次戶小學二年級的學生回憶說：

美軍飛機在大分上空橫衝直撞的時候，我是小學二年級生，住在大分市的中心。每次空襲警報一響，大家就都往一個社區蓋的防空洞跑。但是，那個防空洞並不大，而且又漆黑又潮濕。對小孩子來說，是個很不舒服的地方。我就跟在大孩子屁股後面，偷偷跑到附近的竹林裡。幾個五、六年級的大孩子在竹林裡蓋了一個秘密基地，還搭了一個「瞭望台」。他們都想第一個發現敵機，然後去警告大人。那時候，次戶小學五年級和六年級學生已經開始接受軍事訓練。每天早上一個小時，軍隊來的教官指揮他們用竹棍操練。他們還把竹棍的一頭削尖，練習突刺。他們自己搭瞭望台，可能是想以這樣的方式為戰爭盡一份力吧；或是單純出於小孩子在看見飛機那一剎那時的興奮。不管怎麼說，爬上瞭望台以後，他們就熱烈討論自己想像的一切。可一旦聽到遠處有炸彈爆炸，他們立刻沉默下來，緊張地伸長脖子往北面觀望。有一次，一架地獄貓發現竹林裡有人，立刻開始向我們射擊，那些大孩子慌忙爬下瞭望台。子彈穿過竹林的聲響特別大。我那時候太小，不懂事，傻乎乎地站在竹林的中間，嚇得瑟瑟發抖。幸運的是，子彈只穿過竹子，沒有射到我們。大家都愈來愈憎恨美軍飛機。可是，卻看不到天上有我們的飛機。大家都有種被遺棄的感覺，感到很無奈。[2]

「容易得像送牛奶」

美軍的燃燒彈和定時炸彈地毯式覆蓋了大分市，摧毀了大部分的城市。日本陸軍和海軍在沖繩聚集重兵，但節節失利，因而對日本本島周邊上空和海域的控制逐漸減弱。戰機和訓練有素飛行員的短缺，使得日軍無法組織有效的防禦，這給美軍B－29轟炸機飛行員帶來了安心和信心。

一九四五年三月二十七日，執行轟炸大分任務的美軍飛行員迦勒・戴納（Caleb Dana）寫道：「從一月二十七號開始轟炸以來，三月二十七號是我們第一次在白天編隊飛行。目標是九州的大分機場。整個編隊飛行中，只遇見七門高射炮，沒看見一架日本戰鬥機，任務容易得像送牛奶。我們完全是憑目測轟炸，從四千五百多公尺的高度命中目標，這是我們飛行高度最低的任務，這樣的任務多多益善。」

一個月以後，戴納又執行兩次轟炸大分的任務：「為了支援在沖繩作戰的部隊，我們在四月二十號和二十六號，對九州的大分海軍基地進行了兩次轟炸。別的都不記得，只記得幾乎沒遇到任何攔截和反擊，目標區域只有少數高射炮。二十號，希伯少校是副駕駛；二十六號，賴利少校是副駕駛。大分基地就在海邊，日本飛機根本來不及迎戰。第二次轟炸的時候，霧太大，所以我們只好用雷達尋找單獨目標。這兩次轟炸是在大約五千公尺的高度進行的。九州轟炸的結果令人滿意。」[3]

轟炸大分，特別是在沖繩戰役期間，成為美軍優先攻擊的目標。執行轟炸任務的第39轟炸中隊的飛行員，在任務完成後得到了特別表揚：

五月三日（日本時間五月四日）中午，我們得到通知，將在二一：〇〇接受出發前指示。簡報是在二二：〇〇，我們必須在次日〇一：〇〇起飛。卡本特少校在副駕駛位入座，擔任指揮飛行員，我是擔任編隊主機。大部分航程的飛行高度是兩千一百公尺。我們先是轉向硫磺島，然後到飛往日本四國島東南角的集合點。我們的任務是飛到九州島東北海岸的大分空軍基地。中隊保持高度五千一百公尺；執行轟炸的高度五千一百公尺。炸彈裝載是二十枚通用炸彈。轟炸時間是星期五關島時間一〇：〇六。命中目標！

轟炸前後，遇到日本戰機攔截，大約五至十架，多是雙引擎飛機。對編隊發起八次襲擊。地面上有一、兩門高射炮向我們射擊。我們的編隊由十一架飛機組成，第61飛行隊和第62中隊也是相同編制。

一七：一五降落在關島。油箱剩餘兩千兩百二十九公升的燃料，飛行時數十五小時四十五分鐘。當回報完畢後，我們享用一頓豐盛的晚餐。[4]

因為順利完成任務，參與此次空襲的中隊獲得了嘉獎。指揮官卡爾・斯托里（Carl R. Storrie）上校在頒獎儀式上，對B－29編隊轟炸的技術和精準度給予高度評價，表彰了B－29編隊為成功轟炸大分空軍基地做出的貢獻。他說：「B－29編隊的奉獻精神和勇氣，為部隊帶來極大的榮譽，是指揮部的驕傲。」[5]

就在第39轟炸中隊的飛行員接受褒獎的同時，大分市民從地上的房舍搬到地下的防空洞。他們埋葬死者，對美軍的轟炸益發感到憤怒。而後，五月五日的空襲引發了一個罕見事件，給了大分居民一個復仇的機會。

被撞落的美軍轟炸機

多年以來，日本教育有意識地在小學生心中散播仇恨的種子。隨著年齡的增長，他們繼續受到不遺餘力地煽動民族主義思想的媒體深刻影響。美軍的「空中堡壘」B－29不分青紅皂白地轟炸平民百姓，更是對民族主義和仇恨的加深火上加油。日本媒體見機不可失，就利用美軍轟炸大做文章。戰後，一些回憶錄中將美軍稱為「戰犯」，並用「種族滅絕」等詞彙來描繪美軍的轟炸。不論事實如何，這種譴責足以表明當時大分民眾的惶恐與仇恨。這就難怪，當一架B－29轟炸機墜毀在大分縣境內時，得以逃生的飛行員之後的命運已經昭然若揭了。

在此之前，在一九四四年八月一日，東京陸軍省宮川忠、大倉達雄及川村輝美聯名頒布了一個《俘虜處置規則》（俘虜取扱規則）：

戰況緊迫時，要將戰俘集中在一個指定地點，並保持高度警惕，直到最終處置的準備工作完畢。

（一）時機：

雖然根本宗旨是以上級命令為準，但是，下列情況可行使個人權力斟酌處置：

（1）發生大規模反抗並且不使用武器不足以鎮壓時。

（2）逃跑戰俘可能變成敵方戰力時。

（二）方法：

（1）不論是個體或集體處決，和任何執行手段，只要形勢所需，可以採取一切方式，比如大規模轟炸、釋放毒氣、投毒、溺死、斬首。

（2）無論如何，根本目標是絕不能讓一名戰俘逃跑，把他們統統殺掉，不要留下任何痕跡。[6]

日本時間一九四五年五月五日轟炸大分時，十二歲的谷彰住在別府。雖然一直以來別府幸免轟炸之災，但並不意味著住在距離大分市只有十五公里溫泉度假勝地的居民，有著任何安全感。谷彰記得：

空襲警報一來，學校就放我們回家，跟家人一起躲進防空洞。可是我特別不喜歡進到防空洞。所以，每次一有空襲警報，我總是爬到我家的柿子樹上，觀察敵機動向，通報防空洞裡的人，敵機從哪邊飛來，往哪邊飛去。有一天，警報響起來的時候，我一如往常爬上樹，看見一架日本飛機在空中追著三架B－29。然後，我看見一股黑煙。後來聽說那三架B－29當中有一架被日本飛機擊中了。

事情確實如此。五月五日，在第39轟炸機中隊的飛行員轟炸大分空軍基地的同時，另一支中隊轟炸了九州西南部的大刀洗空軍基地。那天，谷彰看到的是，完成轟炸大刀洗空軍基地任務，返回關島途中的十二架B－29轟炸機中的三架。就在大分上空，一位十九歲的日本飛行員粕谷欣三追上其中一架，將自己渺小的飛機撞到碩大的「空中堡壘」上。

竹田的村民目睹了空戰，也看見十二個降落傘張開。離大分市不遠，十三歲的二宮吉男說：「我記得那個場景。我站在防空洞口，就好像看電影一樣。」

一位美國飛行員的降落傘線被另一架迎戰的日本飛機切斷後，墜落身亡。其他人降落後，竹田村民對他們展開了圍剿，第二名飛行員著陸並開槍抵抗後，留下一顆子彈，被捕之前飲彈自盡。又有兩個人被村民毆打、刺傷、隨後開槍擊斃。等待軍方來將他們帶走的時候，其餘幾人也被村民毆打、刺傷。這些農民的憤怒代表了全國各地被美軍轟炸帶來的嚴重後果——激化了日本百姓心中的民族仇恨。7

幾天以後，美國飛行員被五花大綁，帶到大分市火車站。機長馬文・華金斯（Marvin Watkins）中尉是唯一生存到戰後的機組人員。他在一九四七年提供的證詞中回憶說：「我五月五號被捕。幾天後，被銬上手銬、蒙上眼睛、帶上火車，火車從二〇：〇〇行駛到二四：〇〇。我試圖辨別行駛方向，但是由於眼睛被蒙住，無法確定位置或方向。」8

戰爭結束後，一九四五年十月，華金斯中尉曾經寫信給每位機組成員的家屬。他在給戴爾・普蘭貝克（Dale Plambeck）妻子的信中寫道：

剛開始，一切正常。直到我們投完炸彈，飛離目標的時候，右前方有一架雙引擎戰鬥機撞向我們機身。四號引擎起火，火勢迅速延燒，使我們必須在爆炸之前放棄飛機。跳傘信號響起來的時候，機組人員依序跳傘。我和機上的工程師最後離開飛機。這時候，機翼已經燒毀，飛機徹底失控。我們試圖滅火無果。我可以證實，妳的丈夫確實成功跳傘，並安全著陸。被俘後，我被關在戴爾的房間隔壁。我們五個人一起，被關在墜機附近的一個陸軍基地，但是被隔離，關在單獨的房間裡。

日本的習俗和政策禁止我們交談，可是我和戴爾還是找到機會說了幾句話。他還好。他說，他負責的那組人是一起跳傘出來的。經過了三、四天的多次審訊，他們把我帶上火車去了東京。我在東京受到多次不厭其煩的審訊，並且作為囚犯被關在那裡，一直到我被釋放的那一天。在那段時間裡，我無法聯繫機組的任何人，到現在，他們還是杳無音訊。[9]

在接受採訪時，園田英雄回憶說：「我正好在大分火車站，看見他們把前幾天捉到的那幾個美國人帶到火車站。我不知道他們會在那裡，完全是湊巧。他們個子很高，戴著眼罩，被一小群日本士兵看著。看著他們那個樣子，我心裡一點高興的感覺也沒有，相反地，我真的感覺挺不是滋味的。後來，我聽說過他們在福岡的遭遇，受到人體實驗等等那些事情。你也知道那些事情吧？」

華金斯中尉被送到東京受審，遭受酷刑，但倖存下來。其他八名機組成員被送到日軍控制的福岡九州大學醫院。在那裡，他們被陸軍醫生和醫務人員用來做極其殘忍的活體解剖，包括切除重要器官、截肢、將海水注入靜脈。所有實驗都是在他們意識清醒的狀態下進行的。戰時，這些醫務人員受到《俘虜處置規則》的保護。雖然戰後其中二十三人被判刑，可悲的是，一個也沒有執行。

撞機那天，兩架飛機一起墜毀在位於大分縣西南部的竹田地區農田裡。粕谷欣三的飛機墜毀在小林花子家的田地裡。年輕的小林花子是第一個看到日機殘骸的人。她擦去粕谷欣三臉上的血，看著他被鄰居放上擔架抬走。一九七六年，接受粕谷欣三的戰友建議，小林花子為他立了一個紀念碑。

B－29轟炸機墜毀在離小林花子家不遠，農民工藤文夫家的田裡。二〇〇三年，七十八歲的工藤文夫主動為B－29轟炸機的十二名美國飛行員，建立了一座石碑。多年來，每年五月五日，竹田人都會舉行儀式，共同悼念日本飛行員和美軍飛行員，請佛教僧人為死者超度。竹田人民從恐怖與仇恨的暴風驟雨中甦醒過來，與他們的宿敵和解，同時紀念自己的戰爭英雄。

一九八一年，華金斯致信竹田社區，感謝他們為緬懷那些亡者所做的努力：

> 大分地區竹田市居民，
>
> 悼念是一件既令人感到鼓舞、又令人充滿遺憾的事情。我們受到鼓舞，是因為那

些人將國家安危置於個人生死之上；但我們感到悲傷，因為失去了那些寶貴的生命。多少國家進行了多少次戰爭。很多人為了維護自己國家的利益而犧牲。我，一九四五年五月五日在日本九州飛行的B－29轟炸機機長馬文・華金斯，向為機組人員和其他在大分上空獻出生命的人立碑的竹田市居民表示敬意。毫無疑問，沒有比在這裡建立紀念碑更合適的了。我為在此被悼念的美國人和日本人的靈魂獻上真誠的祝禱。讓我們永遠不要忘記為了美日之間當下的和平，獻出了生命的人。願這兩個偉大國家的人民永遠共享我們三十六年來所分享的友誼。

馬文・華金斯，一九八一年五月五日。[10]

儘管從戰爭結束伊始，日本民間主張和平、摒棄仇恨便大有人在，但七十年後，日本政府才公開承認戰時日軍對美國飛行員施行慘無人道的迫害。二〇一五年四月《日本時報》報導：「福岡甫落成的醫學博物館，將正視該地區戰時的陰暗歷史。週六即將舉行的開幕式，終於要對在九州大學醫學院發生、惡名昭彰的對美軍戰俘進行的活體解剖實驗發表聲明。」[11]博物館詳細列舉日軍進行實驗的細節，並列出了受害美軍戰俘的名字。

激戰時不忘尋寶

五月初，沖繩島上永無止境的廝殺還在繼續，美國士兵唐・卡爾頓記錄了在激烈戰鬥的同時，蒐集紀念品的小插曲。之前他已經撿到了一條死亡日本士兵的千針帶：

我在一個一公尺多高的土埂上站著，離我三公尺多遠有個日本兵！他藏在竹林裡，盯著我的機槍，機槍在離我不到三公尺遠的地方。他沒看見我。「我真蠢！」我暗罵一聲。我匍匐下去，爬向離我最近的卡賓槍。我的頭在土埂下面，他看不見我。我小心翼翼地把扳機保險滑到「關閉」，猛地起身，把卡賓槍架在土埂上連開三槍，近得不需要瞄準。他的身體顫抖了一下，頭盔被打飛了。這動靜驚動了弟兄們，拿起放在身邊的槍，問：「怎麼了？怎麼了？」我回答：「我剛打死了一個從竹林裡溜過來偷襲我們的日本兵。」法蘭克是個蒐集紀念品的高手。他爬上土埂，穿過草叢，在那個日本兵口袋搜尋了一番，沒發現任何值得保留的東西。他爬回路邊，把那傢伙的頭盔遞給我。

他說，你把他頭盔打穿了。沒錯，頭盔上有個整齊的彈孔，一些血和灰色物體濺在頭盔裡面。「嘿，你看，裡面有面旗子」，我驚呼起來。我展開旗幟，盡量避免沾上污物。不幸的是，我的子彈穿過摺疊著的國旗，留下了一個個破洞。但這是一面漂亮的旗子，大約七十公分寬，九十公分長，厚絲質材料做的。中間是紅色的「肉丸子」，周圍一圈一圈地寫滿了日本字。要不是那些破洞、血跡和腦漿，能算上是個頭獎。我盡可能按照原來的摺痕把它疊好，放在口袋裡。[12]

10

一九四五年五月和六月

戰事吃緊，當局撫慰

一九四五年春，被轟炸得焦頭爛額的日本政府，向日本百姓提出了新的要求——古後精一記得：「官方命令我們拆掉民用住宅，一是用這些建材打造防空洞，二是防止火勢蔓延。好多房子被拆了，我家只是其中之一。」

此外，一九四五年五月七日的《大分合同新聞》發布了以下消息：

為了加強空軍力量，大日本飛行協會大分分會將於五月十二日至六月十日，在速見郡（前別府高爾夫球場）舉行少年飛行員訓練。選委會成員包括，教導主任佐藤老師、體育老師安倍老師等。五月五日下午，經過認真考慮，選出四十名品學兼優的學生參加訓練。這四十人中，二十五人來自別府、四人來自石垣、五人來自龜川、三人來自朝日，兩人來自北青山、一人來自南青山。這些學生將接受嚴格的全天候訓練，包括軍紀、飛行以及體能訓練。目的是培養他們在不久的將來，成為少年飛行員。[1]

日復一日，當地報紙上滿載與戰事相關的消息。五月七日頭條標題警告民眾，美軍轟炸的陰險策略：

〈敵人進行心理戰術〉

最近，B－29轟炸機的轟炸日趨頻繁。五月七日和八日，大分受到嚴重破壞。但是，公民們，大家不要被那些定時炸彈嚇到，它的爆炸威力相對較弱，只是因為我們無法預測爆炸的確切時間，所以成為敵人恐嚇我們的心理戰術。不要被他們欺騙，我們要繼續戰鬥，直到最後的勝利。[2]

有些定時炸彈被投到佐伯鎮小野村的田野和農家附近。那時還不到五歲的小野英治回憶起母親告訴他的有關他自己和定時炸彈的經歷：

定時炸彈是朝著離我家幾公里遠的海軍基地去的，可是有的掉到離社區很近的地方。有一次，一個人和一頭牛被炸死。佐伯那邊，一枚定時炸彈滾到一個防空洞裡，可是誰也沒發現。爆炸以後，十九個人被炸死。我的母親說她看見周圍的樹上都掛著死人的肢體和血肉。還有一次，我在離家很近的地方玩，看見一枚定時炸彈。我當然不知道那東西是什麼，只是因為炸彈是五顏六色的很好看，所以我把它拖回家，放在大門口。我父親當時在中國打仗，我和我母親、祖母住在一起。她們看見我帶回家的定時炸彈嚇得不輕，趕緊叫官方派人把它弄走了。

就在這種動盪不安的日子裡，政府還在報紙上發表一些生活插曲，試圖顯示大分民眾保持相對正常的生活。例如，一九四五年五月八日，《大分合同新聞》在宣布招募少年飛行員的第二天，特別強調當地農業的創新：

五月六日，農民協會速見分會與當地市政府總工程師舉行會議，討論以下議程：

- 全村有效農業生產運動的最新成果
- 番薯增產
- 準備稻田插秧
- 調整勞動力
- 與小學生下田工作相關的指導與合作
- 關於食品和飼料生產的知識和技術指導
- 捐獻蔬菜
- 如何留住工程師的計畫[3]

但在之後的幾個月裡，這類報導日益減少。五月十日，《大分合同新聞》報導了德軍投降的消息。評論說，從現在開始，日本必須孤軍奮戰。要贏得這場戰爭，每一個人都要做出最大的貢獻。同一天的報紙刊登了對軍方代表小原少尉的採訪，試圖提高民眾士氣，鼓勵大家繼續努力，爭取勝利：

德國的投降將直接和間接地影響東亞戰局。我認為結束歐洲戰事的盟軍空軍部隊和海軍艦隊，不會立刻到達東亞，但肯定為期不遠了。那麼，他們的攻擊就會變得更加猛烈。為了戰爭的勝利，我們必須製造更多的飛機。

美軍和英軍成功登陸諾曼地，是由於他們利用空軍箝制了德軍。他們集結了數千架轟炸機，日復一日地轟炸德國。他們也會在東亞戰線如法炮製這樣的戰術。去年在塞班島和前不久的硫磺島戰役中，我們的空軍實力就遜於美軍。我再次堅持，一定要打贏這場戰爭。為此，我們最需要的是製造更多的飛機。參與製造飛機的人員必須認識到：今天的一架飛機將決定我們國家明天的命運。而我們的公民必須為製造更多的飛機奉獻一切。[4]

亡命的神風

德國投降後，日本老百姓對日本的命運惴惴不安，可是他們唯一能做的就是響應政府的號召，更努力地支援戰爭。大分的學生工人為製造迫切需要的飛機（包括神風飛機）辛勤工作。

而此時此刻剛登陸沖繩的美軍陸戰隊成員E・B・斯萊奇神情緊繃地坐在散兵坑裡，眼觀六路，耳聽八方。他為有可能陷入腹背受敵的困境——前方敵軍隨時可能發起攻擊，背後海上隨時可能出現亡命的神風飛機——感到極度焦慮。他記得登陸前後的情形：

拂曉時分，我們聽見日軍飛機襲擊我們所乘的軍艦，並看見高射炮射出的火球。這是敵機對我們艦隊進行的大規模空襲。我們眼睜睜地看著一架神風飛機穿過高射炮彈的彈幕撞上一艘巡洋艦。一股巨大的白煙升上數千公尺的高空。我們很快得知，受到攻擊的是伯明罕號巡洋艦，人艦傷亡慘重。

五月八日，納粹德國無條件投降。聽到這個重要消息的時候，我們正時時刻刻為自己的安危提心吊膽，不少人的反應是：「那又怎樣？」這時候的納粹德國離我們遠得像月球。眼前最迫在眉睫的是，在沖繩和其他所有戰場上一樣，日軍將試圖把我們殺得片甲不留才會罷休，因此，我們必須以同樣可怕的行動占領沖繩。

五月九日接近正午，我們即將發起攻擊。每個人的神經都繃得緊緊的，空氣中充滿張力。彈藥發放完畢，大家都做好最後的準備：調整子彈帶、背包、綁腿和皮革步槍帶——雖然所有這些動作都是多餘的，不過是在面對即將到來的生死關頭，釋放緊張的情緒罷了。

命令：檢查槍枝、待命……我們的位置遭日軍九十毫米炮火猛烈反擊。炮彈在周圍爆炸，炮彈破片在身邊飛舞、咆哮、掀起周邊的塵土，給還擊造成重大阻礙。但因側面的步槍兵嚴重受挫，我們必須奮力還擊，以火力支援他們。炮兵也再次向我們左面的敵方陣地炮擊，支援步兵部隊。[5]

每次我們的六十毫米迫擊炮給日軍造成損失時，我們都知道，因為他們會立即加強炮火反擊。如果我們的炮火對他們沒有傷害，他們就不理會我們，除非他們認為可能會造成重大傷亡。日軍的反擊炮火是我們造成傷亡的真實指標，衡量我們在戰役中是否取得了令人滿意的殲敵成效。[6]

五月十一日，美軍的休・W・哈德利驅逐艦（USS Hugh W. Hadley）在沖繩遭到神風飛機幾乎是致命的攻擊。以下是目擊者的紀錄：

> 受到攻擊時，傑伊・福爾摩斯（Jay Holmes）正站在艦橋上。他回憶說：「規模之大，速度之快，我們根本來不及數有多少架飛機。但是紀錄顯示，神風飛機是十架一組飛過來的。我們的炮手再棒也沒辦法同時擊落那麼多飛機。」
>
> 早上九點二十分攻擊開始的時候，一架櫻花特攻機與艦艇擦肩而過。幾秒鐘後，另一架直衝著艦橋撞過來，但因速度太快撞在兩座煙囱之間，一邊的機翼被切斷，毀壞驅逐艦上一些繩具和主要的無線電天線，但造成的損壞有限。
>
> 這時，雷歐・赫林（Leo Helling）所在位置是炮組下方十多公分，他聽到或感覺到巨大的撞擊。抬頭剎那，只見炮長猛地彎下身子，差一點摔倒。炮長大叫一聲：

「我的上帝，真險！」

然而，下一架衝過來，比這架來得還近，墜落在左舷一座四十毫米高射炮的頂端，炮組所有人陣亡。赫林是兩天前從那裡調到現在這個炮組的。飛機爆炸前的瞬間，飛行員丟下了一枚炸彈，炸毀另外幾處四十毫米和二十毫米高射炮炮組。飛機著火的殘骸斜靠在主甲板艙面船室頂上，火向下燃去，燒毀了大部分哈德利號低階軍官的更衣室和床位。

一等兵富蘭克林．格布哈特（Franklin Gebhart）是右舷一門四十毫米高射炮的炮長，看到第一架自殺飛機的時候，他的第一個念頭是：「天啊，他們名單上有我的名字！」可是那架殺傷力有限的飛機只把他撞到一堆魚雷發射管上，半天才喘過氣來。

格布哈特回憶說：「我命令手下的人棄船，除了兩個人不停地射擊，其他人都跳進水裡。然後，另一架神風開槍把船上兩人擊斃，我也跳到水裡。我在海水裡載浮載沉的時候，看見一架我們的用盡子彈的『海盜』戰鬥機（Vought F4U Corsair），從上空飛過來並壓制了一架自殺飛機，一直把那架飛機逼進水裡。」

不一會兒，第三架自殺飛機撞在哈德利號右舷的水線處，衝進驅逐艦腹部時，飛行員引爆了一枚兩百三十多公斤的炸彈，炸彈在船裡爆炸。[7]

幾個月以來九州各基地的神風飛行員，就是為了這次襲擊緊張地做準備。三月十八日起飛執行任務前，在宇佐空軍基地受到美軍空襲的指揮官湯野川守正，正是負責訓練這些飛行員的教官。他說：

直到六月二十二號，我們一直派出神風特攻隊攻擊沖繩。我監督所有飛行員的訓練，送他們起飛執行攻擊任務。只要一有可飛的飛機，我們就盡快派他們執行任務。起飛之前，我負責作戰前動員，鼓勵他們勇敢赴死。可是我心裡並沒什麼真正的情緒反應，因為反正我很快就要步他們的後塵了。可是，上級指揮官總是不放我去執行任務，因為我出發了，就沒有能訓練飛行員的人了。我請求他們允許我執行任務，辯解說因為執行任務的時候，我應該走在戰士前面，這是作為軍官的職責。但是沒用，只要我稍微一提執行任務的要求，就會受到嚴厲訓斥。

死亡的腐臭

日本軍方對五月初沖繩局勢的觀點，在八原博通上校的回憶錄中可見一斑。不管神風特攻隊的努力達到如何的成效，八原博通改變了他對這個戰略有效性的看法，他道出了在戰況激烈期間少有的意見：

五月四日反攻終止後，所有部隊回到原來的位置。牛島滿上將、他手下的軍官和部隊士氣低落，但同時，又有一種奇怪的解脫感。一天，一個聯絡官給我一道牛島滿和長勇兩位將軍的命令，說決定派會開飛機的吉少校前往東京。這個決定令人驚訝，我感到困惑，問這是什麼意思，被告知：「我們派他去皇軍總部，要求批准空軍強力攻擊敵方艦隊，迫使他們撤離，從而結束沖繩戰役。」

乍聽起來，這一舉措看似高明，以挽救我軍損失。但是，一直以來，我們已經千方百計地在空中摧毀敵艦；在空中阻止敵方航運……特攻部隊幾乎每天都進行攻擊，但是敵軍空軍實力仍然遠遠超過我們。

事實上，在沖繩戰役中，空軍並不是主要因素。敵方通過登陸六個師的陸軍和海軍陸戰隊，在灘頭建立了穩固的陣地。我們知道我們的軍隊奮勇作戰，但我們需要的不僅僅是勇氣。此外，認為敵人將退出這次作戰是荒謬的。

日本正在想盡一切辦法準備在本島做最後決戰，這讓沖繩面臨一個絕望的局面。從一開始我就堅持認為，我們的策略應該是盡可能長時間地牽制敵人，消耗他們的補給和部隊實力，以此為最終在本島將要進行的決戰做出貢獻。

既然在沖繩取得勝利是個愚蠢的夢想，那麼，我不認同派吉少校去東京的意見。從戰略的角度來看，我反對這個命令。從戰術的角度來看，我當然認同自殺飛機應該盡可能多多摧毀敵方的航運，但這只不過是希望而已。[8]

E．B．斯萊奇描述了在沖繩已經戰敗的敵人無論如何都不投降，使得美軍愈來愈沮喪的情景：

五月二十一日天氣變得多雲，開始下雨。接著是連續十天的大暴雨。天氣寒冷，泥濘、泥濘、到處都是泥濘。我們沿著一條小路一步一滑地行進……然後，進入了我在戰場上看到的最慘烈的一幕。我記得很清楚，我們在那裡待了一個多星期，每每想起來，我的心仍然會顫抖不已……小路變得愈來愈泥濘。到達目的地的時候，周圍從五月一日以來陣亡的日本兵屍體愈來愈多。我們沿著一條山丘下泥濘的小路艱難行進，在我們左邊，有六個海軍陸戰隊員的屍體……他們相互離得很近，從他們深褐色的臉上和趴在地上的姿勢，可以看出他們在遭到炮擊時內心的恐懼。顯而易見，他們都是剛被送上戰場的新兵。走過他們時，我和我的弟兄們都轉過頭去，這慘不忍睹的場面讓我們腹中翻騰不已。

我聽說過，也在書裡讀到過，在經歷了多次戰鬥以後，很多人看慣屠殺場景，不再為陣亡的戰友產生感情波動。我和我的弟兄們卻不然。我們可以對陣亡的日本士兵視而不見，但陣亡的海軍戰友總是讓我們感到悲傷……死亡的腐臭壓倒一切。唯一忍受的辦法是抬起頭，往上看，遠離地面上駭人的恐怖。我看著陰鬱的灰雲團團湧過，一遍又一遍地在心裡重複：這不是現實——只是一場噩夢……那是戰爭深淵的最底處，戰爭的終極恐怖。[9]

沖繩戰役即將結束，但日本指揮官拒絕投降。八原博通寫道：

六月十七日星期日，山洞總部收到敵方指揮官西蒙・巴克納（Simon Buckner）將軍向牛島滿上將發來的訊息：

「你指揮的部隊進行了勇敢、頑強的戰鬥。在沖繩戰役中，你的步兵戰術受到同行對手的尊重。你我同是步兵將領，有著長期、豐富的步兵作戰經驗。你必定認識到自軍防禦力量陷入可悲的困境。你也知道毫無增援可言。因此，我相信，你會認同我的看法，日軍的抵抗力量崩潰在即。也就是說，我將摧毀你剩下的絕大多數部隊。」[10]

巴克納將軍的招降訊息是對日本傳統極大的侮辱……在黑暗的房間裡，我躺在床上，腦子裡回想軍事投降的歷史。在西方現代戰爭中，失敗的指揮官通常溫文儒雅地向勝利者投降。白人社會一般都是這樣，從拿破崙時代、普法戰爭、美國獨立戰爭、美國內戰，直到第一次和第二次世界大戰。最高指揮官通常會對失敗負起全部責任。在指揮官陣亡的情況下，他們手下的官兵一般被允許自行投降。在我有限的記憶中，沒有西方軍隊背水一戰寧死不降的例子。當軍隊的戰鬥力消耗殆盡時，他們就會選擇投降。

可是在日本，戰敗指揮官及其下屬自殺事例屢見不鮮……事實上，這是為了保持國之士氣、奮鬥到底的最高典範。但是，我們的領軍者是否值得全國人民的犧牲？隨著戰爭結束的到來，他們向我們大聲呼籲：「數百萬人民必須為我們的國家而死。」這是為什麼？他們真的看透了整個戰爭局面嗎？迫使所有人去死是愚蠢的，只不過是因為日本從未戰敗過而已。[11]

傳統的光榮赴死滲透在日本文化之中。隨著沖繩戰役慘敗，日本被全面擊垮，士兵自殺率激增。目睹此種行為的美國士兵對此大惑不解，這是他們前所未見，與自己的榮譽準則和軍事經驗相悖的現象。

唐・卡爾頓記得：「有一次，我們看見一名受重傷的日本兵，一條腿的大部分已經出現壞疽，腹股溝也有傷。我們過去幫他。可是當看見我們是美國兵的時候，他從襯衫裡掏出一顆手榴彈，抬起頭，把手榴彈放在地上，頭枕在上面，拉開插銷。爆炸的衝力把他舉了起來，落地的時候，他是趴著的，頭骨裡一乾二淨。正是這種堅韌才使沖繩戰役打得如此艱難。在沖繩的前三個月裡，我沒有見過一名日本兵投降。」[12]

在日軍中，寧死不屈的信念滲透所有階級的軍人。日軍部隊每個人都看到了戰敗的未來，但承認戰敗對他們來說是超乎想像的。六月二十一日，明知沖繩戰役大勢已去，牛島滿和長勇即將切腹自殺，帝國陸軍大臣阿南惟幾和陸軍總參謀長梅津美治郎——這兩個人都是大分縣出身，戰爭末期已升遷到日本帝國軍界最高領導階層——向他們發出祝捷信息：

三個月以來，第32軍在牛島滿上將的指揮下勇敢地在沖繩戰鬥，牛島上將是一位具有高貴品格的指揮官。他們擊斃敵方指揮官西蒙・巴克納將軍，並對他的八個師團進行了致命的打擊。你的部隊奮力拚搏，並為最後的決戰做好了充分的準備。隨著敵人力量的增加，你的官兵以摧毀一切的精神做出了回應。

兩天以後，八原上校目睹了兩名指揮官的自殺儀式：

六月二十三日午夜，我們放棄了收復山頂的努力。牛島滿上將和長勇上將安排了他們翌日早晨切腹的事宜之後，都入睡了。〇三：〇〇，牛島上將把我叫到他的房間。他已穿戴整齊，盤腿坐著。長上將在喝他最喜歡的萬王之王威士忌，已經喝得爛醉。他們周圍都是熟悉的面孔。我莊重地向他們行了禮，但什麼也沒說。長給我一杯威士忌和一塊鳳梨。鳳梨是插在長劍的劍尖上遞給我的，這讓我吃了一驚，但我吃了那塊鳳梨。

長：「上將，你休息得不錯。我一直耐心地等著你醒來，因為時間已經不多了。」

牛島：「我睡得不好，因為你鼾聲如雷。」

長：「誰先走，你還是我？要我先死，引導你去另一個世界嗎？」

牛島：「我帶頭。」

長：「閣下，那你去天堂，我下地獄，不能陪你同去囉……我會在等待死亡的時候喝著我的萬王之王。」他開懷大笑起來。

兩位將軍交流詩歌。但我聽不清楚，只記得他們提到沒有沖繩，日本會亡國。時間不多了，山洞裡的人排成一列，向他們致上最後的敬意。這時候小野少校，一個天真並有著不屈不撓精神的人，進到洞裡來，報告說，已經向東京皇軍總部發出最後消息：「你的忠實軍隊已經成功地完成了對國土防禦的準備工作。」

牛島上將靜靜地站起來，長上將脫掉了軍服……由燭光帶領，一行人鄭重地走出山洞，身心沉重……牛島上將靜靜地在離洞口大約十步左右的切腹墊坐下，面向海堤。長上將坐在他旁邊。我站在他們身後幾步。「介錯人」坂口上尉站在他們後面。士兵站在山洞出口處，大家都等待著這一刻。

長上將轉回頭來，用一種美麗、神聖的表情嚴肅地說：「八原！對子孫後代，你將是我怎樣死去的見證人。」

坂口上尉是劍術大師，他雙手握住長劍，高高舉在上將的頭頂上，然後收回、放下，說：「太黑了，看不見你的脖子。請再等一會。」

黎明時分，海上的敵艦又將開始射擊。山洞入口處的士兵愈來愈緊張。得到允許可以解散，一些士兵逃離了懸崖。

兩位將軍準備好了，一前一後用一把傳統切腹匕首割開裸露的腹部。與此同時，坂口巧妙、迅速揮起手中鋒利的長劍，斬首，先是牛島滿，後是長勇。剩下的士兵彷彿水壩潰堤，紛紛跑下山逃命去了。我和坂口上尉在山洞外坐下。他陰鬱地驚嘆道：「我做得很成功！」臉上露出滿意的神情。

這個時刻標誌了我們三個月的艱苦奮鬥，我們驕傲的第32軍和我們將領。此時是：一九四五年六月二十三日〇四：三〇。[13]

11 炸毀大分市

目標：老百姓

隨著政府當局在為美軍入侵日本本島和九州加緊準備時，大分民眾為死亡的降臨而憂心忡忡。沖繩戰役後期，日本海軍和陸軍抵禦空襲的軍力已然耗盡。這時，美軍的襲擊明確地對準了老百姓。B－29轟炸機飛行員吉姆・史瓦威爾（Jim Swalwell）參謀中士在日記中是這樣記錄的：「一九四五年七月十六日，星期一。今晚的目標是九州的大分市。我們轟炸過幾次那裡的機場，今天晚上，我們將試圖夷平整座城市。這是對九州所有城市中的第一次火襲（fire raid，用燃燒彈或汽油彈執行的空襲）。我們將運送一百八十枚四十五公斤的燃燒彈。預期不會有什麼反擊。」[1]

簡言之，目標：老百姓。

那一天，大分當地歷史記載表明美軍「夷平城市」作為一個軍事計畫的成功，反映在大分市區焚毀和死亡人數。

二十多年以後，當時在軍工廠工作的中學生花本謙治，在他的回憶錄《當我還是個男生的時候》（*As a Young Boy*）中敘述了他在一九四五年七月十六日晚上難以釋懷的經歷：

那天晚上，一枚燃燒彈掉在我家房頂上，一下就把門口點燃了，接著牆壁、榻榻米和天花板都燃燒起來了。燃燒彈這東西是個大約一公尺長的怪物。即使你把火撲滅了，炸彈還繼續一邊搖晃一邊燃燒。那是一團黃色的小火苗。我一股腦地往火苗上澆水，可是那火苗繼續燃燒，就是不滅。我氣極了，不停地自言自語說：「這是什麼鬼東西！」

然後，我把這個東西拖到水箱邊，扔在水裡。瞬間，水箱裡的水開始沸騰，那東西還是鮮黃鮮黃的。我肯定是弄這東西弄了很久，才從家裡跑出去。可是這時候，整個城市是一片火海，沒有一點生命的跡象。我以為大家都跑了，把我給忘了。我嚇得要命，想也沒想就朝毘沙門河的方向跑去。在路上，我看見一個小男生，大概四、五歲的樣子，站在街上哭泣。

我顧不上問他發生什麼事、父母在哪裡，就抓住他的胳膊拖著他跑。街道兩旁的房子被火焰吞沒，一棟接一棟塌下來。兩層樓的房子像茅草屋一樣很快化為灰燼。火勢太猛，熱得我睜不開眼睛，沒法呼吸。我腦袋開始旋轉，疼得彎下腰不能動。

突然，我發現那個小男生不見了。我知道我帶著他跑，可是跑到哪裡他才不見的，我一點也記不起來。我當時甚至懷疑是自己的幻覺。難道是我以前做過的噩夢？可是，不是呀，我真的有拉著他跑。於是，我轉過身往回走，去找那個男生，但是我找不到他。一直到現在，不管我怎麼樣拚命仔細回憶當時的情形，就是想不起來，什麼時候放開了那個小男生。

我又跑了三、四十公尺，看見一間醫院。不知什麼人把一桶水丟在那裡，我喝了一口之後，把那桶水澆在頭上。最後，終於跑到毘沙門河，才喘了一口氣。

那是二十八年前的事情。我現在是兩個孩子的父親。我跟孩子們說過那個可怕的夜晚，說過怎麼發現，又怎麼失去了一個小男生。我仍然為他的安全祈禱。如果他已經死了，我希望他安息。我為他的家人祈禱。[2]

十四歲的高浦照明是熊本陸軍少年學校的學生，但他的家在大分市。七月十六日晚上空襲時，他正休假在家。他回憶說：

從遙遠的天邊傳來敵機的轟鳴，B－29在天空搖曳。我想：「完了，今天晚上大分可能會被摧毀。」我知道我得趕緊鑽進防空洞。可是，那只不過是我的家人自己在地上挖的一個淺淺的小坑，你真的不能說它能起到什麼保護作用。所以我們跑到南瓜田裡，蓋上偽裝網，希望看起來像南瓜田的一部分。從空中的轟鳴聲可以聽出來，有好多架飛機。然後爆炸開始了，可是，我聽到一種以前從來沒聽見過的，怪怪的類似哨子的聲音。

後來我才知道，每個燃燒彈上貼著一條長長的飄帶，發揮引導作用。燃燒彈落向地面時，風吹著飄帶發出哨聲。炸彈爆炸的巨響傷害的是你的身體，可是，空中飄帶的合唱聲不是，它把恐懼傳到你全部的意識和身心。照理來說，當時我十四歲，已經是軍校三年級的學生了，可是，我還是非常、非常害怕。

突然間，我意識到「糟糕！我把軍帽忘在家了！」這下可麻煩了！另外一名學生被軍校開除，就因為他的軍服在空襲的時候被燒了。現在可不是害怕的時候，我得回家，把帽子找回來。我母親死死地抓住我，不讓我起來。但是我掙扎出來，跑回家，找到帽子。正當我要跑回南瓜田的時候，我們家房子開始搖晃。我走出門，看見整個天空都是紅色的。

爆炸加劇了，我把帽子綁在頭上，提起一桶水想滅火，但很快就放棄了。我朝大手通路那邊跑去，只見天神町路的街道兩旁大火熊熊。我看見人們東奔西逃的剪影，那情形簡直就像是個巨大的火葬場。[3]

勇敢的護理師

燃燒彈籠罩了大分，把人們困在家裡和辦公大樓。轟炸持續了一個半小時，然後飛機向南飛往佐伯。轟炸過後，一名年輕女子在這次轟炸中的英勇行為成為傳奇。她的事蹟和照片刊登在當地報紙上。她的名字是江藤信子，就是那個從津久見小鎮來大分市學習護理的矮小護校女生。江藤信子回憶那天的慘狀：

我在大分市中心的國立醫院一樓辦公室工作。那時候，很多醫生被派去為現役軍人服務，只留下護理師、護校學生和幾個由於健康原因不符合從軍資格的醫生。那天，空襲警報一來，我拿起擴音器，繞著醫院跑來跑去警告大家。B－29飛得很低，我感覺就像直接朝我飛過來似的。飛機發出的轟鳴讓我想起火車的聲音。一枚燃燒彈穿透了醫院的屋頂。大火竄向主樓。我們一些人提著水桶從井邊到主樓來回跑來滅火，其他人在井與建築物之間，組成一條動線傳遞水桶。我們把自己澆濕，抵抗熱浪。我腦子裡只有一個念頭：「要是火燒到病房怎麼辦？」我就開始拆除房頂，切斷走廊的支撐梁。不知怎地，最終，我們真的防止了火勢進一步蔓延。

我走到醫院外面，只見每個方向都是紅色和藍色的火焰，整座城市一片火海。我們醫院，新的和舊的護理之家都著火。再往遠處看，除了原來有房屋的地方冒著黑煙之外，什麼都看不見。幾天以後，我臉上燒焦的皮膚開始脫落。這時候，醫院裡擠滿了無家可歸和受傷的人。大家沒有食物，孩子失去了父母。我盡力而為，用海水煮味噌湯發給大家。

當地報紙用〈奮不顧身保護醫院的護理師〉的頭條新聞報導了我的事蹟。報導結尾說：「她和其他人用自己的生命來保護醫院，心裡只有一個念頭：『我們贏了！我們一起贏了！』可是當她們環顧醫院四周，一片慘狀使她們落淚。被疏散的病人聽說了她們的努力，回到醫院時對她們感激不盡。」

根據當地歷史學者的紀錄：

七月十六日那天晚上，兩千四百八十八棟房屋被燒毀；四十九人死亡；一百二十二人受重傷；一萬零七百三十人流離失所。市中心在這場邪惡的燃燒彈陣雨中被夷平。在漫長而痛苦的一夜過後，太陽終於升起。雖然，市裡仍有一些建築物無損，周圍的山丘上也還留下一些建築物，但是視野之內，人們看到的是毀滅性的災難。

然而，令人驚訝的是，燒毀面積如此之大，但遇害和受傷人數相對有限。這是因為很多人已經離開城市，搬到鄉間或撤離到高地。市長辦公室給每人發了兩包乾麵條。受傷的人被送到當地學校接受治療，縣教育會館成立了緊急控制室。

第二天中午，水來了，夜幕降臨時，電也恢復了。人們在自己家原來的地點蓋了避難所。排隊領口糧時，他們還在為昨夜的噩夢心驚膽戰。但是他們感恩自己還活著。[4]

炸彈太多，目標太少

七月二十五日，戰爭結束前三週，美軍再次派出四十七架B－29轟炸機和幾架地獄貓戰鬥機襲擊大分市。但那天，不只是大分市受到轟炸，大分海岸線上小小的保戶島也遭到轟炸。這是因為，主要目標轟炸完畢之後，飛行員可以自行決定其他目標。一名飛行員飛往保戸島上空，投下剩餘的炸彈。不幸的是，他將炸彈投擲到一所小學校園裡。大分歷史學者帆足溢男寫道：

保戸島小學有九百六十名學生。早上九點多，老師和學生聽到飛機聲，很快就看見幾架銀色的B－29向北飛來。所有的人都以為小學是最安全的地方，所以，繼續照常上課。

正當大家以為所有的飛機都飛走了的時候，有人喊：「襲擊！」突然間，爆炸聲把孩子們腳下的地面撕裂了。一架地獄貓投下四枚炸彈，一枚直接落在校園裡。這是美軍進行種族滅絕的完美例子。襲擊結束，共有一百二十四名學生、兩名教師和一名上級主管死亡；六十九名學生和六名教師受傷。5

除了七月十六日和二十五日的空襲，七月十七日、二十九日；八月九日、十日和十一日，大分屢次遭到空襲，造成多人死亡，住宅和神社變成瓦礫。八月十一日，戰爭結束前四天，大分受到最後一次攻擊。

從三月十八日首次空襲到八月十一日最後一次空襲，大分市民遭受了諸多苦難。數據顯示如下：

飛機：三千架次
攻擊：八十五次
炸彈：一千六百五十枚
燃燒彈：九千五百枚
死亡：四百八十五人
受傷：七百一十八人
被毀房屋：六千五百零四棟[6]

隨著戰爭進入最後階段，美軍飛行員在日本上空來去自如，但是開始減少轟炸和掃射。七月二十五日的空襲使小學生遇害，其他孩子則發現自己被飛行員當成玩具。這些人永遠不會忘記他們的經歷，這些美國飛行員從離地面只有幾百公尺處俯視他們。當時還是學齡前年紀的小野英治和湯谷貞義清楚地記得他們童年時與地獄貓的邂逅。

佐伯的小野英治回憶說：

戰爭即將結束時，地獄貓來去自如，飛行員可以隨意射擊任何目標。之前，他們向人射擊，到那時候，他們會飛到我家附近上空，往路上、森林和農田掃射。但是，我們沒有覺得他們是要打死我們。有時候，即便我們在外面，他們飛過來，也不是要開槍打死我們，只不過是尋開心。

他們還撒下用日語寫的傳單，說我們日本已經被打敗了。我記得有的寫的是：「投降吧，投降你就可以獲得自由」、「和平即將到來」。官方警告我們不要撿傳單，但是小孩子忍不住，我撿了回家給我母親和祖母看。我祖母就把傳單收起來了。然後在幼稚園，我們告訴老師撿傳單的事，警察就到家裡來調查，審問我的祖母。要不是她在社區裡支持陸軍很有名氣，很可能會遭殃。還好那次他們只是給了她一個警告。

當時六歲的湯谷貞義和母親、姐姐、祖母，也搬到母親在山裡的老家，逃離大分市遠遠的。他說：

我母親以為我們在山裡就安全了，所以讓我自己出去玩。有時候，我到水稻田去玩，稻田裡有魚。我會抓一些帶回家給我母親。有一天我抓魚的時候，一架地獄貓來了，他用機槍往樹林裡掃射，打落的樹枝灑在我周圍。我嚇壞了，兩條小腿跑得飛快。幸好，看見一個防空洞，我連滾帶爬地躲進去。防空洞裡還有一個人也在躲子彈。地獄貓飛走以後，我還是嚇得魂不附體，連路都不會走了，還是那個人把我背回家的。長大以後回想起來，我才意識到在那時候，美軍飛行員根本就是以嚇唬我們為樂。

12 天皇的國策顧問

拒絕投降

就在大分市民仍處於時時提防接連不斷的空襲，和美軍即將入侵的雙重恐懼中，一九四五年八月六日和九日，美軍先後在廣島和長崎投下原子彈。政府終於承認日本已是窮途末路，天皇命日本軍事參議院商議日本該何去何從。六名重臣在東京會晤，從九日晚至十日凌晨，展開激烈辯論。大阪出身的首相鈴木貫太郎、鹿兒島縣出身的外務大臣東鄉茂德，和岩手縣出生的海軍大臣米內光政認為，日本應該接受七月下旬收到的《波茨坦宣言》（Potsdam Declaration）所有條件。他們認為，拒絕投降意味著日本將面臨亡國。

另外三人則拒絕接受《波茨坦宣言》，力主生死捍衛國家，將戰爭進行到底。他們主張全民軍事化，入侵軍登陸後盡力反抗，把美軍拖垮。他們認為唯有如此，在坐下談判時，才可達成對日本有利的條件，保護天皇的性命，繼續維持君主制度。令人吃驚的是，這三位強硬抵制無條件投降的軍事指揮官，都來自大分縣。他們是：陸軍大臣阿南惟幾、陸軍參謀總長梅津美治郎，和海軍總司令豐田副武。

在這三人幫以外，參與意見的是另一個大分縣人，前外務大臣重光葵。此人乃謹慎的官僚，贊成迅速結束這場戰爭，但沒有投票權。

大分縣這個偏遠、不為人關注的農耕漁獲之地，為能向天皇進言的日本最高軍事機構提供了半數的決策者，堪稱「貢獻」非凡。

東京（大本營裡）的大分人

梅津美治郎

一八八二年出生在位於大分縣最北的中津市，一九〇三年以最佳成績畢業於日本陸軍士官學校，加入步兵部隊。一九一九年至一九二一年，梅津前往德國和丹麥進修。曾被任命為日本駐瑞士大使館武官。二十世紀三〇年代中期，被派往偽滿洲國指揮關東軍，後來擔任關東軍總司令。一九四四年，他被任命為日本帝國陸軍參謀總長，日本軍事參議院成員之一。直到日本投降，他頑固力主繼續作戰。一九四五年九月二日，梅津美治郎被委任全權代表日軍，登上美國軍艦密蘇里號簽署《降伏文書》。在東京審判中，梅津被判為甲級戰犯，一九四九年瘐死獄中。[1]

阿南惟幾

一八八七年出生在位於大分縣南部的竹田小鎮。美軍B－29轟炸機就是在這裡墜毀、八名飛行員被竹田民眾逮捕，繼而被軍方送至福岡九州大學醫院進行活體實驗。戰爭結束時，阿南惟幾擔任陸軍大臣。他和他的大分同鄉梅津一樣，畢業於陸軍士官學校，並加入步兵部隊。一九二五年，出任日本駐法國大使館武官。一九二九年至一九三〇年為裕仁天皇侍從武官。如同梅津，他的軍事生涯主要是在中國。侵華期間，阿南作為指揮官犯下滔天罪行。一九四三年，他被派至巴布亞紐幾內亞。一九四五年被命為軍事參議院成員。得知天皇決定投降，阿南於八月十五日切腹自殺。[2]

豐田副武

一八八五年出生在位於大分縣別府灣的杵築鎮，一九〇五年畢業於日本海軍兵學校。一九一九年到一九二一年，豐田前往歐洲擔任日本駐英國大使館海軍武官。參加過侵華戰爭，並在奇襲珍珠港中扮演關鍵角色。戰爭結束時，豐田擔任海軍最高指揮官及軍事參議院成員。戰後，豐田被關押，但從未被指控為戰犯。

重光葵

一八八七年出生在位於大分縣別府灣的杵築鎮，一九〇七年畢業於東京大學法學院。進入外交使團，曾在多國使館任職，包括駐英國和蘇聯大使。他也曾在德國、美國和中國大使館任職。一九三二年，在上海參加為天皇祝壽的活動中，一名韓國義士在觀禮台引爆炸彈，幾名日本官員傷亡，重光葵被炸斷右腿，終身跛行。儘管他對極端軍國主義者向盟軍擴大戰爭的後果感到擔憂，但仍全力支持戰爭和天皇的中央集權，升遷到外務大臣和天皇顧問的位置。戰後，他作為甲級戰犯入獄，但一九五〇年便得假釋，重新開始政治活動，一九五四年再次成為日本外相。[3]

在密蘇里號戰艦上簽降的大分人

一九四五年九月二日，宣告太平洋戰爭正式結束的儀式，在當時停靠東京灣的美軍密蘇里號戰艦的主甲板上舉行。天皇派出兩名代表簽署投降書。一個是半個月前重新被任命為外務大臣的重光葵。天皇希望以這一人員替換之舉表示其和解願望，最起碼在日本國內，重光葵被認為是支持結束戰爭的。另一個代表是日本陸軍參謀總長梅津美治郎。具有諷刺意味的是，天皇親自命令拒絕投降的梅津，代表軍方簽署投降書。簽署投降書時，在第一次世界大戰中一隻眼睛失明的加拿大代表勞倫斯・科斯格雷夫上校（Lawrence Cosgrave），將名字簽在了法國代表那一行，餘下其他代表沒注意到，也都跟著簽錯了行。輪到日本代表簽名時，他們注意到錯行的問題，遂拒絕簽字。直到麥克阿瑟將軍的參謀長理查・薩瑟蘭中將（Richard Sutherland）修改了錯誤，日本代表方才坐下簽字。簽字結束的時間比預期延後了十分鐘。結果，原本應在全部簽字完畢時進行的美軍空中表演，在簽字完成之前就掠過了東京灣上空。

在密蘇里號戰艦上簽署，具有重大歷史意義的投降書上，兩個日本名字都是大分縣人士，一個來自杵築鎮，另一個來自中津縣，兩地相距僅僅四十五公里。

時至今日，不是所有的日本人都能準確地說出大分縣的地理位置，有些人甚至不知道日本有個大分縣。按理說，這個遠離日本本島，遠離東京權力中心的農漁之地，出現過南次郎、堀悌吉這樣高級陸軍和海軍將領就已經很不簡單了，可是大分縣竟向戰時的東京權力中心輸送了這麼多領袖級的人物，令人驚訝，也是富有意涵的。同時，也令人質疑這個縣市能夠產生如此人物之原因。事實上，九州的農漁鄉村一直有著為日本陸軍和海軍提供兵源的傳統，大分縣也不例外。但是為什麼這些領袖人物都集中出生在大分縣，而不是分散在九州的其他八個縣市？試想，如果在同一歷史時期，美國的國務卿、美國參謀長聯席會議主席（Chairman of the Joint Chiefs of Staff）、美國海軍作戰部長和美國陸軍總司令，都來自南卡羅萊納州或喬治亞州的一個沿海小地區，我們也會產生同樣的疑問。作者向前日本首相村山富市提出這個疑問時，他答道：「這不過是個巧合而已。」也許是吧。我們接著又問：這些生在大分縣、長在大分縣的人，是否具有某種特殊的思想和傾向，在恰好的時機得以出人頭地？村山首相對此猜疑大不以為然。

但它依然是一個謎。

有一個答案也許是合理的。從現實的角度來看，堀悌吉海軍中將的姪子，從加拿大回到杵築的矢野正明說：「歷史上，大分縣的佼佼者如果不願務農或捕魚，他們的職業生涯只有三條路：一是成為老師；二是成為政府官員；三是當兵。其中，尤以當兵最讓人引以為榮。」[4]

無論如何，日本現代史上一個重要時段中，在出現過兩任關東軍總司令之外，有三位國家級領袖人物來自同一個不為人知的角落，不能不說是一個引人注目的特殊現象。

一九四一年之前，處於戰略地位不高、位置偏僻的大分縣，將在整個亞太地區多年的戰爭中發揮如此重大的作用是無法想像的。從步兵、飛行員到國家最高軍事領導人；從太平洋戰爭打響前訓練奇襲珍珠港、到最後的神風特攻隊亡命攻擊；直至終戰後，大分人在密蘇里號戰艦上所扮演的歷史角色，這個小地方為一段恐怖、醜陋的歷史做出的「貢獻」，不禁令人咋舌。

13 來之不易的《大東亞戰爭終戰詔書》

全力以赴

沖繩島上兩大軍頭自殺的消息不脛而走。不管東京和沖繩戰地指揮官如何佯裝沉著，沖繩戰役敗局已定。因為即便是在日本，且不說低階官兵，將軍更不可能在打勝仗的時候切腹自殺。整個日本都在等待美軍從九州南部登陸。雖然尚能參戰的飛機所剩無幾；雖然損壞的飛機尚可在短時間內修復；雖然尚有缺乏戰鬥經驗的年輕飛行員急待起飛，日軍空中的抵抗力少得可以讓美軍飛行員忽略不計。沿海地區開始修築防禦工事，包括戰壕和防空洞；混凝土修築的單機機庫，點綴著剩餘幾個還可以利用的空軍基地。

在東京，大分縣大神村的松本伊勢松繼續擔任近衛師團的禁衛兵。落在皇宮周圍的炸彈愈來愈多、愈來愈近，天皇藏在地下防空洞裡，而松本伊勢松和其他禁衛兵竭盡全力為防禦皇宮被侵襲做好準備。他記得：

有一次，一枚炸彈炸死了五名禁衛兵。你都不知道這幾個人是誰，他們被炸得四分五裂，沒被炸碎的人體連內臟流出血來。因為我負責那個崗哨，所以由我到神社去為亡者祈禱。空襲的時候，天皇躲在防空洞裡。我們為死去的禁衛兵舉行葬禮，他沒來，但是給他們送了花。我記得那時候想，這些人得到天皇的祝福，死得挺幸運的。空襲一日緊接一日，我們開始接受戰鬥訓練。我感覺挺憂傷的，因為知道這意味著我們將在日本本土打仗。但是我必須盡我的全力保護我的國家，所以我還是得振作起來準備面對敵人。

我們被告知敵人很快將要登陸日本領土。預期美軍坦克會最先到達，我們開始訓練怎樣阻擋坦克。訓練我們的上級軍官很年輕。訓練內容是，在地上挖個洞，躲在洞裡等待坦克靠近皇宮。當坦克靠近時，我們跑到坦克前面，把一塊年糕狀的炸彈貼在坦克上，直接引爆。也就是說，一人和一台坦克同歸於盡。我們真希望日本能阻止美軍登陸，因為我們沒有一個人想像神風那樣把自己炸死。可是真的事到臨頭，我想，還是得去送死。我們做好了當「人肉炸彈」的思想準備，開始等待。雖然不知道什麼時候去炸美軍坦克，可是聊天的時候，總是離不開誰先死的話題。

八月二日，宇垣纏海軍中將將其總部從九州南部頂端的鹿兒島，搬到大分市的海軍基地。不久之前，東京任命他為防禦美軍登陸九州的司令官。對於宇垣纏來說，這次是重返大分縣，因為在太平洋戰爭開打之前，他曾與山本五十六海軍上將在佐伯鎮為奇襲珍珠港做戰略準備、進行軍事演習，並監督俯衝轟炸機的訓練。那時，他在大分縣開啟太平洋戰爭，現在，他將在大分縣結束這場戰爭。

八月三日，宇垣纏的指揮旗掛在一個修建在農民私人土地上，滿是蚊子、跳蚤的防空洞裡。接下來的幾天，他在大分市和佐伯周邊巡視軍事設施，準備進行最後的殊死一戰。此時，美軍飛機接連空襲這個地區，宇垣纏的總部所在地也遭到攻擊。在這裡，他得到了廣島和長崎的兩顆原子彈，以及蘇聯意外向日本宣戰的消息，然後是日本投降的傳言。但是，宇垣纏像那幾個在東京向天皇進言、拒絕投降的大分人一樣執迷不悟。原子彈在廣島和長崎爆炸之後，他在日記中寫道：

正當我們被逼退到本土，奮力為最後的保衛戰做準備的時候，原子彈的襲擊和蘇聯的參戰使我們感到震驚，從而使形勢更加惡化。但是我們可以採取相應的對策。我們仍然具有足夠的戰鬥力。在一些聰明的人看來，如果不能避免失敗，那麼為了不被徹底摧毀，我們應該投降。但抱持這樣主張的人是自私的，是軟弱的。這種人只圖眼前的利益，而不為國家未來著想……而且，很明顯日本民族不會接受失敗的苦果。一些狡猾的人將利用戰敗來摧毀日本的傳統精神，以至於使日本人失去崇高的報仇雪恨精神，將帝國推向黑暗，直至徹底滅亡。儘管我們不可能在擴大實力後繼續有組織地進行抵抗，但我們不能放棄戰爭，必須繼續在天皇的領導下進行游擊戰。如果這個決議被認同，我們就不會被打敗。相反地，我們可以讓敵人在品嘗長期武力衝突的痛苦之後，最後放棄戰爭。[1]

正當宇垣纏海軍中將在大分收拾殘餘軍事力量，準備抵抗入侵之時；松本伊勢松在東京接受攻擊坦克的自殺訓練，大分孩子的軍事訓練也有增無減。多少年來，人們從幼時就被教導要準備好為天皇和國家犧牲自己，現在敵軍即將登陸，時刻已經來臨。宇垣纏若有緣知道，他會為當時家住別府、十三歲的柳瀨陽之助的豪情壯志而感到驕傲：

那時候，我已經準備好為日本而死。我渴望參加神風特攻隊，但是年紀太小，你必須是十四歲才能從軍。要是戰爭繼續打下去，我肯定從軍，加入神風，因為我不想讓日本戰敗。日本是神的國家。作為神風，我可以幫助神扭轉風向，改變戰局。還有，為家人和國家而死，這是個榮耀。那時候，政府給每個軍屬家人發一面榮譽牌匾，掛在家裡。我家是少數沒有牌匾的之一，所以我想為我家人增光。本來嘛，男人應該是士兵，而不是醫生或藥劑師。能當兵是一個男人最高的榮譽，所以如果你不當兵，你就不是一個真正的男人。我們對神風崇拜極了。要是戰爭再持續一年，我就會自豪地死去。

救死扶傷

從幼時就被灌輸的民族自豪感，和被軍方嚴格控制而扭曲的新聞，成功地使人們保持了堅持不懈的精神。一九四五年四月二十日，二十歲的大神村女孩松本幸惠和另外二十名大分護理師一起被送往鹿兒島陸軍航空隊基地，那裡是日本最活躍的神風特攻隊中心。她回憶說：

去鹿兒島一路上有很多樂趣，我們很開心。大家都感到自豪和興奮，像冒險一樣。我們穿著皇后設計的既時尚又俐落的護理師制服，走到哪裡都有羡慕的目光盯著我們看。我們先是搭火車到鹿兒島。從那裡，我們坐馬車到軍醫院。但還沒到目的地就發現醫院已經搬到山裡頭一個臨時設施去了。美軍飛機幾乎每天都在轟炸鹿兒島地區。醫院接受很多傷員，主要是士兵，還有一些老百姓。臨時醫院條件極其簡陋，受重傷的人根本沒有生存的可能。每天手術室門口都會有十幾個人排隊等待手術。那些腿部受傷但不需要截肢的人立刻就被回絕。我們一共有十二個護理師組，十個人一組。傷員按照受傷的嚴重程度進行治療。可怕極了！士兵告訴我們他們的傷勢，然後我們不得不做出艱難的決定，治療誰、放棄誰。每當我們不得不做出這些生死攸關的決定時，心裡都悲傷極了。但我從來沒有氣餒，因為我首先必須是個護理師，所以我必須咬著牙撐過去。我在那裡只工作了幾個月，戰爭就結束了。但是那幾個月改變了我，沒有一個有過那種經歷的護理師不會被改變的。

新式炸彈

在美軍方面，士兵對占領日本本土失去熱忱。他們從許多戰役中，尤其是沖繩戰役，領教了日軍頑強抵抗的精神。他們可以想像得出在入侵日本國土時，戰鬥只會更加激烈、更加恐怖。從一般士兵到美國總統，都對登陸戰鬥望而生畏。但問題是，儘管陸軍戰敗了；空中力量極其有限；各大城市幾乎被轟炸夷平，可是日本就是不投降。軍事史學家F・J・布拉德利（F. J. Bradley）認為，時至一九四五年八月，已經「沒有戰略目標」可言了。[2]怎麼才能結束這場戰爭呢？美軍預期，如果攻占九州，前三天，傷亡與失蹤人數會高達兩萬兩千五百七十六人。如果戰鬥繼續，每十天將會有一萬一千人死傷和失蹤。入侵計畫定於十一月一日執行。杜魯門總統決定，擱置入侵計畫，先讓日本感受一下原子彈的熱量：第一枚於八月六日投向廣島。

之前，日本媒體沒有任何關於原子彈的報導與消息，因此民眾不了解，也不知道如何應對。謠言傳說美軍將用一種殺傷力巨大的新型武器來對付日本。矢野正明記得：「根本沒人用『原子彈』這幾個字。我們只聽到說是什麼新型的高性能炸彈。戰爭結束後，我才聽說這是顆原子彈。」二宮吉男聽到有關在廣島爆炸的特殊炸彈一說，但是像矢野正明一樣，從未聽說過原子彈：「連我們老師也不知道。至少，他們沒表現出那種知道但不告訴學生的樣子。」

在位於大分縣北部，相對靠近廣島的宇佐，人們開始聽說一些原子彈會對人體造成的前所未聞的傷害。吉村隆文回憶說：「我們聽說美軍在廣島扔了一枚強大的炸彈。突然之間，學校通知學生不要穿黑色的衣服，只能穿白色的。有人說白色的衣服不會像黑色的那樣吸收輻射，所以一夜之間，我們都只穿白色衣服了。」

此時，前首相村山富市已經應徵入伍，駐紮在熊本附近。他說：「廣島核彈的消息傳到熊本。當時沒有人知道原子彈。部隊接到的通知只說是『一道特別亮的光』。你要是在光線之內，就會受重傷。轟炸期間，熊本的部隊藏在周邊的山裡，所以幾乎沒有任何關於廣島的信息。但是，我們在私下裡嘀咕：『都這樣了，還怎麼能打勝啊？』」

起初試圖躲避從軍的老師河村信雄，此時在九州北部頂端的小倉服役。小倉距離廣島縣大約一百公里。他記得：

六號廣島被炸的時候，我在小倉服役。廣島離我們太遠了，所以我們既沒聽見也沒看見原子彈爆炸。但是，軍官告訴士兵說，一種新式炸彈在廣島爆炸，命令所有士兵穿起長袖襯衫。另外，有警報的時候，我們必須全副武裝。八月九號，大概十一點多鐘吧，我們接到一通電話說，同樣的炸彈在長崎爆炸。後來才知道，第二顆原子彈本來是朝著我駐紮的小倉而來。碰巧，那天城市被雲層籠罩，從飛機上找不到目標，所以美軍只好採取第二個行動方案，轟炸了長崎。

另一位大分人田中康生，近距離目睹了廣島的轟炸。當時，他是少年海軍學校的學生。他講述了訓練時看到的情形：

一九四五年三月，我十六歲，國中畢業，放棄高中，自願從軍，在江田島的海軍學校受訓。江田島離廣島海岸很近，我經常看見B－29。每天早上，我們上英語、數學、物理和國文課，下午學航海、射擊等其他軍事技能。另外，每天在海裡游泳也是訓練的一部分。一天早上，我們從學校走到海邊的時候，看見廣島方向有一道閃電似的亮光，然後，爆炸聲就像打雷一樣，接著升起一團蘑菇雲。回到學校以後，我們詢問廣島炸彈的事情，可是沒人知道那是一顆原子彈，都以為是一種什麼新式炸彈。教官命令我們把襪子頭剪開，套在手臂上來保護自己，以免受到灼傷。那幾天，每次空襲警報一來，我們就把襪子套在手臂上。但是，我們沒有停止訓練，航海課還是繼續，只是游泳訓練停止了。

幾天以後，戰爭結束了，我們離開學校。回家的路上，先搭渡輪到吳市。從那裡，我搭沿海岸行進的火車回大分。我們是在黃昏之後離開江田島的，火車通過廣島市的時候，我看到車站周邊的破壞並不是太多。但我毫無疑問注意到，遠處原有的建築物都不見了，心裡有種可怕、空洞的感覺。幸運的是，儘管我離爆炸點不是很遠，我和我同學都沒遭到輻射。我們目睹了爆炸，但沒有受傷。[3]

鑑於六號廣島的原子彈爆炸，沒能引起日本政府任何表示投降的回應，美國政府決定八月九日再投下一顆。幾年以後，美國陸軍參謀長喬治・馬歇爾（George Marshall）解釋說，杜魯門希望利用這兩顆原子彈「炸」出日本領導人的反應。在東京，廣島的慘狀只有少數能獲得真相的人知道。直到兩天以後，天皇才下令內閣首席幕僚起草《終戰詔書》。長崎被炸後三天，草案送交首相內閣，修改後才能最終轉交天皇批准。八月十四日晚上，天皇簽了字。[4]在這段時間裡，三名對天皇忠心耿耿的大分縣領導人物一直都極力反對。

在大分，宇垣纏海軍中將儘管預期會對百姓造成極大的危害，沒有停止規劃大規模的抵抗。大分市民正被動員起來，他們對在東京進行的激烈爭論一無所知，對最近降臨在他們國家的兩次災難性轟炸不甚了了。他們被動地等待著，膽戰心驚地看著天空愈來愈多的美軍飛機；小心翼翼地搜索著海岸線，尋找入侵日本的美軍艦隊蹤影。

14 終戰

「玉音放送」

收到美、中、英三國在一九四五年七月二十六日向日本政府發出的《波茨坦宣言》後，天皇及其顧問為是否投降，以及如何體面地停止戰爭費盡心機，但遲疑不決。大分歷史學者帆足溢男寫道：「從接到《波茨坦宣言》到八月十五日戰爭結束的二十天裡，政府尚存維護國體、戰鬥到底的妄想。倘若他們（日本領導人）從一開始就接受《波茨坦宣言》，兩次原子彈爆炸是完全可以避免的，三十八萬日本公民就不會失去性命。這是短短二十天的悲劇。」[1]

世界在八月十五日終於改變了。

一整個上午，電台不斷廣播中午天皇將有重要宣告的通知。這一天，整個日本的天氣晴朗。大分的天空是湛藍色的，夏日的陽光明媚。接近正午時，大分居民聚集在他們可以找到的無線電廣播處。即使在這一時刻，老百姓仍然相信他們的國家是無敵的，日本戰敗是不可想像的。很多人以為天皇會鼓勵他們為繼續戰鬥做出更大的努力。

十二點，奏完國歌後，無線電傳來天皇的聲音。之前，沒人聽見過天皇的聲音：「朕深鑑於世界大勢及帝國之現狀，欲採取非常之措施……」因為無線電信號太差，天皇的聲音斷斷續續，難以理解。有些人甚至以為天皇鼓勵民眾拿起武器保衛國土。但是，很多人還是聽懂日本戰敗了。人們開始痛哭流涕。大日本帝國不復存在也！[2]

八月十五日那一天，十五歲的武田剛像往常一樣到佐伯海軍造船工廠去工作。他說：「我們被召集在一個空地，說是天皇將發布宣告。我當時就預感戰爭要結束了。」但是，像武田剛這樣未卜先知的年輕人很少。

十二歲的二宮吉男在大分河邊工作，每天把河邊的石子裝到卡車上。他回憶說：「回家的路上，我經過一家小商店，裡面有人在聽廣播，我停下來，聽了一會兒。我就是這樣聽到天皇的演說。可是我聽不懂他說的是什麼。回到家看見我父親在哭，那真是個悲傷的場面。他告訴我日本戰敗了，一切都完了。我不信，因為我以為日本打了那麼多勝仗，怎麼會戰敗了？可是，同時我又有一種放鬆下來的感覺，雖然當時我不能跟任何人說出我的感覺。」

十四歲家住宇佐鄉下的吉村隆文說：「那是暑假期間，家裡人派我到鎮上商店去買東西。我記得，首先是驚訝，那天是第一次沒有空襲警報。到了商店，收音機開著，一位女士在哭。她告訴我，剛剛在廣播裡聽到日本戰敗的消息。我家沒有收音機，我沒聽見這個宣告，所以我接受不了日本戰敗的事實，因為我一直被教導說日本必勝無疑。我真的是特別困惑。我本來打算去當兵的。我父母是農民，可是我不想一輩子務農，當兵是我離開農村的出路。不打仗了，我該怎麼辦？我必須重新思考我的未來。」

十五歲的橋本一郎正在大分市周邊山洞裡的飛機引擎工廠工作，他記得那天中午的廣播：「不知道是他們製作錄音的時候沒處理好，還是怎麼搞的，反正，天皇的聲音很不清晰，聽不清楚他是在說『繼續努力』還是『放棄』。我們都沒聽懂這是終戰宣言。後來回到學校，老師告訴我們，戰爭已經結束了。就這麼簡單，他們沒有說日本戰敗了，只說是戰爭結束了。老師們好像沒有表現出什麼情緒。我那時候還是孩子，不知道該怎麼反應，是應該高興，還是應該難過。反正，我記得我沒什麼感覺。」

十八歲的矢野正明在大分市的炸彈製造工廠工作，學生工人被集中在一起聽天皇的宣告。他說：「一聽到說戰爭結束，我就知道美國贏了。我對日本的未來並沒什麼太多想法，只是期待著回到學校，希望老師不要再打我了。」

十四歲的佃哲男是在學校聽見天皇的聲音。他回憶說：「雖然日本戰敗，我當時是挺高興的。我想的是，不打仗，也許我們就能填飽肚子了。」

毒藥

別府的助產士友成鶴子說：「中午的時候我們聽見天皇的演講，我接受不了日本戰敗的事實，偷偷地哭了。」

在大分市醫院工作的護理師江藤信子，和大家一樣被通知去辦公室聽重要宣告。但是這個倔強的女孩拒絕離開崗位。她記得：「我們正忙著為受傷的人治療，我沒有時間聽天皇演講。下午，別的護理師告訴我，戰爭結束了，我們戰敗了。我腦袋裡瞬間一片空白。真是沮喪極了。當天離開醫院之前，護理師們被告知美軍很快就要來了。藥劑師把一個個皺巴巴、包著一點粉末的紅紙包發給我們，說：『如果發生什麼情況，把這個吃了。』紅包裡的粉末是毒藥。」

四個月前被派到鹿兒島軍醫院的護理師松本幸惠說：「終戰消息一來，一切都變了。醫生和護理師紛紛拔腿離開醫院。我們這些大分來的護理師也都開始準備上路。可是，離開醫院之前，我們被警告說，美軍很快就要登陸了，要是被他們發現，肯定會被強姦。一名醫生給我們每個人發了一個裝好毒藥的注射器。要是碰上美國士兵，被抓住之前，我們可以替自己注射。我們花了兩天半的時間徒步回到家，時間長了點，但既無驚也無險。我一直留著那管毒藥，可是現在不知道把它放在哪裡了。已經六十年了，我想，早就失效了吧。」說到這裡，她笑了起來。

作鳥獸散

分散在日本國內和亞太地區的日本官兵，陸陸續續得知終戰消息。在宇佐基地培訓過神風飛行員的湯野川守正上尉得知消息後異常沮喪：

我那時候在本島石川縣的小松基地，訓練飛行員使用新的櫻花二二型飛機進行神風攻擊。前一天我就聽說天皇要發表宣告。我把我手下的人聚集在收音機旁，可是因為音質太差，聽不清楚說的是什麼。但是，我們立刻知道戰爭肯定是結束了，只不過聽不清楚話是怎麼說的。

我向手下的人講了一番話，我說，大家都聽見天皇不得不說的話。看似戰爭已經結束，我們其實並不知道真正的內情。這場戰爭死了很多人，就這麼白白地死了？怎麼可能呢？也許天皇真的想停戰，但也可能是天皇周圍的一些人迫使他這麼說。因此，我們在採取任何行動之前，必須密切關注事態發展。不要輕舉妄動，鑄成大錯。目前大家最需要的是保持冷靜，等待事態明朗起來。

三天以後，八月十八號，部隊接到明確指示和行動計畫，我終於接受了戰敗的現實。八月二十一號，我們領了最後的薪水，我把手下的人送上回家的路。軍官們一起吃了最後一頓晚餐。我也已經決定好自殺。我訓練過那麼多飛行員，把他們送去執行自殺任務。一直以來，我被告知要努力再努力。但是結局卻是這樣的。[3]

然而，這位三月十八日在宇佐即將起飛，執行自殺任務，卻被美軍轟炸挽救了性命的神風飛行員，又一次得救，這次是因為他的指揮官。湯野川上尉正要自殺的時候，他的上司派人阻止他，並交給他一個最後的、重要的秘密任務，一個忠於天皇的人不能拒絕的任務。他的傳記作家做了以下的描述：

正當他準備把槍對準自己的頭部時，有人敲門說基地司令部來電，要他立即去司令部報到。二十分鐘後，他到達了基地司令部，遠山上校和中島正中校命他立刻出發，到四國的德島第二秘密空軍基地，面見青木武上校接受詳細命令。此時，沒有人知道天皇是否會被處決。日本傳統認為，天皇的血脈必須得到延續與保護。因此，即便天皇被處死，他的家人也必須得到保護。作為一個受人尊敬的、值得信賴和有能力的軍官，湯野川上尉被選中執行這個任務。於是，海軍總部發出機密命令，指示他加入保護皇室的使命。不消說，他接受了任務。

八月二十二日，湯野川守正的名字正式出現在執行神風任務的陣亡人員名單上。他像個間諜潛入地下，使用假造的身分，搬到本島西部的島根縣溫泉津。他在一個完全陌生的地方開始了新生活，因為這裡沒有人認識他。他告訴當地人，他的家人全部在廣島爆炸中罹難。五個月後，他收到消息，說天皇不會被判刑，皇室安全。他可以恢復正常生活。他潛伏在溫泉津時以假名認識了他未來的妻子。他很快回到位於本島東北部的家鄉山形市，用真正名字與新娘建立了家庭。4

戰後倖存的另一位神風飛行員是大分市的川野喜一。按原定計畫，他應該於八月十六日起飛。聽到天皇演講之前的一個小時，他還在與起飛執行任務的戰友道別，相信自己很快就會跟在他們身後赴死。他說：

我的好朋友之一是西森良臣。八月十三日他起飛之前把我叫到他的房間，要跟我交換軍服。我問他為什麼？反正再過三天我也是要死的！他說，他比我先死，他想穿一套比較新、比較乾淨的軍服去赴死。因為他是我的學長，我只能答應他的要求。終戰後，我回家的時候，其實是穿著他的軍服。我覺得這是神的祝福，我的軍服在戰爭中犧牲而不是我。後來，我想把他的軍服還給他的家人，可是找了好多年也沒找到。我只知道他來自高知縣。他們在那裡建立了一座紀念戰爭的博物館，我就把他的軍服送給了博物館。

八月十五日，我的另一個朋友上午十一點起飛執行任務。然後，中午，我們受命聽了天皇的演講。意識到戰爭結束的時候，我希望那個剛起飛的朋友會飛回來，可是他沒回來。那天，我心裡暗想自己沒死成，真是個不幸。我認為那些死了的人是幸運的。那時候，我們對日本前景會怎麼樣一無所知。那是一個非常扭曲的時代。

松本伊勢松在東京和其他衛兵聚集在一起，聆聽天皇的宣告。他記得：

我們是在皇宮外面的軍營裡聽到廣播的。當我意識到他在說什麼的時候，我的胸口鬱悶，幾乎快崩潰了。警衛隊當場就被解散了。一些還沒辦好正式入伍手續的年輕人被雇用來保護天皇。謠傳說，有一個指揮官和一幫人試圖組織一支秘密武裝部隊保護天皇，有可能的話，還要推翻政府。他們不願放下武器。據說，這不過是少數指揮官在喝酒的時候自己商量的。不過，我很快就發現這些傳聞不是空穴來風，因為有個指揮官跟我說，五年之內，他會跟我聯繫，仗還得接著打。我回答：「明白！」九月七日，我們都被遣散回家。我在火車站等火車回大神村的時候，看見第一輛美國吉普車。美軍已經開進東京，他們拿著相機，看見我們（軍人）就拍照。我會接到密令再接著打仗去嗎？那五年裡，我經常是提心吊膽的，生怕那個軍官來找我。謝天謝地，他從來沒有跟我聯繫過。[5]

前首相村山富市回憶說：

那天正好輪到我執勤，所以沒聽見天皇的演講。上級軍官在廣播結束好幾個小時以後才通知我們。一聽說終戰，我立刻就知道我們戰敗了，我們有些人都感覺一下子輕鬆了好多，因為我們早就看到不祥之兆。現在回過頭來看，日本這麼一個小國企圖把勢力擴散到中國那麼大的國家，簡直是膽大妄為。我和三個朋友立刻就一起回家了，等於是不辭而別，算是逃兵吧。當時，我並不知道大分市也遭到轟炸。回到大分看見一片焦土。從我們現在的位置，[6]因為地勢比較高，往市區看，整座城市全部被燒毀了。大約十天以後，大分市政府來信，叫我們返回熊本基地。部隊還沒解散呢，我們算是擅自離隊，受到軍紀處分。軍隊永遠按規章制度行事。雖然回去了，可是一天到晚無所事事，最後，我們終於被打發回家了。很簡單，沒人召集我們，沒人發表演說，鼓勵我們今後應該如何如何。一下子作鳥獸散，都走了。

終戰時，平野守在飛機維修工廠擔任技術人員，負責為神風特攻隊維修支援的飛機。他說：

我的工作性質流動性很大。特攻隊執行的都是有去無回的單程任務，一個基地的特攻隊員死光了，我們就得收拾好所有的工具，轉移到另一個還有特攻隊活動的基地去。天皇演講的時候，我正好在路上。上了火車，有人問我們發生了什麼情況，我們根本不知道。可是，很快就聽說戰爭結束了。雖然神風特攻帶給敵人很大的打擊，但是我早就知道戰事不妙。我心裡一下放鬆了好多——終於結束了。可是，這種話在那時候是不能對任何人說的，即便是已經終戰了。

當時駐紮在小倉的河村信雄說：

我沒聽見天皇的演講。很多人聽見了，但是我們好多正在服役的人反而沒聽見。那時候，沒有那麼多收音機，總部來電話，命令我們原地不動待命。沒有解釋，什麼都沒有，所以，我們連日本戰敗了都不知道。等到終於了解了實情，我實際上很開心。我早就知道我們是打不贏的，當然，我不會跟任何人這麼說。我們部隊的一些職業軍人逃跑了，因為他們以為美軍來了以後會逮捕、處置他們。大多數人不是職業軍人，我們都高高興興回家了。

之後的幾週內，在海外打仗的日軍部隊相繼得知了終戰的消息。大分47聯隊當時駐紮在印尼，分散在不同的島嶼上。牧修七上尉就是其中之一：

終戰的時候，我和我手下的士兵在松巴哇島（Sumbawa）。八月十五日上午，有電話通知我們，我第一個念頭是「笑話！肯定是個陰謀」。等明白這是真的，我哭了，因為心裡好幾種情感交織，一種是終於可以回日本了；一種是可是我手下死了不少人，他們永遠回不去了；還有就是我和我手下的士兵一起拚著性命苦戰了七年，我為他們感到遺憾。我想搞清楚為什麼我們戰敗了，可是沒人理我。一直等了十五天，我們才接到命令。八月三十一號，駐紮在附近的大分聯隊各隊聚集在聯隊總部，其中一名上尉燒毀了我們的聯隊旗。澳洲部隊來了以後，命令我們把武器、彈藥集中到一個指定的地點。但是，由於占地太廣，澳軍管理不過來，最後，他們叫我們自己決定怎麼處置我們的武器彈藥。我們在懸崖上把火藥撒了。我們在那裡住了快一年。澳軍不提供任何糧食給我們，我們自己種香蕉、玉米和蔬菜，盡可能地自給自足。當地的氣候合宜，種什麼都長得很快。我們還種稻米了呢。直到一九四六年六月我們才回到家。

來自別府的少年海軍無線電報務員中野次郎，在印尼南蘇拉威西省（South Sulawesi）的望加錫（Makassar）收到終戰電報。這時候，他已經是二等兵，在部隊總部的通訊部門工作。八月十五日那天，他是值班報務員，第一個收到有關終戰的消息。他說：「我簡直不敢相信我剛剛收到的消息。我告訴房間裡的其他人，我們都瘋了，在房間裡亂扔東西，大哭大喊地說這是不可能的。但是，這確實是真的，我們不得不接受這個事實。通訊部門與其他海軍和陸軍部隊一起被送到戰俘營。我被命令負責把武器，包括無線電設備，上繳給英軍的印度士兵。我的槍被繳械了，可是我還得負責站崗看管設備。戰爭結束之前，當地的印尼人和中國人對我們很客氣，見到我們會說：『先生，早安。』現在看到我們是手無寸鐵的囚犯，他們朝我們吐口水。我們在印尼待了將近一年，一九四六年六月才返回日本。」

47聯隊的中士兒玉尚正，幾乎被完全孤立在帝汶附近的另一座小島上。他記得：「我所在的那個大隊被分為九個中隊，我在第6中隊，我們中隊有大約兩百人。隊與隊之間幾乎沒有接觸。終戰後兩個月的時間，我們沒有收到任何人的消息。等到終於有人跟我們聯繫的時候，才知道戰爭已經結束了。剛開始我還以為我們打贏了呢，因為沒有敵人來繳械我們的槍支。離開那裡之前，我們把槍扔到海裡，這時候我猜想我們戰敗了。但是，好長一段時間在我腦子裡，我們並沒戰敗，日本也沒投降，只不過是戰爭結束罷了。」

宇垣纏的自尊

天皇向他的臣民宣布放下屠刀的幾小時後，宇垣纏海軍中將在大分市的海軍基地上演了一場對美軍的最後一次戲劇性神風特攻。四年前，他在大分縣佐伯鎮協助山本五十六上將奇襲了珍珠港；現在，他被委任為防禦九州入侵的總指揮。當時在軍工廠修理神風飛機的學生工人園田英雄記得，八月十五日那天：

我們正在休息，準備聽天皇的宣告，突然有人大聲喊：「起來！起來！快點快點！司令官下令最後一次攻擊！去吧，做炸彈配件！」

我們衝進工廠，兩個小時以後，在飛機下方安上炸彈。這段期間，我們聽說戰爭結束了，但我們別無選擇，只能幫忙把飛機準備就緒。我們是負責把炸彈安在飛機上的那部分，不能提出疑問，只能服從命令。我不知道那些神風隊員感覺如何，我猜測他們也沒反對。指揮官說：「我要去！」他們就跟著說：「那，我們跟你去！」

宇垣纏在日記寫下了最後一段：「今天的悲劇由各種各樣的原因造成，我認為我自己也必須負很大的責任。但最根本的原因是兩國之間擁有的資源有著巨大差異。我從心底希望，不僅軍人，所有的日本人都能克服今後會遇到的一切困難，比以往任何時候都要表現出本國傳統精神，盡力修復國家，最終為戰敗復仇。而我本人，即使在死神把我從這個地球上帶走，也會繼續為國服務。現在是一六：〇〇，我手下的人在等我喝訣別酒，所以，在此結束這本戰爭日記。」[7]

然後，宇垣纏與第5航空部隊總部的工作人員，一起喝了最後一杯酒，驅車前往大分空軍機場，手裡握著一把多年前山本海軍上將送給他的短劍。到達機場時，他看到十一架彗星俯衝轟炸機的引擎已經開始運轉，二十二名飛行員在飛機前排好了隊。每架飛機兩名飛行員；每人額頭上繫著傳統的、中間印有紅太陽的神風頭帶。他驚訝地看到這麼多人要參加這次最後的攻擊，因為他只命令了五架飛機與他同行。宇垣問：「你們都要跟我一起去嗎？」他們都喊道：「是，長官！」同時一起舉起右手。宇垣向他們致謝後，告別隨身工作人員，登上飛機。飛機上是他的第一副手和另一個堅持擠進來的人。飛機一架一架地起飛，向南飛往沖繩，消失在天際。這最後一舉顯示了傳統的日本武士道精神——點燃這場戰爭之火，並用最後的犧牲接受戰敗。

在飛往沖繩途中，宇垣纏發出以下信息：

> 儘管過去六個月以來，我指揮下的每個部隊都進行了勇猛的戰鬥，但我們沒能摧毀傲慢的敵軍，保護我們神聖的帝國，這是由本人缺乏能力而造成的。然而，相信帝國將永在，空軍特攻精神永存，我在飛往沖繩，那裡，我們的兵士曾像櫻花那樣失去了生命。我將撞入傲慢的美軍艦艇，體現真正的日本武士道精神。我指揮下的各單位都要牢記我的遺志，克服一切可能的困難，重建強大的武裝力量，使我們的帝國永遠長存。天皇，萬歲！時間：一九四五年八月十五日，十九：二四。飛機上。[8]

接下來發生了什麼仍然是個謎。一位美國軍事歷史學家報導說，那天稍晚時候沖繩美軍基地的雷達上出現了一批飛機。夜間執勤的飛機緊急起飛迎上去，經過證實不是美軍飛機，便將他們全部擊毀。美軍飛機、艦艇和地面部隊沒有受到任何攻擊。[9]大分報刊報導宇垣的飛機在沖繩北端的伊是名島墜毀，他和追隨他的神風飛機沒有一架得以對美軍進行攻擊。

美方報導說，二十二名飛行員全部死亡。然而，日本有報導說，三架飛機返回基地，五名飛行員生還。多年來，這五人中有人通過訪談講述事情經過，由於飛機的整備問題，引擎失靈，他們只好在中途折回。

川野喜一說：

原本只有五架飛機跟宇垣纏一起飛，但是因為這麼多飛行員自願追隨他，他們又補充了六架飛機。那六架飛機真的就是派不上用場，其中兩架因引擎故障很快就降落了。那四個人倖存。還有一架飛機在鹿兒島墜毀，其中一名飛行員當場死亡，另一名倖存下來。倖存下來的那個是我的朋友。

如果你提前聯繫他，他會樂意向你講述當時發生事情的經過。有好多年，他閉口不提那件事，因為最後一次飛行死了那麼多人，甚至於跟他同機的人也死了，他覺得談論那件事是對那些死者的褻瀆。不過，他現在終於看開了，他和其他倖存者對那次飛行感到恐怖，因為他們以為自己還在英勇作戰，根本不知道戰爭已經結束了，那些人死得毫無價值，太徒勞了。

他們上午十一點開始準備最後一次飛行。可是，中午，戰爭結束了。因為他們是皇軍的戰士，他們的天職在於效忠天皇。既然天皇宣布終戰，他們本來應該聽從天皇的命令。要是他們知道已經終戰了，就不會去做最後一次飛行的。我朋友說，儘管他沒聽見廣播的正式宣布，但他覺得將要發生什麼事情。可是一旦起飛，他也只能聽天由命了。他駕駛的是一架櫻花飛機，裝了兩噸炸彈。

終戰以來在日本，對宇垣纏的愛國主義和武士道精神頗有爭議。宇垣纏起飛之前，他手下一些人曾試圖勸他不要進行最後的攻擊，而其他人則在當時和事發過後，炫耀這是效忠天皇、維護武士道精神的典範。湯野川守正曾一度在宇垣纏手下任職，對綽號叫「黃金假面」的中將其人頗有了解。雖然對他行為並不感到驚訝，但是湯野川說，他與海軍中的大多數人一樣，對宇垣的行為感到憎惡。他說：「宇垣這種做法是可恥的。海軍中很多優秀人物都對他的行為極其不滿。戰爭已經結束了，這完全是不必要的犧牲。很多人，包括宇垣的頂頭上司小澤治三郎都很生氣。他若是自己一個人去死也罷了，問題是，他帶上了那麼多人，跟他去的人裡有的是我在海軍學校的同學。他其實應該切腹才對。」10

15 飢餓、困惑與恐懼

占領軍的計畫

為日本民眾以及軍方有所不知，早在沖繩戰役期間，美軍就開始擬定詳細占領計畫了。戰略部門有關人員準備了書面「機密」行動計畫，並經參謀長聯席會議批准。計畫將由聯合戰爭計畫委員會（Joint War Plans Committee）執行。到那時為止，儘管兩軍仍在持續廝殺，但最終結果則毫無疑義，日本全面戰敗只是時間問題。一九四五年五月的早期文件闡述了起草此計畫的理由：

一、日本在認識到戰局不可挽回的情況下，為了取得有利投降條件，並避免對其國家造成更多的破壞，盟軍必須做好準備，一旦日本投降、崩潰並撤出其占領地，立即占領戰略要地，確保日本接受所有投降條件，徹底放下武器。由此，有必要事先確定戰略要地及占領所需之軍力與資源。

二、本計畫的目的是確定需要優先占領的戰略要地。這份名單應是較為固定不變的。占領戰略要地所需軍力與資源，將以敵方部署和能力的變化而調整，並由盟軍可獲得的資源而定。此項事宜有待隨時討論修訂。

優先戰略要地按照以下標準確定：

（1）日本目前的政治、軍事和海軍中心

（2）日本工商業中心，特別是食品供應

（3）人口聚集地

（4）戰俘和拘留營的地點

占領區域分為三類：第一類是需要立即占領的「最起碼能夠控制軍事、政治和經濟」的區域；第二類是能夠「使第一類重點區域得到穩固，而本身亦是至關重要」的區域；第三類是那些非重要區域，可在「第一、二類重點區域之後，如有部隊可用時占領。」

顯而易見，第一類區域是東京和橫濱地區，這是日本發起戰爭的軍事、民事和帝國權力組織的中心。其他第一類重點區域包括，位於本島南端的工業重鎮下關、九州西部的福岡地區，以及位於本島的大阪、神戶和京都。第二類重點區域包括建有龐大軍事設施，位於本島中部的名古屋，這一地區還有戰俘營之嫌。另外，北海道南部的函館、九州西部的佐世保、長崎和本島南部的廣島也在這份名單上。

最後，第三類占領區域包括二十九個城市和地區。其中，四國島與九州島之間的大分－豐後水道（大分市位於豐後水道南側，遙望北側的四國島），是這二十九個城市中的第四位。報告簡要闡述占領這一領域的理由：

大分－豐後水道[1]

（1）軍事考慮：大分地區的空軍機場。

（2）經濟考慮：飛機裝配工廠；幾個大型水泥廠；位於大分市佐賀關町的重要銅冶煉廠；大分市是日豐本線與跨島鐵路線的樞紐；商業繁榮；無線電和廣播發達。

（3）政治考慮：大分市是大分縣的首府，一九四〇年該地區人口二十萬。[2]

起草這份報告時，太平洋戰場依然硝煙瀰漫；廣島尚未成為第一顆原子彈的引爆點；雙方都還準備在未來幾個月裡，進行殘酷的入侵與抵抗。報告雖然分析詳盡，但滲透著一種不確定性和對瘋狂民眾的不可信任感到深深的憂慮。一九四五年五月十六日，聯合戰爭計畫委員會的報告發出以下警告：

> 儘管目前我們無法預測崩潰或投降時，日本的狀況如何，占領部隊的存在很可能會引起憤恨。這一事實連同日本人在本質上具有的奸詐，強烈要求每個地區的占領部隊都有足夠的實力，以確保設施維護和通訊暢通，並有效地控制當地民眾。

美國人渴望控制日本，並且不許任何人、甚至盟軍的干預。一九四五年六月二十五日的報告指出：

> 美國在太平洋地區幾乎承擔了對日戰爭的全部責任。為了保證戰後在日本實行足夠的管制，以及對太平洋廣大區域進行戰後控制，美國國家利益要求我們在停戰以後扮演主導的角色。為了以上所述原因，美軍應優先占領日本、福爾摩沙（臺灣）、西南諸島和南方諸島。無論國際協議規定的盟軍部隊最終如何組成，占領部隊中如果列

入盟軍（少數人除外）可能會導致對行動計畫造成無法接受的干擾。

該報告繼續指定盟軍預期占領地：東南亞歸英國；如果蘇聯在戰爭結束之前向日本宣戰，在已經達成協議的滿洲和華北地區外，千島群島和庫頁島歸蘇聯；中國軍隊預計將控制除了滿洲和華北部分地區以外的中國。[3]

戰後計畫大致底定。七月二十六日，聯合戰爭計畫委員會準確地預測到日本投降的日期，如本報告的「假設」小節所示：

日本的軍事抵抗力完全崩潰，或高級司令部無條件投降的時間有兩個可能：（1）一九四五年八月十五日左右；（2）（一九四六年）一月十五日左右。在孤立的情況下，地方指揮官將繼續抵抗，日本當地民眾會採取破壞行動。

該計畫設想，日本崩潰或投降後，向日本帝國高級司令部發出命令，要求採取以下行動：

一、除警察以外的所有日軍部隊留在目前的位置，解除武裝，所有武器由占領部隊接管。

二、四十八小時內，必須向占領軍提供所有軍事基地位置及戰力清單，包括所有飛機、海軍艦艇、雷區和戰俘營。

三、所有軍用船隻和飛機不得被損壞並留在目前的位置。

四、所有地雷、雷區等障礙物將在十四天內被清除。

計畫預計，德國投降之後，從歐洲撤出的美軍部隊將作為占領軍派往日本。如果戰爭在八月十五日結束，預計沒有足夠的力量占領包括大分在內的九州島。因此，最可能的情況是占領部隊在一九四六年一月中旬抵達九州。[4]

就在美國人籌劃占領日本各地時，遭到連續不斷空襲的大分縣老百姓依然無法想像會被占領。當地領導人，通過軍方嚴格控制的媒體，繼續鼓勵他們為最後的勝利做出最大犧牲。突然間，正如美國情報所預測的，天皇在八月十五日的演講打破了勝利的泡影。終戰雖然解除了抵抗美軍入侵，和繼續為天皇而死的直接威脅，隨之而來的將是什麼呢？死於另一種方式？眼睜睜地看美軍強姦婦女？投身外國勢力，失去作為日本人的權利？失去以日本人的思維方式決定一切？失去以日本傳統的方式生活？

恐慌

天皇宣讀《終戰詔書》翌日，《大分合同新聞》搖身一變，摒棄了一直以來不遺餘力地鼓吹的戰爭立場，開始支持終戰，並指點民眾想像和平。八月十五日的主要新聞為百姓指點迷津，解釋為什麼必須停止戰爭。〈感激終戰詔書〉一文在讚美天皇「超常」的宣告和略述《波茨坦宣言》內容後，指出：「雖然日本的初衷是計畫通過戰爭建立一個和平的世界，然而局勢日益惡化，直到在原子彈爆炸中犧牲了眾多無辜百姓。繼續作戰意味著我們國家和文明的滅亡。」文章勸戒所有公民按照天皇指示，「全力以赴，以集體的力量努力重建國家。」[5]

但在現實生活中，全國各地的百姓陷入飢餓、困惑和恐懼之中。戰爭最後兩年，糧食短缺已在增長。所幸大分縣內生產稻米和蔬菜，加之政府補助，尚未造成飢荒。日軍中許多高級軍官，甚至中級軍官，認識到了繼續戰爭是徒勞的，但因為沒有人敢大聲說出來，所以老百姓對戰敗的慘重程度一概不知。猛然得知日本戰敗，引起民眾中令人震驚的焦慮和混亂。

對美國的意圖和占領軍何時到達一無所知，大分市民每日誠惶誠恐。他們當然不可能知道大分是第三類占領地。恐慌的人們，特別是婦女，第一個反應是逃跑、躲起來。大多數人不像那些收到「保潔自身」毒藥的護理師那樣，一旦被美軍抓住可以立即採取應對措施。她們只有自己的力氣和雙腿。柳瀨陽之助回憶起他家裡發生的事情：

從八月十五號至八月底這十五天裡，大分公民沒有收到任何明確的消息。人心惶惶，謠言猖獗。有人聽說美軍已經兵臨城下；有人被告知美國人三天以後到達別府灣，大家怕得要命，想像美國人會對婦女和兒童下什麼樣的毒手。他們把婦女和孩子送到山裡藏起來。八月二十日晚上八點，我姐姐、妹妹、母親和一個鄰居離開家，去離我家大約五十公里的安心院。我們幫忙準備了她們背得動的和服和個人物品，送她們上路。一行人馬不停蹄地徒步走了十個小時。那時候沒有手電筒，黑漆漆的山路肯定特別難走。她們後來說，當時害怕極了，倒不是怕美國人，而是山路黑得特別可怕。她們一路走一路哭，我姐姐十七歲，妹妹十四歲。第二天早上到安心院以後，她們聽說別府沒事，美國人不但沒來，而且一時半會來不了。她們在安心院待了一夜，又馬不停蹄地走回別府。

九十九歲的大野政子說：「終戰以後，很多傳言說美國人來了以後，會欺凌未婚婦女。大家害怕得不得了，我的家人和一些朋友都跑到山裡躲起來，有的躲了三天，有的躲了一週。我反正是個結了婚的人，所以我留下來，可是我把未婚的女兒送到鄉下。一直到我們聽說沒有什麼好擔心的，美國兵也沒來，才把她們叫回來。」

八月十五日之前，橋本一郎在大分市軍工廠製造魚雷。停戰之初，全家人焦慮地觀望時局。謠言說美國人已經到達大分城外時，橋本一郎和家人匆忙地跑到山裡投靠親友。「最後我們聽說城市沒有危險，美國人並沒來。我們是在一週以後回到市裡的。一些人在外面躲了很長時間。他們沒回來不光是因為害怕美國人，也是因為市裡沒有吃的。他們覺得在農村至少能有飯吃。」

以物換食

那時，大分縣在日本是一個相對貧窮的地區。這樣一個小地方為戰爭投入了那麼多資源。結果，大部分基礎設施遭受美軍轟炸而被摧毀。政府陷入癱瘓，百姓只好自求多福。人們把家裡能賣的東西賣掉買食物，或者是用衣物、食鹽、珍貴的美術品、古董或是傳家寶換取食物，最需要的首先是稻米，接下來是小麥和大豆。蔬菜稀缺。有人釣魚、有人在野外尋覓可食用的野生植物根莖和漿果。學校操場從運動和遊樂場地變成菜園，孩子們在這裡種馬鈴薯，收穫時，每個孩子都能領到一點。

提起那段時光，後藤豐喜的記憶仍然是痛苦的：「終於，我們看著美國人開進大分。可是說老實話，我們根本沒心思關注他們在幹什麼。那時候，我們完全自顧不暇，一天到晚光是琢磨今晚或是明天吃什麼。我的父親已經去世了，我年紀還小，不能賺錢養家，我的家人老是挨餓。說起來都難以置信，有時候一天全家只有一個番薯；有時候有點稻米，就碾成粉，做成米糊來吃。戰後，飢餓持續了好幾年。隨著日本的經濟復甦才好起來。」

大野tokie（トキエ）記得：「戰爭的大部分時間，特別是到了最後，然後是占領期間，城市裡的人沒有吃的。我和我母親把她的和服拿到農村去換糧食。那時候，通常有兩種和服，日常穿的，和比較講究、時尚在婚禮和節日穿的。鄉下農民喜歡日常穿的和服。我們把和服打包，捆在背上或頂在頭上，徒步走到鄉下，用和服跟農民換糧食。這種事都是女人去做的，因為男人拒絕做這種事情。不記得一件和服能換多少稻米，反正並不多。而且，一家只要一兩件，這是供需關係。回想起來，那些農民也挺狡猾的。他們把和服存起來，後來賣了。好多人都利用我們發了災難財。」

反之，農村的人把與陌生的城市人之間的以物易物，當成純粹的商業交易。園田英雄在農村長大，他似乎感到那是對城市人的一點小小報復。在農民眼裡，戰前，城裡人生活舒適，而農民每天都在努力耕作。他回憶說：「我家是農民，所以在戰爭期間和戰後都沒有感受過糧食的緊張。我們全家人都得下田工作。我從上小學的時候，就開始下田工作，很少有時間跟別的孩子一起玩。即使在春假和暑假期間，我也得帶著便當下田。城裡的孩子，至少在戰爭的大部分時間裡，都能上學、跟朋友一起玩，還能享受假期。城裡沒東西吃了，他們只好到我們這裡來要飯吃。」

中野秀勝記得，對他的家人來說，城裡的買家和農村的賣家都沒感到不愉快，至少從一個小男生的角度看來。這也是因為跟他家人來往交換物品的大都是親朋好友。他說：「城裡的人帶和服和鹽來換稻米。我不知道和服是存起來賣掉了，還是做什麼用了，對我們來說最重要的是鹽，因為我們總是在醃東西，需要很多很多鹽。有些人是我們家親戚朋友，所以我家人就想盡力幫助他們，他們得帶著衣物和鹽，徒步十幾、二十公里到我們這裡來。後來我去城裡上學的時候，他們都歡迎我到他們家去。」

占領軍到達的第一年裡，政府建立了食物配給中心，市民可以到中心領取少量食物，如麵包、糖、海鹽、稻米和番薯。中心還有啤酒，實際上是用大麥製成的仿製品。社會上幾乎沒有偷竊、搶劫食物的現象。六十多年後，當被問到這個問題時，問題本身引起了受訪人的質疑。柳瀨陽之助說：「我不記得任何偷竊現象。黑市倒是有的。但是我沒法想像，大家都在受苦，誰會想到去偷跟自己一樣一無所有的人。我的記憶是有了東西大家都會分享。」

一位母親的自尊

對那些丈夫或父親在戰場陣亡、在農村又沒有親朋好友的家庭來說，日常生活有可能變得絕望。那時候，自殺是常態，有自殺想法的人更多。高松右門出生在韓國。他父親加入日本軍隊之前，在那裡經營一家捕魚公司。他在戰爭中活下來，但重病纏身，四口之家被迫返回日本。他說：

離開韓國的時候，我們只能帶些隨身的東西。所以回到日本，必須從零開始。我們沒有土地可以種稻米或番薯，所以只能用帶回來的東西，比如和服，換取食物。我母親的和服很快就換光了。我們回到日本不久，我父親就去世了，然後祖父也死了，隨後是我祖母。就只剩下我們三個人——我的母親、我和弟弟。其實那時候，政府對我們這樣的家庭是有補助的。可是我母親很倔強，她說，戰敗是軍隊的責任，但是我們老百姓也全力以赴支持過他們。老百姓當然不知道戰爭是怎麼開始的，可是一旦開戰了，我們的職責就是不惜一切代價保衛自己，所以，我們每個人都應該對戰爭的結果負責。她認為用別人的錢養活自己是不對的。

那時候，動不動就聽說有人跳到火車前自殺。因為生活實在太艱難了，我母親覺得我們也就只有這一條路。有一天，她把我和弟弟帶到了火車鐵軌旁邊，我五歲、弟弟三歲。可是在最後一刻，她改變主意。後來，她帶我們去過好幾次，可是每次都放棄了。每次都決定一定要在沒有政府支援的情況下活下去。她白天在別府街上賣甜食，晚上教縫紉，一般每天晚上只睡兩、三個小時。她四十八歲就去世了，是過勞死的。最後，我母親犧牲了自已的身體和靈魂，為了國家，把她的孩子撫養成最好的公民。

護理師的記憶

終戰以後，助產士友成鶴子和其他年輕的助產士，像大多數年輕女子一樣，逃到別府周圍的山裡。聽說美國人沒來，就回到診所繼續接生嬰兒。但是設備和藥物供不應求，醫療服務混亂。她回憶說：

因為戰爭後期缺乏食物和醫療用品，很多嬰兒沒能存活。許多孕婦來到診所的時候身體非常虛弱，由於缺乏營養而導致血壓高或腎臟虛弱，而我們也沒有藥物可以挽救她們的性命，就那麼眼睜睜地看著她們等死。另外，印象最深的是，那段時期我們接生的嬰兒中有很多「無腦兒」。這個現象延續了一年多。這是在終戰以後，戰爭時期這種情況很少見。我個人認為，那是由於戰爭期間長時期的糧食短缺造成的。一九四四年到一九四五年懷孕的人是一九四五到一九四六年生產。這段時間是糧食最緊繃的時期。恰巧就是這段期間。不過，這只是我個人的看法。

從鹿兒島回到大分的松本幸惠說：「九月，回到大神村以後，我在一家醫院裡做外科護理師。直到現在，一想起鹿兒島軍醫院的那些傷兵，我就心痛不已。我見過刺刀從右肩捅下去一直到腰椎底部，和其他可怕的戰傷。傷兵到醫院的時候，全身纏著白色的繃帶。我們得特別、特別小心一點一點地剝掉繃帶，用熱水消毒，每天重複這個過程。那時候，沒有消毒劑。那些還穿著海軍或陸軍制服的軍醫從戰場上回來，教我們怎麼處理戰傷。我們都在實踐中受過如何最佳利用有限醫藥用品的培訓，這對日本的下一代來說是難以想像的。一九四七年是第一次嬰兒潮，我轉到產科。有兩年多的時間，因為設備有限，我們在戰時的防空洞裡和民宅接生嬰兒。我對這段時間的記憶是有趣、艱難和悲傷。一九四九年，裕仁天皇在為發動戰爭向九州民眾巡迴道歉的途中，訪問了我們醫院。」

16 占領軍進駐

相互了解

一九四五年八月二十九日，《大分合同新聞》頭版在題為〈今秋，占領軍大部分住在帳篷，修整日本港灣和道路〉的文章中報導，儘管到目前為止，日本與登陸部隊「充分合作」，占領軍仍然預期可能會受到騷擾，因此合作很重要。報導說，占領軍的首要任務是恢復鐵路交通、大規模修繕道路，以便運送重建所需的大型設備。美國人表示，將從日本以外的地區進口大量設備。文章向當地居民保證，在建設正式軍營設施的同時，大部分部隊將住在市外的臨時駐地。占領軍人數可能會高達五十萬人，需要五個多月時間陸續進駐日本。[1]

此時，日本民眾繼續將天皇捧為神明。由於占領軍抵達後將如何對待天皇尚未明朗，也許是皇室官員和天皇新組的政府官員，試圖展示天皇的美德，並表示願意與宿敵合作，終戰後不過兩週，八月三十日的大分報紙報導，為了重建日本，在年底前建造三十萬戶民宅，天皇賜予御林中一百萬立方公尺的木材。政府發言人勸戒民眾「感激天皇體貼」、「互相配合，加快各個方面的重建速度」。[2]

九月三日，在密蘇里號軍艦上簽署投降書翌日，大分報紙頭版頭條報導：「重光和梅津全權代表在美國海軍艦艇簽署投降書」。為什麼要強調簽署人的名字？看來，這些忠於天皇的追隨者雖然被打敗了，仍然為自己家鄉的佼佼者而驕傲。文章中提醒人們，代表日本天皇出席終戰最後一次正式儀式的人是大分子弟。[3]

十月上旬，第一批美軍抵達大分。十月十一日，當地報紙以〈互相了解：美國軍官會見別府市長〉為標題，報導了貝克上尉、斯旺森上尉及兩名副官與末松市長，於十月八日晚間八點，在八坂別莊首次見面。文中說，末松市長表示，這次見面「是非正式的，目的是開始初步互相了解」。文中道：「美國人的軍糧和日用品全部從美國運來，為的是不給駐地的日本民眾增添麻煩。」[4]第一批美軍人員離開別府，前往縣內其他地區進行考察時，縣工商會召集縣內各地製造商和商家，在別府商議開發「典型日本風格」的紀念品，賣給即將抵達的占領部隊。[5] 十月十三日，新近登陸日本的海軍第28陸戰團的十七人先遣隊抵達大分。十四日，柯林斯上校指揮下的三百名美軍士兵，搭乘火車從九州西部的佐世保出發到達大分站。他們受到大分縣中村縣長、大分市三好市長，及其他大分官方代表的歡迎。士兵在車站廣場整齊列隊，前往幾週之前還是「少年飛行員學校」的臨時駐地。軍官則在距離大分市十五公里的別府市鶴田酒店下榻。[6] 這三百名士兵來自第28陸戰團第5坦克營A連，之前駐紮在港口城市佐世保——戰時日本的大型海軍基地。

這天是週日，士兵走出營地，遊覽大分市和別府市。有的人查看戰爭遺留下的斷垣殘壁；有的人為家人購買紀念品；有的人去教堂做禮拜。當地媒體報導：「到處都是愉快的場景」。同一天下午，位在福岡由雷伊・魯濱遜（Ray A. Robinson）將軍指揮的司令派遣、以波特少校為首的美軍官員，在九州軍需監理部橋上中尉陪同下，搭乘火車到達別府市，住進鶴田酒店。稍事休息後，一行六人開始視察別府周邊軍事場所。十五日，視察了別府港之後，他們前往佐伯鎮仙崎。

十六日上午，美軍人員在當地政府負責人的帶領下，遊覽了別府的溫泉。當被問及對溫泉遊覽的感想時，波特少校按照當地禮儀，禮貌有加地說：「別府溫泉馳名日本是眾所周知的，我早就希望有一天能來這裡觀光。別府溫泉確實名不虛傳，我希望將來有機會到這裡來度假。」那天晚上，美軍人員應邀在清風酒店西餐廳，觀看了日本傳統舞蹈表演。美國人送給舞蹈團的禮物是巧克力、餅乾和口香糖。當地媒體報導，舞蹈團成員用英語「謝謝你」表達了他們的「感激之情」。[7]

十七日，波特少校一行在橋上中尉的陪同下，前往其他城市視察。同時派出偵察隊踩點，選擇建立總部的最佳地點。每到一座城市，他們與地方政府官員接觸、會晤，為順利過渡到美國占領時期打下基礎。

需要解決的首要問題是食物。美國人到達伊始，親眼看到大分市民需要食物。但在最初的幾個星期裡，要讓每個人都有飯吃，他們還做不到。至少在可預見的未來，人們必須自力更生。史蒂芬・富克斯（Steven J. Fuchs）在對占領期間的研究中做出以下總結：

糧食短缺，迫使工人遷徙到農村尋找食物、住所和就業機會。工廠維持勞動力頗為困難，由於糧食短缺導致工人口糧減少或完全停止，這是由糧食配給制度造成。六年以來，口糧不足造成工人在工作時表現出「精神不振，長期營養不良使得工人不能在崗位上堅持工作」。工作人員「缺勤」、「請假」現象普遍存在。因為，工人不得不想別的辦法尋找食物。一九四六年，食物占家庭預算大約百分之七十，因為黑市採購食物和通貨膨脹吞噬了工人薪水。[8]

占領初期，美軍對解決民眾飢餓的問題投入甚少。隨著與日本各界接觸收到的樂觀反應，美軍認識到，先前對日本國內會出現游擊反抗的擔心，是毫無根據的，十月十四日，占領軍確認了糧食危機，著手解決百姓日常生活問題。麥克阿瑟將軍下令進口食品和紡織品，特別是稻米、小麥和棉布。據當地媒體報導，否則「嚴重糧食短缺的持續將會影響到土地開發與耕種、改善土地、開墾湖泊以及經濟發展」。[9]

為美國人工作

大分報紙報導，截至一九四五年十月中，雖然許多前士兵在農業、漁業和製造業等行業中就職，但仍有其他復員士兵待業或求職。例如，宇佐所處的國東地區有三千五百名復員士兵，其中兩千八百一十人在農林水產部門找到工作，尚有六百九十人失業。內田署長帶領政府職員夜以繼日地工作，聯繫周邊兩百個工商企業幫助復員士兵求職。

此外，占領軍開始雇傭日本勞工。一部分人為將要進駐的部隊修建軍營；另一部分修復被洪水沖垮和被炸毀的軍用道路。不久，快速修復的道路使美國重型軍事車輛得以開進該地區。與此同時，鐵路修復工作也在進行。美軍還開始盤點過去日本的軍事設備。[10]一九四六年底，別府的長期占領總部成立時，不少復員士兵和新近畢業的高中生在那裡擔任勞工、木匠和廚師。谷彰回憶說，高中畢業後，「我在美軍駐地工作了兩年，直到軍營關閉。前六個月負責清潔和準備食材，之後升任廚師。我被提拔為廚師是因為我擅長按照美國人喜歡的方式切肉。但他們仍然不完全信任我們。廚師裡面有兩個日本人，但我們兩人從來沒有在一起當過班，總是一個美國廚師和一個日本廚師一起工作，從來沒有兩個日本人在一起過。我的薪水是每個月一萬三千四百日圓，而且每天三餐免費。那時候，剛剛高中畢業的人平均薪資每月大約三千五百日圓。我的薪水很高，朋友們都羨慕我，我家人也很開心。」

隨著占領軍逐漸安頓下來，當地食物供應狀況漸漸有了轉機，就業機會也增多。最關鍵的是，當地民眾看到，占領軍並沒有欺凌婦女的行為。雖然美國人和日本人之間相互的信任有待增強；雖然在許多方面的關係仍然頗為緊張，但是他們已經有了一個良好的開端。

清查違禁品

儘管占領軍和平進駐日本，美軍遵循早先的占領警告，保持著高度警惕，隨時準備對付可能發生的抵抗和破壞活動。占領軍進駐大分市後的第一個行動，就是對學校、寺廟、神社和民宅進行了突襲搜查，搜索沒有上報的刀劍、槍枝、技術工具和文件。占領軍認為，信任所有的當地人還為時尚早，採取這類行動既可清查隱藏的武器，又可以嚇阻那些心存報復的人。

園田英雄記得美國士兵來到他家的那一天：「美國人抵達後不久，就在大分市挨家挨戶搜查。有一天，兩個士兵來我家，打開櫥櫃和所有的抽屜，查找武器或非法出版物。他們履行職責的時候倒是挺有禮貌的，也沒有吵吵鬧鬧地亂扔東西。當然了，他們沒發現任何可疑的東西。但是我們對他們很生氣，因為他們沒有脫鞋就進屋了！這兩個人……」想起這件事，園田英雄還是氣呼呼的。

這些搜查基本上沒查出什麼違禁品。事實上，大多數人自願交出了所有列為違禁品的東西，搜查很快就結束了。

接下來的幾個月裡，更多的美軍來到大分地區。但是對於老百姓來說，誰控制他們的社區並不重要，大多數人只是專注於養家糊口，並熱切地希望盡快恢復戰前的生活常態。[11]

修改教科書

此時此刻，教育界經歷了一個巨大的、並且是完全必要的腦筋急轉彎。戰爭結束時值暑假。十月初，一九四五至四六學年第二學期開學時，學生們回到課堂，一切都變了。幾週前，戰爭尚未結束，老師還在念茲在茲教導學生，準備為天皇赴死，而現在，教科書中天皇的照片消失了，所有涉及戰爭的文字被刪除，軍訓課程取消，操場還原為用來上體育課、打球或是種蔬菜，美術課內容亦是煥然一新。

終戰之前的六個月裡，十四歲的吉村隆文躲在宇佐的寺廟和神社上課，因為學校擔心校園目標太大會被炸毀。投降後，他和同學回到學校。他說：「我記得最清楚的是，我們不再進行軍事演習了。另外，教育內容也變成百分之百的學科課。不過，那時候沒有政治課和歷史課。那是一個過渡期，例如，戰爭的最後一段時期大家都很窮，沒人有好衣服穿。十月開學以後，男生還穿軍服上學，我們都一無所有。可是有一天，發生了一件事情，讓我意識到生活已經開始改變了。戰爭快結束的時候，一些鹿兒島來的高中生，在宇佐的軍工廠製造大炮。終戰後，他們在離開宇佐回去鹿兒島之前，到我們學校來，舉行了一場音樂會。他們走進學校的時候，我們都大吃一驚，他們都穿著戰前的校服，一個個看上去真有精神！就在那一刻我意識到時代變了。不久以後，我們在學校排演了一齣話劇。戰爭期間，所有的戲劇都必須是跟打勝仗有關，但這場戲完全不同，這次我們排演的是《國王的新衣》。」

時代確實是變了。

終戰使佐伯的武田剛得以探究他感興趣的一個新的政治理念：「我們從工廠回到學校以後，教育內容已經經過修改。老師開始向我們介紹民主這一新的政治理念，我對學校這種急遽的變化印象特別深。也許是因為反差太大了，我們這一代的好多人對新的政治觀點感興趣。我個人對新憲法尤為關注，報刊報導新憲法草案的時候，我看得特別仔細。新憲法草案是效仿美國憲法起草的。我知道，要是日本人自己寫憲法，還不是會發生跟以前一樣的災難，所以，我對新憲法特別關心，仔仔細細地研究過。」

相反地，從上海回到別府的時間並沒有很久的南里俊策，對美式風格的民主頗為反感：「我不喜歡他們（美國人），因為我向來是被這樣教導的，也是因為日本戰敗了。戰後，在別府上高中的時候，外語課我選修的是德語，而不是像大多數人一樣選修英語。我還參加了反對美國占領的學生運動。我們學校不少老師是日本共產黨員。那時候，日本教師工會是由日本共產黨控制的，每個學校都有共產黨支部。有些學生也參加了共產黨。雖然我沒加入共產黨，但是我跟好多同學一起參加他們的政治集會。通過這些集會，我們了解到，政府把日本推向邪惡，我們必須改變日本。」

對於不少教師來說，政治急轉彎令人難以接受。多少年來，天皇是日本的神明，為天皇和為國家的絕對獻身精神是每個日本人的本分。這是他們從年幼時就接受的教育，當了老師以後，他們又如此這般地教導自己的學生。在他們心目中，這就是真理。他們在教導學生時，並不是照本宣科，而是滿懷激情。當兵之前，每天早上向學生誦讀《教育勅語》的老師河村信雄，終戰後返回大分縣重操舊業。但他不能面對新的現實。他記得：

戰爭結束離開陸軍以後，我很快就變得非常困惑，變化實在是太大了，我無法承受，精神上整個崩潰了。我請了一年病假，因為我不能接受新課程的內容。我對我曾經教授的軍國主義觀念是堅信不疑的，現在叫我教他們民主觀念，那怎麼可能？

可是那時候，受過正式訓練的教師奇缺，學校一再叫我回去教書。一九四六年，我回到學校，發現戰爭期間使用的教科書裡，某些部分被塗上黑色，尤其提到天皇的部分。對我來說，那可真是艱難啊。不過，慢慢地，我開始想通了，不久之後開始對社會主義的一些新觀念產生興趣。可以說在一年之內，我從一個右翼教育工作者變成了一個左翼教育工作者。

然而，對有些人來說，出於某種意圖，見風轉舵輕而易舉。佐伯鎮的神田稔回憶說：「終戰前，我們學校的一位老師向當局報告說，我的家人不可信任，因為我祖母保留了幾張美軍撒的傳單。戰爭結束以後，那位老師跑到我們家來，大談民主。但我祖母恨他，所以不理他。他是那種臉上老是笑咪咪的，但是是個專門落井下石的機會主義者。他來找我們的真正目的，是想讓我們投資他的公司。我們拿他和學校的另外一位女老師做對比。那位女老師對於從軍國主義理念轉變到民主制度理念很不理解，但是她開誠布公地跟其他人探討這些問題。大家都尊重她的誠實，討厭那個機會主義者。」

17 苦澀歸鄉

遣散回鄉

終戰時，日本士兵分散在國內各地的軍事設施，以及太平洋各個區域。在日本的士兵，如駐紮東京的松本伊勢松、小倉的河村信雄、熊本的村山富市（擅離職守，但在美軍到達前歸隊）和還在火車上的神風飛機工程師平野守，都被迅速遣散回鄉。美軍在起草占領計畫文件時，特別提到如何處理擅離職守的士兵的問題。

為了準確統計人數與其他訊息，占領軍要求：自行離隊或被無授權者遣散的士兵，要在規定時間前往指定中心報到、登記，時間與地點由陸軍總部或駐地總部決定。自動報到者不會受到擅離職守，或違反其他規定的紀律處分，但不遵守者將受到嚴厲懲罰。[1]

然而，在國外打仗的日本士兵，像大分47聯隊牧修七、兒玉尚正，以及少年海軍報務員中野次郎，很長一段時間以後才回到家鄉。這些人乘船回到日本，在占領部隊的監督下完成遣散手續。美軍占領計畫中「遣散管理條例」（Administrative Provisions for Discharge）規定，士兵按專業技能分類，以確保他們能盡快返鄉：

某些類別人員可優先遣返，包括：

（1）特定機構的公務人員
（2）運輸行業服務人員
（3）農業人員
（4）特定級別的建築人員
（5）由占領軍指揮官指定的其他專業人員[2]

占領軍對被遣散的士兵進行了詳盡的技能評估，按照士兵或文職人員的等級，分別發放直到遣散日為止，外加半個月的薪水。除了允許保留某些軍事用品外，每人領到了食物、衣物和一袋日用品，供返家途中使用。此外在臨行前，占領軍發給「每人一張從遣散地回到家鄉的通行證」。以下是發給每人的衣物：

（1）每人在被遣散時可領取以下免費衣物：

一頂軍帽
一件軍外套
一條長褲
一條皮帶及皮帶扣
一雙靴子或鞋子
一對吊帶（如果有意願）
一件大衣
兩件襯衫
兩條內褲
兩雙襪子
兩條手帕

（2）除了上述衣物，每人可領一條毯子。

（3）如果上述（1）和（2）中物品不足，可在當地商店購買分發（如果能夠買到的話）。

（4）返鄉之前，所有標誌應從被保留的衣物中除去。[3]

以下書面指示發給每個被遣散士兵：

一、已發給日本軍方為你對日本軍方提供服務的最後薪水，包括直到離隊當天以及其後半個月。

二、抵達目的地後，必須攜帶「遣散證明」到當地警察署報到，你會收到：

（一）居民身分證。

（二）當地就業辦公室登記說明書。

（三）拒絕到警察署報到，將受到調查與處罰。

三、不到警察署出示「遣散證明」，你將不允許登記就業，也不會收到口糧衣物配給卡。[4]

尷尬的團聚

縣內各市、鎮、村裡的父母、妻兒、兄弟姐妹對他們的兒子、丈夫、父親和兄弟引頸期盼。有的，等待了很久；有的，等待則是永遠的。中野秀勝說：「戰爭結束時，我們村的人首先想知道的是，這些人什麼時候回來？或者是，會不會回來？我們村有不少人去打仗了，所以大家都在等著他們。但是，有的人死了，有的人失蹤了。有的孩子出生以後還沒到懂事的年齡，父親就出征了。所以，他們從來不知道自己的父親長什麼模樣。」

因為沒有死亡通知，誰也不知道自己的親人會不會回來。有的人等了很長時間，而最終得到回報。谷彰記得他哥哥的歸來：「我的三哥本來是在滿洲的一家工廠工作。他在那裡被徵召。戰爭結束的時候，他怕被抓就自己逃走了。他在中國從一個地方躲到另一個地方，最後終於上了一艘返回日本的船。當時我們不知道，都以為他死了。有一天，他突然出現在我們家門口。他走進來說：『我回來了。』我父親是第一個看到他的。他吃驚地大喊了一聲我三哥的名字，然後趕緊召集大家。他對我哥哥說：『文岡，我們都以為你死了！』」

有一天，湯谷貞義的母親告訴他和他姐姐，他父親要回來了。七歲的湯谷貞義跟著母親、姐姐和祖母一起到大分車站去接父親。他記得：「這是我人生中第一次見到我的父親。我的姐姐對他說：『歡迎回家。』我很害羞，躲在我母親後面，什麼也沒說。他被關在新加坡戰俘營，是帶著瘧疾回來的。」

幾個月以前，還一心想當兵為國家獻身的孩子，現在看到回到家鄉的士兵，走在街上穿著曾經無比驕傲、現在破爛不堪的軍服。他們還看到有的士兵在街上乞討，甚至跟宿敵乞討。佃哲男說：「實際上，一方面，日本兵憎恨美國兵，當然他們不能直接表現出來。可是另一方面，他們之中有很多人又特別喜歡抽美國香煙。美國兵給他們香煙，他們就拿。這是一件非常悲哀的事。」[5]

總的來說，人們對戰敗返鄉的士兵懷著含混不清的情感。畢竟，這些被打敗的人做出了極大的犧牲。當時十五歲的橋本一郎記得看到這些人返家時，感到欽佩的同時又十分悲哀。他說：「看見士兵回來的時候，我的第一個念頭是『您辛苦了！』我家住在大分車站旁邊，所以有些人會在我們家住一個晚上。那時候，大分車站周邊大部分房子被炸毀，還沒有修復。我家是那一帶唯一完好的民宅。他們都是很長時間沒有吃飽飯了，我們就盡量讓他們多吃點。」

可是，不是每個人都有這樣的好運氣。老百姓自顧不暇，沒有精力、能力和心情去歡迎任何人，更不要說是戰敗歸來的士兵。當時的高中生高屋達回憶道：「他們就那麼灰頭土臉地回來了。有的士兵跟我說，他們離開家鄉奔赴戰場的時候，大家都一邊歡呼一邊唱著歌歡送他們。可是回來的時候，什麼也沒有。大家對他們都特別冷淡。」

佃哲男說：「他們回來沒有人列隊歡迎他們。他們零零落落地回到家，好多人有心理問題，躲在自己家不出來，不跟大家接觸。他們的朋友戰死了，可是他們活著回來了。這對他們來說是可恥的，所以他們就默默地在家裡待著。沒躲在家裡的人找工作也很困難，他們只能堅持找，不放棄。有人當了木匠，還有當老師的。但是，即使是這些人也都閉口不提戰爭中發生的事，就這麼保持沉默，十年、二十年、甚至幾十年。」

宣布終戰以後，宇佐空軍基地能飛的飛機都立刻飛走了。當時的國三學生舟木淳一記得：

不能飛的被拆卸成空殼，零件拿去出售。有一天，我和同學走在基地附近回家的路上，看到一架飛機準備降落在被遺棄的基地跑道上。我們停下來觀望，因為跑道上到處都是炸彈坑，我們走向跑道，一邊議論著這架飛機能不能著陸，是美國飛機還是日本飛機。不一會兒，飛機還真的順利著陸，爬下飛機的是兩名二十歲左右的日本飛行員。我們很高興，向他們招手說，「幹得好！」但他們板著臉，沒回答，一副沮喪神情。

他們走過來，跟我們一起席地而坐。他們跟我們說日本戰敗的原因，說他們有多失望和沮喪。他們說他們是宮崎人，現在要回家了。如果我們想要飛機上的東西，我們可以隨意拿，什麼都行。他們還請我們吃餅乾。我都好幾年沒嚐過餅乾的味道了。

戰後四十餘年，大分市的退休教師佐藤喜德反思說，日本士兵輸掉的不光是戰爭：

我在馬尼拉郊區的美軍戰俘營裡又待了一年零四個月。這段時間，我被安排到美軍I&E（情報與教育）部門工作。我驚奇地發現，在一所大庫房裡堆積了大量各種亞洲語言平裝會話讀本。日語那一卷共一百八十四頁，書名為《日語句型》，美國陸軍部一九四四年二月發行。

在這本書裡，戰時日常用語分為四欄：英語，日語發音，日語羅馬拼音，日語假名。會話例句和單詞選擇精確適當，讓我又吃了一驚的是，列於首位的詞竟是「救命」。緊隨其後的，是「我迷路了」，「我是一個美國人」，「請帶我離開」，「請給我食物（水）」。

另一卷是《什麼是戰爭罪行》，一九四四年八月出版。在這一卷裡，以實例描述在二戰期間，軸心國犯下的違反戰爭法令和種種慣例的行為。例如，它特別指出德國軍方如何違反《日內瓦公約》，在前線殺害了一個中隊的波蘭士兵。在這份協議中，又「特別禁止對已經放下武器、並無條件投降的敵方士兵殺戮與傷害」（戰爭條款，第二十三款）。

與此相反，在日本軍方的軍事教育中，敵方語言被嚴格禁絕，而只有「鬼畜英美」之類的句子。沒有人告訴我們什麼是國際法，對於「戰爭罪行」，我們連概念都沒有。從頭到尾教給我們的，只有一面倒的《戰陣訓》：被敵生擒，死有餘辜，切不可為。

如果我們能像美國軍隊一樣得到人道的訊息和教育，就不會有四十七萬人在菲律賓陣亡和三百六十五名乙、丙級戰犯的巨大犧牲。6

另外，內心崩潰的退伍軍人也不乏其人。如前所述，河村信雄從未經歷海外作戰，但是離開教師崗位一年之久。就連從鹿兒島回到大分的護理師松本幸惠，也經歷了戰敗後的自閉。她記得：「回到家以後，大約有一年時間，我什麼都不想做，就想待在家裡，做家務、做個好女兒。有一天，我送姐姐到別府的國立紀念醫院去住院。到那裡以後發現負責我的姐姐的護理師裡，有一位是我在陸軍時候的護理長。她問我在做什麼工作，我告訴她說什麼也不想做。她說我不到醫院去做護理師的本行太可惜了，是浪費人才。我這時才開始跟她一起工作。在那裡待了一段時間以後，美國醫生來檢查我們的工作，批評我們的水準太低。戰時我就從護校畢業了，可是還得上培訓課程，重新參加考試。一九五一年，我才完成所有的培訓和考試，拿到正規的護理師證照，當了好多年護理師。」

兒玉尚正經歷了同樣的內心痛苦。一九四六年五月三十一日，他在印尼登船，六月中抵達位於日本本島的和歌山田邊港。他所在的47聯隊那個大隊下的第6中隊，兩百人中只有八十人活著回到日本。回到家鄉臼杵以後，他有六個月沒出家門。那正是鄉親們面臨著飢餓的時候，但他不能面對走出家門去求職。九十五歲的兒玉尚正至今仍舊深陷在戰敗的恥辱中。作者採訪他時，希望他能戴上他在戰時得到的獎章，與他的哥哥留下的國旗合影，他擺手拒絕：「不行不行，這是對國旗的褻瀆，因為日本戰敗了。」

牧修七與兒玉尚正同船回到日本。他出征異國領兵出生入死七年之久，一直以為最終定會凱旋而歸：

我們乘坐的船是「自由號」，從松巴哇到田邊港航行了兩週。看到日本的時候，我流淚了，因為我們被打敗了。我們在田邊市住了一晚，然後到大阪，從那裡搭火車回大分市。沒人給我們發薪水、衣物和證書，只給我們發了一些優惠券。我當時身上一文不名。我們是晚上到達大分市的，我和手下的人在火車站附近的一棵大樹底下坐了一晚，第二天早上分別搭不同的火車回自己家。有一個比我先到家的戰友，事先跟我的父母打了招呼說我快回來了。猛地看見我，我父母不知道說什麼好。我一屁股坐在地上淚如雨下，一個勁地說，我對不起、我對不起，為這個悲慘的結局道歉。幸而，我父親在西伯利亞打過仗，他理解勝敗是兵家常事。

採訪結束時，九十五歲的牧修七說：「不管怎麼說，之前的敵人現在是朋友，誰會料到?!我為兩國的友誼高興，希望是永久的。我崇尚武士道精神，可是我也為自己活到今天而感到幸運。」

對在軍中升遷到較高地位的軍官而言，回鄉後還遇到一些特殊的問題。梶原武淑說，他的舅舅在巴布亞紐幾內亞帶兵打仗，是極少數在戰鬥和飢餓中生存下來的人之一，戰爭結束兩年以後才回到別府：「回到家的時候，他真的就是瘦得皮包骨。他很聰明，從軍校畢業，管理能力超強，可是就是找不到工作。那時候，像他這樣的前高級軍官是不允許在政府，或者安全部門任職的。所以，他只好去務農。不過，後來，他當了高中教師，教國文。有好多年，他絕口不提在巴布亞紐幾內亞打仗的事。他今年九十歲。現在，他特別特別地痛恨戰爭。」

也有些人能夠順應變化。村山富市從熊本回到大分不久後，便離家北上回到東京明治大學繼續學習。畢業後，他回到大分市，投身政治，成為當地社會黨活躍分子，最終擔任了日本首相。

前皇室禁衛兵松本伊勢松回到日出町大神村務農。

平野守復員後，回到宇佐，開了一家燒酒廠，這是一種九州特有的白酒。

十六歲加入海軍的少年中野次郎，從印尼回到別府後，用他自己的話說，變成了一個「少年罪犯」。「我專門在街上跟人找麻煩，比如，看見美國兵就罵他們。那時候我是個非常易怒的年輕人。」後來，他在別府的美軍基地當工友，但是在這段時間裡，他從沒跟任何美國人親近。美軍撤離別府後，軍營關閉，經濟也終於恢復了，他與家人一起做房地產生意。

最後是前海軍上尉湯野川守正，為保護皇室而人間蒸發了五個多月後，重回人間。之後，他在日本自衛隊任職，與美軍合作甚密。

戰敗的士兵發現他們回到了家鄉，但家鄉人既不知道應該如何對待他們，也不知道怎樣將他們融入已經改變了的社會。而且，無論他們的精神或經濟狀況如何，他們都必須面對戰爭的宿敵在他們的街道、商店、學校、醫院和妓院出入。在投降後的幾個月裡，涓流變成了洪水，占領軍陸續來到大分市、別府市和宇佐鎮，特別是別府，滿街都是美國人。這種狀態從一九四五年一直持續到韓戰結束。美軍的存在，就像永遠改變了整個日本一樣，永遠改變了大分縣。

18 占領軍安營紮寨

審查制度與新秩序

美軍進駐大分縣後與之前的日本軍方一樣，對媒體實行了嚴格的審查制度。退休記者南里俊策和田中康生異口同聲說，審查不過是從一個軍隊轉手到另一個軍隊。戰時，日本軍方的審查員每天在報社坐鎮，批准可發表的內容。戰後，美國人的做法如出一轍。更有甚者，戰後審查不僅涵蓋了報紙，還包括雜誌和書籍，限制比之前還多，尤其是與占領軍有關的內容。

田中康生記得自己作為記者，小心翼翼地避免寫出觸犯禁忌的報導：「美軍人員的不當或犯罪行為是不為當地居民所知的，因為我們不能對占領軍有任何負面報導。我從來沒有寫過關於占領軍的文章。」[1]南里俊策則採用旁敲側擊的方式。他說：「因為不能直接寫關於占領軍的不法行為，所以如果我發現美國兵有不法或者是不道德的行為，我就寫一個『高個子』做了如何如何的事情，讀者都可以猜測這是誰。但是，如果占領軍做了什麼好事，我們當然可以不受任何限制地寫出來。除此之外，我倒是沒有其他審查過於嚴格的感覺。」

湯谷貞義記得，大分市有個國中在美軍營地附近，因此是一些學生上學的必經之地。有一天，學校通知學生上學時必須走另一條路。後來，大家聽說是因為有個學生從那裡路過時，被美軍營地的哨兵開槍打死了。「這樣的新聞，媒體是不報導的，所以，我們只是道聽塗說，不知真假。」

美軍還利用當地媒體向民眾宣布占領細則，偶爾也會提前通知居民參加某些儀式和活動。《大分合同新聞》一九四六年六月十六日的文章警告說：

> 大分縣居民務必遵守大分區占領軍總部（一九四五年）十月十五日發出的以下命令：

禁止所有日本人收集美國占領軍擁有的任何物品。持有此類物品的人，務必在本月底前將物品交到就近警察署。遵守命令者不予處罰。不遵守者後果自負。此外，日本人不得向占領軍出售食物和飲料。大分縣所有居民務必遵守此命令。[2]

這個警告的來由不僅是對百姓偷竊美製商品的擔憂，主要是針對一些日本人在美軍人員協助下的黑市轉售行為。退休警察小矢豐次曾辦理此事。他說：

比如，占領軍部隊的士兵在黑市上出售毯子、食物和衣服。由於衣物嚴重短缺，很多人喜歡買美軍毛毯用來做褲子。可是，毯子不容易染色，怎麼染都蓋不住原色。香煙和肥皂也是搶手物資，供不應求。美國士兵還在黑市上出售醫療用品，如繃帶、青黴素和紗布等等。韓戰時，這些行為更是有增無減。美軍士兵甚至從戰場上帶回槍枝，賣給當地的犯罪集團。我們必須處理這些棘手問題，所以總是處於警戒狀態。每次抓到美國兵參與這些非法活動，我們只能在審訊之後把他們交給占領部隊，由美軍內部決定怎樣處理這些人。那些士兵為了撈錢什麼都做得出來。[3]

六月三十日，《大分合同新聞》在一篇題為〈嚴厲處罰針對占領軍的暴力行為〉的文章說：「六月二十九日，大分宮崎區美國占領軍總部向所有日本人發出警告，指出以任何形式對美軍人員使用暴力的人將受到嚴懲。同時，美軍當局也會適當懲罰施暴的美軍人員。」[4]

有時，不可避免地會出現占領軍人員的手錶、照相機和現金被偷。還有占領軍人員和當地人打架的情況。肇事的美國士兵會被憲兵逮捕，但絕不會在日本法院出庭。一天晚上，軍營哨兵看到一位當地居民，覺得他形跡可疑就將其擊斃。美軍調查確定哨兵違反營地條例，將受到軍紀處罰。營地指揮官致信當地官員承諾妥善處理這次事件：

> 在此，我向岡本先生的家人和別府居民為這個不幸的事件道歉。目前，我們正在對肇事哨兵採取適當處置。為了防止今後出現此類不幸事件，我正在採取必要措施，已命令執勤哨兵不得在營地以外巡邏或使用武器。此外，事件發生地將安裝泛光燈，以便日本居民安心使用這條道路。[5]

顯然，這封禮貌有加、內容詳細的信，意在與占領社區建立互信關係。占領軍還邀請民眾參加軍營組織的活動。一九四六年七月四日美國獨立日之前，報刊以〈慶祝遊行：大分宮崎地區占領軍戰績輝煌〉為題撰文（美軍審查員肯定不會找這篇文章麻煩）。文章說：

大分宮崎區美國占領軍總部將在美國獨立日舉行慶祝活動。總部宣布，七月四日，美國第19步兵團將在別府市遊行，慶祝美國獨立一百七十周年。大家需要知道，這個具有悠久歷史和輝煌戰績的步兵團是占領部隊之一。慶祝活動將於上午十一點從別府車站開始，沿海岸公路行至站前街，向左，前往別府站。占領軍指揮官將在別府站前廣場演講。查爾斯・林奇（Charles P. Lynch）上校鼓勵別府和大分市民前來參加慶祝活動。[6]

此次遊行是占領大分後的一個轉捩點，第19步兵團於一九四六年五月抵達大分市，接管了第6海軍陸戰隊對該地區的占領職責。幾個月以後，第19步兵團將從大分市的臨時駐地遷入位於別府市的長期營地。第19步兵團的一九四九年年鑑中這樣描述：「這個被命名為『奇克莫加』的軍營既美麗又現代化，從現在起這裡是第19步兵團的駐地。」[7]

第19步兵團一九四六年十二月正式遷入別府奇克莫加軍營，直到占領即將結束之前，於一九五二年四月二十八日撤離別府。之後的幾年內其他部隊進駐，負責占領的收尾工作，最後轉變為韓戰的訓練基地。但大分縣居民，尤其是別府市民，對美軍各部隊的換防沒有概念，他們關心的只有駐軍協助當地居民重建家園。

棒球與巧克力

這段時期還是青少年的人在回憶中，反映出對美軍士兵的好感。宇佐的二宮吉男記得他們「非常帥。我記得他們的腿特別長。他們很友善，看見我們就給我們東西吃」。橋本一郎所見相同：「我記得他們的軍帽很帥。我家的房子背後有座教堂，牧師會講英語。有些美國人經常開著吉普車來教堂。我們沒見過吉普車，喜歡得不得了。美國人一來，牧師就叫我們過去。美國人每次都帶糖果和禮物來給我們，所以我總是特別期待美國人到教堂來。」

同是來自宇佐的吉村隆夫感覺美國士兵很不錯，雖然只是遠距離觀望。他說，有一次他和幾個朋友在街上看見「一輛美國吉普車開過來。車上的美國兵看見街上有個新娘，就停下車跟她搭話，然後把她帶上吉普車，開走了。當然，我們很擔心會發生什麼事情，就都留在原處沒走，大概二十分鐘以後吧，吉普車開回來了，他們不但把新娘送回來，新娘還帶回來好多禮物。原來，這些美國人從來沒見過日本新娘，也沒見過正式的和服。他們很好奇，也很樂於分享快樂。」

中野秀勝記得他第一次看到美國人：「那些傢伙塊頭特別大，跟我們很不一樣。有幾個美國人住在一家傳統日本旅館的二樓，我們從那裡路過，他們就扔給我們巧克力。雖然我們戰敗了，我從來沒有對他們懷有憎恨。」

後藤豐喜記得：「一直到美國兵在我們這裡開著吉普車，給我們口香糖的時候，人們才真的明白我們確實是戰敗了。在那之前，戰敗好像只是無稽之談罷了。」

當時只有六歲的大野靖男，仍然清晰地記著停靠在別府灣的美國軍艦，和那些從流川街行進到新建的奇克莫加軍營的美軍部隊。他說：「我那時候還太小，不知道害怕。我記得他們膚色各有不同，有很多黑人士兵，我驚訝極了。我父母從來沒叫我離他們遠一點，因為他們很友善，總是給我們巧克力，跟我們玩。但是我們害怕憲兵。他們很嚴厲，帶著槍巡邏，看管美國兵。我聽說，有時候他們甚至開槍打死自己人。有時候，美國兵喝醉了、發酒瘋，憲兵就會來處理這些人。」

漸漸地，看到年輕婦女是安全的，美軍沒那麼不可信，人們不像之前那樣憂心忡忡。七歲才知道父親長什麼樣子的湯谷貞義，記得早期看到的美國士兵：

小時候，我母親時不時會帶我去別府泡溫泉。美國人來了以後也喜歡泡溫泉。剛開始在溫泉看見他們的時候，我很好奇，他們看上去跟日本人太不一樣了。我母親警告我說別盯著他們，他們要是知道我盯著他們看，會把我吃掉。當然了，很快地，人們在看見美國兵的時候就不那麼緊張了。

上學以後，我家和學校之間有個美軍營地。我每天都從那裡經過。美國兵對我們小孩子很熱情，給我們口香糖。我和朋友對美國家庭很好奇，就爬上圍牆往軍官家裡看。我們特別羨慕他們的孩子，他們穿得很好，但是我們最羨慕的是他們有好多好多玩具。有時候，美國兵利用舊飛機場訓練跳傘。他們落地以後，我們跑去幫他們把降落傘收起來。他們會給我們更多的口香糖。

不久，當地人開始與美國兵有了非正式的接觸，並學會說幾個英文單詞，高橋伸子的父親開了一家水果店。他就學會兩個字「帥哥」。美國兵從他的水果店經過時，他就叫他們「帥哥」。美國兵聽了很開心，就進到店裡來買水果。她說：

美國人給日本帶來過去前所未聞的東西，比如咖啡。我還記得第一次嚐到咖啡的味道的時候。之前日本人根本沒有咖啡文化。別府開了一家很小的咖啡館。我每天從那裡經過，咖啡味好聞極了。有一天，我們全家人決定去嚐一嚐咖啡的味道。因為不知道咖啡的品牌，我們就說：「什麼好喝就點什麼。」那天我們喝的可能是藍山咖啡，我記不清楚了。反正，我喝了一口，很驚訝，因為不覺得有什麼好喝之處。從一個小孩子的口味出發，真的沒感覺有什麼好喝的，但是很有趣。

大野忠說：「有一次，我在別府美國基地附近打棒球，幾個美國兵也在那裡玩，但是他們球員不夠，就過來邀請我們跟他們一起玩。我那時候已經會說『請給我一些巧克力和口香糖』，打球的時候，我又學會說『加油』。還有，美國兵打球的時候把菸蒂扔在地上。打完球以後，他們走了，我們就撿起來抽。我就是那時候開始抽煙的，一直到現在。」

棒球在美國兵與日本青年之間建立交流的過程中，發揮了關鍵作用。佐伯的武田剛回憶說：「終戰後不到一個月，就有美軍士兵到我們學校來進行友好訪問。這是我第一次看到美國人。然後，他們開始到我們學校的運動場來打棒球，這是我第一次看到一種新式棒球手套。他們還用自己的設備把操場的地墊平。一個月後，我們學生和美國兵舉行了一場友誼賽。我記得當時想：『我們為什麼跟這些人打仗啊?!』跟日本兵比起來，日本士兵傲慢看不起人；美國士兵則平易近人。」

佃哲男回想起他第一次用上在學校學的英語的那一天。「有一天，幾個美國兵開著一輛吉普車迷路了。看見我，他們停下來問路。我緊張得要命，根本沒聽懂他們要去哪裡。腦子裡只能想到一句話，所以我說：『好的，請一直走，過橋，你會看到另一座橋。』他們回說：『好的』，然後就開走了，那是我從課本裡背下來的一句話，我當時都想不起來這句話的意思。我趕快跑掉了。那是我第一次跟美國人用英語說話。」

除了口香糖和巧克力，美國人給孩子留下的最難忘的記憶，就是無處不在的吉普車。大多數男生都被迷住了。武田剛說，他有個朋友「特別喜歡吉普車，有一次他甚至鼓起勇氣央求美國兵帶他去兜風。從那以後，他說，長大以後他一定要有自己的吉普車。後來他真的買了一輛吉普車」。

鋪張浪費的美國人

有些孩子家住在軍營附近，他們得以近距離觀察美國人。那時還是小學生的梶原武淑說：

駐守在別府的美國兵經常在我家旁邊的射擊場進行射擊訓練。我很愛看他們訓練，跟他們士兵聊天……嗯，不是真的說話聊天，是用手勢聊天。他們練習射擊的時候，子彈從彈藥箱裡拿出來的，我總是想跟他們要個彈藥箱。他們的彈藥箱很大，是金屬的，很結實。我們家裡養了鴨子和雞，可以用這種彈藥箱當水槽用。另外，彈藥箱和彈夾對我們來說非常寶貴，可以賣給舊貨店賺錢。美國人特別浪費，每次訓練完了拍拍屁股就走了，所有的彈夾和彈藥箱扔得到處都是。有一次，我撿起一個彈藥箱就跑了。有時候，我把雞蛋送給士兵。他們很開心，就給我好多巧克力和口香糖。我父親也很高興，因為他也特別喜歡口香糖。

園田英雄家就在大分47聯隊的射擊場旁邊。戰後那裡成為美軍基地。日美士兵之間的區別給他留下了深刻的印象。他說：

美國兵與日本兵截然不同。日本兵紀律嚴格；美國兵大大咧咧地很放鬆。日本兵訓練的時候，很仔細、很認真地瞄準靶子；美國兵端起機關槍，瞄都不瞄就一陣開火。射擊訓練完了，日本兵會數用了多少發子彈，彈殼數和靶子上的洞得是一對一。日本兵特別注重不要浪費。美國兵可不是，他們隨便射擊，過後從來不回頭去數打了多少發子彈。此外，射擊訓練的同時，不射擊的日本兵會立正站好面向射擊場外，擔任警戒；而美國兵嚼著口香糖，在射擊場裡面隨意走動，很散漫。

然而，並不是所有的人都接受占領軍的存在。即使在同一個家庭，態度也各不相同。梶原武淑說：「我母親的弟弟是位大學教師，但是他被派往沖繩，便搭乘了一艘油輪前往。不幸途中油輪遭到美軍轟炸，他死了。可是我的家人並不因此對美國兵心懷怨恨。但我的岳父跟我們不同，他原來是個職業軍人，對美軍打敗日本耿耿於懷。他總是說，美國是日本最危險的敵人，絕不能信任。直到現在，九十四歲了，他還是拒絕用『口香糖』、『冰淇淋』這些美式外來語。日本軍國主義思想深深地扎根在他腦子裡。」

有些孩子對美國人也感到不滿。柳瀨陽之助和高松右門是其中的兩個。柳瀨陽之助說：「我對他們很反感，所以盡量避免跟他們接觸。我從來沒跟他們要過任何東西，也沒從他們那裡接受過任何東西。我不想要他們的施捨，這是我練習武士道方式。但是有一次我失控了，從一個美國兵那裡接受了一支庫爾牌（Kool）香煙。確實很『酷』（cool）。[8] 我從此以後再也不抽別牌的香煙了。以前，我真的是很恨美國人，因為我們被他們打敗了。」

高松右門從未忘記母親的諄諄教導，他回憶說：「有的美國兵喜歡跟小孩子一塊玩，還給他們口香糖和巧克力。小孩子就總是追著他們要這些東西。我從來沒跟美國兵要過東西，而且我永遠也不會這樣做。我的強烈感覺是『幹嘛要他們的東西!?』我不想接受敵人給我的任何東西。從武士道的角度來看，有一句話說：『即便是瀕臨死亡，一名武士也不應該從別人那裡接受任何東西。』這是我母親教我的。我認為，小孩子很容易就得到想要的東西，不是一件好事。畢竟，這不是一個有組織的志願者在分配食物，他們只不過是把糖果扔在地上，看著孩子一窩瘋搶，覺得好玩而已。」

19 為占領軍服務

招募志願者

戰後，一些日本人猜測，別府幸免於遭受轟炸的原因是，美軍之前便準備在占領後，在此建立負責大分縣與位於其南部的宮崎縣的地區指揮總部。原因有二：其一，別府市內既無軍工廠，也無軍事基地，摧毀城市沒有必要。占領後不必從頭重建城市，遂能盡快營建總部基地。其二，許多年來，別府以溫泉與「娛樂」馳名，被譽為度假勝地。紅燈區內已有餐廳、酒吧和妓院。與日軍一樣，美國占領軍懂得部隊所需。隨著駐防美軍人員數量激增，一時間，年輕婦女湧向距離奇克莫加軍營不到兩公里的紅燈區。日本政府亦為賣淫行為開放綠燈。一九四五年八月十八日，內務省在東京占領軍總部的授意下，准許專為美軍士兵開放特殊妓院。這是一件為日本民眾感到些許安慰的事情，因為他們擔心沒有這個管道，美國人會強暴日本婦女，這不僅僅會給婦女及其家屬帶來恥辱，而且會威脅到「大和純正血統」，有損「大和撫子」傳統形象。日本各縣市官員以及警察署長收到無線電通訊指示，開放並監督這些「慰安所」。收到指示後，各地官員發出呼籲，盡可能招募夠多的志願者參與服務。換句話說，將此作為愛國義務的各地政府官員打著愛國主義旗幟，徵集婦女參加這項服務。為了向建立特殊妓院提供資金，「特殊慰安設施協會」（Recreation Amusement Association，以下簡稱ＲＡＡ）集資一億日圓。八月二十八日，街頭出現廣告：

所有日本女性請注意！作為國家治癒戰爭創傷迫在眉睫的一部分，需要十八至二十五歲的女性作為美軍慰安婦。請合作！將提供免費住宿、服裝和食物。

一九四五年十月第一批占領軍抵達時，街上已有婦女賣淫。早期妓女是貧窮的。她們沒有註冊，穿著戰時的工作褲和木屐，有些賣身只為一碗拉麵。為美軍所建的「慰安所」

在一九四六年初出現在別府，位於距離別府火車站不到一公里的流川街。這條街從當時的別府港口沿著和緩的坡道，直通奇克莫加軍營。這時，有兩類妓女在相互競爭，一類是酒吧和街頭的個體戶，被稱為「潘潘女」（Pan-Pan girls）；一類是合法的「慰安所」妓女。隨著時間的推移，當地人將「潘潘女」轉變為個體戶和合法妓女的通稱。對於「潘潘女」這個稱呼的來源，有兩種不同的解釋。一個是，當美國士兵要求服務的時候，他們會擊掌發出「pan-pan」的聲音；另外一個解釋是，早期個體戶非常貧困，會為了兩個麵包賣身，因此稱為「pan-pan」（「pan」為日語中麵包的發音）。[1]

別府市妓院如雨後春筍迅速湧現。最多的時候，有一百多家合法妓院營業，外加八百至一千名個體的「潘潘女」。而當時別府的總人口，不包括占領軍人員，還不到十萬人。戰後日本經濟崩潰，主要城市幾乎化為廢墟，勞動力流失，糧食減產，大部分地區物資匱乏、物價昂貴。為了求生或養家，許多年輕婦女申請到特殊妓院服務。被當地居民稱為「貸席」的妓院，通常以業主的姓氏命名，如「永田屋」、「井上屋」，甚至還有的以美國風來命名，比如「喬治屋」。隨著進駐部隊數量愈來愈多，當「潘潘女」也愈來愈賺錢，從早期為了一碗拉麵或兩個麵包賣淫，過渡到豔女爭客。

這段期間，美軍也將種族主義帶到了別府。當地民眾注意到，紅燈區北面的「貸席」只有白人士兵出入，而黑人士兵則光顧南面靠海邊的「貸席」。白人士兵和黑人士兵從未跨越兩個「貸席」區域之間的明確界線。另外，雖然這些「貸席」可供所有美軍人員使用，但是出入這裡的只有從士兵到士官長階級的軍人。大多數的軍官從不涉足「貸席」。他們在舞女酒吧裡，或是在歌舞伎的陪同下消磨時光，這些舞女、歌舞伎實際上是價格較為高昂的「潘潘女」。[2]

當地居民對「潘潘女」的存在是有目共睹的，連小孩子也不可能不注意到。湯谷貞義說：「我記得街上有很多『潘潘女』。她們很年輕，看上去很有錢，穿著打扮五顏六色很浮華，臉上化著妝很漂亮。大人總是囑咐小孩子不要到流川街那一帶去玩。美國人最後離開別府的時候，火車站裡擠滿了『潘潘女』，跟他們道別，哭得唏哩嘩啦的。日本人在公共場合是不親吻的，但是很多士兵親吻這些女生。」[3]

不清楚是自願行為還是受到成年人的慫恿，一些小學生給警察署長寫了一封信。孩子們懇求說：「請注意我們的感受。我們認為，這些女人（『潘潘女』）的行為惡劣，讓我們感到羞恥。她們的所為無異於狗貓。請幫助她們。」[4]

雖然大多數人回憶起「潘潘女」時感覺尷尬，也有不少人對「潘潘女」的評價極低，但也不乏有同情者。大野tokie家的蔬菜店在市中心的街上，每天都看見「潘潘女」來來往往。回憶起那些年，她說：「別府的『潘潘女』大多數是從四國島來的。別府的女生則到福岡或其他地方去當『潘潘女』。在我看來，這是她們的工作。那是困難的時期，她們得賺錢寄給父母。也是沒辦法的事情。」

高橋伸子與大野tokie有同感：「我們不喜歡她們的行業，但我真的不能指責她們。她們又不是什麼壞人。日本的傳統是，女人負責讓全家有飯吃。家裡男人有工作的時候，把薪水帶回家交給女人，一切都好。但如果他沒有工作，女人還是要把食物放在餐桌上的。那時候，女性就業的機會非常有限。戰後，『潘潘女』的父親、丈夫或者是兄弟陣亡了，或者是找不到工作的時候，她們必須走出家門來賺錢養家。戰前，日本女性是不工作的，因此她們沒有任何技能，找不到別的事做。」[5]

男人的反思一般來說比較苛刻，但也是褒貶混雜的。有些人甚至承認，別府的「潘潘女」在經濟方面做出了貢獻。另外，因為有她們在，美國士兵沒找其他女性的麻煩。事實上，有些人承認，除了「潘潘女」的數量以外，文化上並沒有什麼改變，因為賣淫在占領軍到達之前就是合法的，現在只不過數量大幅增加而已。受過母親教導，堅信自力更生的高松右門說：「占領期間，別府賣淫的問題很嚴重。一方面，我可以理解那些女生實在是不得已才以此為生，可是另一方面，她們改變了別府。」神田稔第一次看到美國人，是跟著學校舉辦從佐伯到別府的旅行時。他回憶說，那些美國士兵跟「潘潘女」在街上散步，給他留下「不好的印象」一直到現在。可是，他也承認，紅燈區給別府帶來了繁榮，雖然周邊其他地方依然水深火熱。「白天，鎮上有十萬人，可是到了晚上好像一下子有了二十萬人！韓戰結束以後，部隊開拔，別府繁榮不再。」後藤豐喜也說：「這是她們能夠找到的工作，可以說是她們的專業吧。」

宇佐的吉村隆文說：「宇佐鎮大約有八十五名美軍士兵駐防。早先空軍基地附近就有個人稱『娛樂所』的地方，為駐紮在那裡的日軍服務。就像換防一樣，這時候的客人變成是美軍了。」[6]這樣，鎮上的人就不用擔心美國士兵會強暴當地的女性了。

關閉「貸席」——半真半假

起初，「貸席」和「潘潘女」的存在，看似解決了日本人保持傳統文化和美國士兵的性需求問題，但卻造成了其他原先沒有料到的嚴重後果。首先，也是最嚴重的，性病迅速傳播。一次現場抽查發現，百分之九十的RAA妓女已經染上至少一種類型的性傳染病。位於別府的大分縣醫院一度主要負責「潘潘女」的治療服務。住院區幾乎住滿了「潘潘女」。她們需要定期檢查，有的人主動到醫院來檢查，但是大多數人是被負責檢查的人押送來的。美軍官員同時震驚地發現士兵中也性病猖獗。在一個部門，百分之七十的士兵有性病。原因並不奇怪，據當時一家別府「貸席」業主說，每個女生每天為十至十八個士兵服務。一九四六年，美軍挨家挨戶通知禁止美軍人員利用RAA設施，並下令關閉。「貸席」陷入恐慌。

有個被通知關閉「貸席」的業主不忍心向「潘潘女」傳達壞消息。第二天，前一天來通知的美軍人員打電話檢查業主是否下達通知時，答案是否定的。當晚，那個軍官來到「貸席」，把五、六十名「潘潘女」召集在一起，通知她們，這個工作不利於婦女健康，設施將要關閉，她們必須離開這裡。有的「潘潘女」試圖尋找其他工作；然而，這點很困難，因為她們大多數人沒有經過任何職業訓練。所以她們最終還是繼續做「潘潘女」。[7]

占領和韓戰期間，別府曾幾度試圖關閉「貸席」，從憲兵抄家到執行日本反賣淫法律，但客戶源源不斷，「潘潘女」和「貸席」業主繼續為客戶服務。

美軍定期發布規定，遏制對軍紀有害的行為，包括檢查當地「貸席」和士兵經常光顧的其他夜總會。這樣的檢查不光是為了制止性傳染病的傳播，還涉及到黑市活動。一九五四年十月，美軍在當地發布了一個新政策，那時候，「潘潘屋」是非法的，但依然活躍。政策規定：

> 針對在別府「禁區」設置酒吧提出的諸多問題，以下是政策說明。
>
> 指揮官負責其下屬人員健康、福利，以及訓練和作戰準備。由於責任重大，因此授予以下權力。為了下屬人員的利益，指揮官有權決定或限制他們執勤時的行動範

圍，甚至可決定或限制他們休假時間的活動範圍。這個權力或責任不僅是按照陸軍的規定制定，也是陸軍的傳統慣例。

本指揮官認為，在酒吧、歌舞廳、茶館、咖啡館、餐館和類似的商業場所，以下行為或疏漏對部隊健康、福利和紀律是不利的：

1. 不能保持適當衛生條件。
2. 不能保持適當控制性病的措施。
3. 買賣黑市商品，如：未繳交日本或美國稅的香煙和威士忌。
4. 買賣麻醉品或其他有害藥物。
5. 向醉漢出售酒精飲料。
6. 在平日晚間二三：三〇或星期六和假日前晚間二四：〇〇後，向士兵出售酒精飲料。
7. 對軍事人員提供賒帳。
8. 接受「軍事支付證書」（Military Payment Certificate）來支付貨物或服務。
9. 接受身分證、識別牌、日內瓦公約小卡（Geneva Convention cards）或類似證件作為貨物或服務的抵押品。
10. 不能在公共場合遵守秩序。

商業機構業主必須遵守上述規定，以確保美軍人員繼續光顧。不遵守者將勒令停業。

指揮官羅伊・林德奎斯特（Roy E. Lindquist）准將[8]

美軍安排憲兵頻頻突襲搜查賣淫場所，目的主要是把士兵趕出去，而不是逮捕「潘潘女」。這樣的突襲頗為頻繁，儘管憲兵很凶，但是「貸席」業主和「潘潘女」漸漸對此司空見慣。在憲兵突襲時表現出對日本文化不夠尊重的時候，當地「貸席」業主會提出投訴，美軍則會致信道歉（奇克莫加軍營的起草人在撰寫以下信件時，或許曾認為整件事情非常可笑）：

今獲悉，我手下的憲兵在進入幾處「貸席」搜查時，沒有脫鞋。謹在此為他們的行為道歉。我將立即採取行動，確保憲兵嚴格遵守日本進屋脫鞋的習俗，或使用合適的鞋罩。我向每位「貸席」業主保證，今後此事將不再發生，我將親自向所有憲兵做出指示。

查爾斯・希爾（Charles W. Hill）上尉，憲兵隊[9]

雖然實際上是違法交易，但是需求之大，當地經濟對此依賴之重，故「潘潘女」行業被心照不宣地允許繼續營業。一位當地觀察家說，時開時關的「貸席」得以持續多年，全靠士兵的不斷造訪使得生意興隆。但是，由於「貸席」處於非法狀態，缺乏有效管理，又出現了新的問題：「美國士兵不會講日語，也不知道怎樣計算日圓，所以很容易上皮條客的當，被帶到『貸席』而不是要去的酒店。『貸席』經理或業主、人力車夫和皮條客合夥欺騙士兵。交易達成後，金額四人平分。所以『潘潘女』最終只能得到士兵支付費用的四分之一。」[10]

另外，由於不受管制，健康檢查疏於執行，性病繼續在「潘潘女」和客戶之間傳播。有的美國士兵擔心染上性病，一些「貸席」便只提供口交服務，但像其他「貸席」一樣，他們也在一系列反賣淫鎮壓中時開時關。因此，為了繼續營業，「貸席」時常搬遷。在某些情況下，為了避免被發現，他們從紅燈區搬遷到主流的社區。警察小矢豐次回憶說：「比如，有些『潘潘女』在莊園一帶的社區裡租房間。但因為經常有美國士兵進出，她們就會露餡，然後被迫停業、搬家。我們的任務是監視並記錄她們的行蹤，因為這種做法是非法的。但是，那些在酒吧裡工作的『潘潘女』因有合法註冊，我們則對她們視而不見。

占領部隊最大的擔心是性病，但漏洞如此之多，不管是合法的還是非法的，『潘潘女』的買賣從來沒有間斷過。如果被發現有病，對那些『潘潘女』最嚴厲的處罰，就是強迫她們住院。」[11]

「貸席」還有其他問題，比如，業主抱怨說，美國士兵有時候拒絕支付服務費，立了借據以後永不兌現。但是由於向美國士兵提供服務是非法的，所以他們不能向軍方舉報，只好自己承擔虧損。還有些「潘潘女」酗酒；其他人則吸毒成癮，毒品是美國士兵從境外帶到日本的。曾與美軍憲兵合作處理此類事宜的小矢豐次說：「毒品，主要是麻黃鹼，來自占領部隊。士兵把毒品賣了，賺錢去找『潘潘女』。我們想控制毒品買賣，但涉及的士兵太多了，實在無法應付。」[12]

以下是一位「貸席」業主日記的摘錄：

米琪和康妮又吵起來了，當然跟往常一樣不可開交。康妮罵了米琪一句什麼話，米琪火大了。米琪的脾氣火爆，她生氣起來，誰也勸不了。可是，不管她們怎麼鬧，我們也不能叫警察。只有美國兵來了，她們才停止。康妮喝醉了，她光著上身坐在院子裡的櫻花樹底下哭。瑪吉是個孤獨的女孩，她試圖自殺過三次了。她說她是從臺灣來的。

軍方下令美國兵不得進入我們的設施。女孩們都很擔心說：「士兵不來了，那我們怎麼辦？」馬克（皮條客）帶來兩個擅離職守的士兵。

到市政府參加了由工會長田主席和RAA西田會長號召，並由RAA組織的抗議集會。會上討論了這個決定對於我們生活造成的生死存亡危機，但是會後，我們還是感到情況不會好轉。

又下雨了。無客。女孩們又在吵架。晚上來了一位不速之客。是個叫矢吹鐮的黑道。他來要找小姐。我叫他把雨傘收好，他不但不理會我的話，連鞋也不脫就進來了。他的胸膛上有個「般若」刺青。[13]他跟我糾纏了兩個小時，最後，我給了他些錢，他才走了。

「關閉」的命令鬆綁了，客戶回來了，生意又興隆起來。可是，我們還是為借據的事擔憂。我家的借據值七十萬日圓，我聽說有的人家手裡握有七百萬日圓的借據。我們沒辦法到法庭上去告這些美國人。

我跟一個美國兵為他欠凱的錢打賭。不到三十分鐘我就輸了一萬五千日圓。他把凱帶走了。之後我才發現我被騙了。

陸軍508部隊開走了。女孩們也陸續地離開別府。今年夏天熱得真難受。沒有美國兵的別府簡直像個地獄。[14]

「瘋瑪麗」和「別府小姐」

毒品、酒精和性病對許多日本婦女造成傷害。人稱「瘋瑪麗」（Crazy Mary）的「潘潘女」就是其中一個苟活在占領時期黑暗處的人物。

人們說，每次瑪麗一出現，大家就知道部隊人員有調動。軍艦到港時，瑪麗肯定會出現。她帶著一隻狗，在別府站表演特技。士兵路過的時候，她就伸出手來說：「給我點錢」。沒有人知道她的腦袋是否正常。有時候，她走在流川街的紅燈區往空中開槍。其他時候，她藏在秋葉神社躲避憲兵。據說，之前她跟一個從舊金山來的士兵結婚了，可是半年以後，那個士兵在韓戰中陣亡。[15]

但並不是別府所有的「潘潘女」都不滿於她們的命運，或像瑪麗一樣變得瘋瘋癲癲。至少在一九五七年美軍撤離之前，有些善於尋找商機的人，按照法律進行了調整；有些「潘潘女」則掌握了商業技能，建立了私人的「貸席」，甚至擁有自己的人力車，「別府小姐」就是其中之一。「別府小姐」的私人「貸席」位於流川街和銀座之間，這裡是別府市中心的入口。該地區被稱為「潘潘市場」，皮條客和人力車就在這裡等待士兵走過。「別府小姐」搽著香奈兒五號香水，顯然是愛慕者送的禮物，坐在人力車上，總是隨身帶著把摺扇。她不在普通士兵身上浪費時間，而是從人力車上向士官長以上的白人軍官明送秋波。當地人謠傳說，她的臥室裝有蕾絲窗簾，窗台上擺著漂亮的花盆。在她的蕾絲窗簾後面，房間裡有一張奢華的床。許多別府市民羨慕她的勇敢，為她的成功咋舌。可是據說，不管她在街上和幕後的表演如何，當她的弟弟從大學回家度假的那些日子裡，她素顏出入，完全是個姐姐的榜樣。[16]

除了成百上千的職業「潘潘女」，別府有的家庭主婦也兼職當「潘潘女」。家庭主婦會離家，像去雜貨店一樣，到另一棟房子去賺外快。有時候，她們把孩子送到別處待一會，把士兵帶到家裡。當被朋友問道為什麼這麼做的時候，一名女子簡單地解釋說，丈夫的薪水太低，她只能這樣做來補貼家用。[17]

然而，儘管從一九四五年至一九五六年，「潘潘女」、黑市和毒品給當地百姓帶來許多棘手問題，總體而言，美軍在別府及周邊城鎮的存在，確實幫助當地民眾提高了生活水平。從紅燈區的「貸席」、街上的水果攤，到奇克莫加軍營的木匠和廚師都頗為受益。就業機會愈來愈多，額外的收入幫助人們重建生活。

韓戰、撤出別府

韓戰期間別府尤其繁榮。士兵像洪水般湧進城市，有的即將開赴幾百公里外的韓國戰場，在這裡接受最後的戰備訓練；有的新近從戰場歸來，在這裡休息和「娛樂」，之後還要返回戰場經歷炮火硝煙。前途未卜的士兵在這裡花天酒地揮霍金錢。

這段期間，奇克莫加軍營指揮階層也發生了變化。二戰時歐洲戰場著名指揮官馬克・克拉克（Mark Clark）將軍，作為聯合國軍遠東地區總司令，巡訪了奇克莫加軍營。接著，十年以後成為越戰美軍總司令的威廉・魏摩蘭（William C. Westmoreland）將軍，攜帶家眷進駐奇克莫加軍營。指揮官的升級給別府帶來了新的聲望，並預示了美軍之後從太平洋戰爭和韓戰邁向東南亞戰爭的過渡期。第187空降兵團駐防別府期間，負責指揮該部隊的魏摩蘭將軍穿梭於韓國和日本之間。魏摩蘭非常注重與當地政府官員保持友善往來加強互助，經常出席當地社交場合，並屢屢致信當地政府官員，感謝他們對他及駐防部隊的善意。這些信件收藏於別府圖書館。魏摩蘭認識到，這樣非正式的外交手段在維護美軍在該地區的活動具有重要價值。例如，韓戰結束前三個月，魏摩蘭將軍寫給地方政府官員的一封信：

一九五三年四月九日

親愛的岡本先生：

感謝你邀請我參加四月七日金鶯隊對獅子隊的棒球比賽。這是一場各個方面都非常精彩的球賽。毫無疑問，令郎是個很出色的投手，觀看他的比賽令人開心。

此致

敬禮

最誠摯的問候，

魏摩蘭將軍，美軍指揮官

與當地市府維持良好關係的理由之一來自於，大分縣與在韓戰中跟美軍作戰的共產中國相隔不過幾百公里，美軍對當時日本共產黨和社會主義者，在大分縣極其活躍且擁有極大影響力，深感憂慮。

一九五三年七月，馬克・克拉克將軍代表聯合國軍隊，在板門店與北韓人民軍和中國人民志願軍簽署了停戰協議。韓戰雖然結束，由於停戰後局勢並不穩定，美軍尚未解除對於中國將會發起進一步戰爭的擔憂，駐紮在奇克莫加軍營的部隊一直到一九五七年才全部撤離，但美國軍隊至今仍留駐在日本其他地區。

結語

在太平洋戰爭結束七十年及襲擊珍珠港七十五週年之際完成這本書（英文原書出版於二〇一六年），作者感到記錄史實的必要性、及時性與重要性。我們希望這本書能夠幫助人們反思戰爭後果、思考今天的日本如何面對其歷史遺留問題。

大分縣民眾作為前線作戰人員和支援戰爭的後方群眾，在二十世紀上半葉大部分時期，對天皇和軍事領導人表示了絕對忠誠。士兵陣亡在遙遠的異鄉戰場；家鄉民眾在美軍飛機恐怖轟炸中喪生；家園、學校、醫院被摧毀；青少年兒童被迫離開校園到軍工廠生產彈藥、魚雷、維修戰機；青少年執行神風自殺任務，留下悲傷的父母；護理師在防空洞裡接生；飢餓困擾百姓……。

民眾曾無條件地信任軍國主義者控制下的媒體，聽從政府指令，無論指令如何混亂，並以堅定的盲目信仰崇拜天皇。他們囫圇吞下政府所有關於建立東亞共榮，以戰爭贏得和平的宣傳，堅信最後的勝利會屬於他們。今天，許多日本人對戰時被誤導這一事實表示沮喪。政府如何能夠欺騙整個國家？來自具有言論自由傳統國度的人，也許會指責一個國家所有的人只會「集體思考」。他們很難想像，生活在極權社會裡的人，不僅不會發表批判言論，甚至不會生出任何批評的念頭。中野秀勝說：「你看見北韓沒有，跟我小時候受的教育一模一樣。現在看來，他們（日本政府）為什麼這樣做很明顯。可是，那時候我們都是小孩子，老師一提起天皇，我們就都得表現得很尊重。想想看！」政府完全控制消息來源，民眾只能讀到由政府批准發表的消息，比如：鼓吹軍方「報捷」的頻傳、讚揚神風飛行員的勇猛，以及抨擊凶惡的敵人。直到終戰後，人們才得知真相。

時至今日，日本各級政府仍然無法正視戰時所為。因此，幾乎完全沒有對戰爭的深入分析和反思。事實上，大多數政治領導人，甚至大部分教育者，依然迴避討論日本發動戰爭以及其戰時行為，與承認並承擔歐戰責任的德國大相逕庭。日本政府對本國在亞太地區的暴行只是感到尷尬得難以正視。

作者在查詢大分縣歷史大事記時發現，大分縣官網最近公開了一個從石器時代開始，直至二十一世紀的官方歷史年表。奇怪的是，一九三四年至一九四五年之間完全空白：「一九三四年，久大本線全面開通。一九四五年，二戰結束。」[1]不知情者會認為這是一個不具有任何歷史意義、沒有發生值得一提之事的時代。這個空白顯而易見地表明了一種不安全感，用自欺欺人的手段掩蓋一個痛苦的、難以化解的時代。今天的日本，大公司總裁、政治家在管理失誤，或因貪腐而落網時，頻頻透過媒體向日本百姓鞠躬道歉。可是絕大多數日本首相卻無法代表國家承認其醜惡的歷史，用傳統方式向受害國道歉。

日本政府教育機構亦不能正視歷史事實，用慘痛、真實的教訓教育年輕一代。旅日十年，作者聽到很多人，從七、八十歲的老人到二、三十歲的年輕人，對我們說，他們不知道戰爭中發生了什麼事，因為學校裡從來不教這方面的歷史。當然了，他們有歷史課，他們也學明治歷史，但是他們對二戰一無所知。協助作者進行口譯和筆譯的兩位主要翻譯，四十歲出頭的佐藤元子和三十多歲的中原伽奈每每在陪同我們採訪之後，對她們聽到的「故事」驚訝不已。受訪人矢野正明是佐藤元子的舅舅，兩家過從甚密，但是她舅舅向我們講的事情，她幾乎都是第一次聽說。另外，天皇禁衛兵松本伊勢松和護理師松本幸惠夫婦也是佐藤元子的好友，但關於他們的經歷，她也是第一次聽說。中原伽奈說，有的老師對這方面感興趣，比如她先生上國中的時候，老師經常指導學生閱讀這方面的書籍，所以他對日軍所作所為有所了解，但是她自己的老師從來沒有提過戰時日軍的暴行，更不要說日本發動戰爭的瘋狂。顯然，在日本，大多數教師都像中原伽奈的老師一樣，對日本在戰爭中扮演的角色知之甚少。就民眾而言，沒聽說過的事情無從問起；就政府而言，沒有本國民意與社會輿論的壓力，何以反思？日本教育就某些方面而言，依然走在誤導性省略資訊的老路上，因此，在很大程度上，日本國內主張和平的情感，大都只是從受害者的立場出發。

後藤豐喜反思說：「日本從帝國制國家變成民主制國家，這是件好事，戰敗使日本變成了人民的國家。我出國二十一次。我想說的是，如果你在一張白紙上畫一個白點，你看不出任何不同。旅行讓我看到黑色、紅色、綠色和紫色等等不同的顏色，也就是說不同的觀點。這些觀點與日本的白色對照，我就能看到這些國家的好和壞，包括日本。我真的認為，學習歷史跟旅行是同樣的道理。」

對日本在戰爭中扮演的角色的真實記載與詳細敘述的缺乏，造成了時間和意識的空白。但是，空白總會被填平。於是，我們看到強硬的民族主義趁虛而入。他們掩蓋戰爭的恐怖，試圖重新解讀日本憲法，要求擴大日本軍事力量，擴大日本與其亞洲鄰國之間的隔閡，並將日本國內要求誠實評價戰爭的聲音排除在外。

在個人層面上，對經歷過戰爭時代的人而言，那是一個充滿混亂情感的時期。一方面，他們認識到戰爭的殘忍與痛苦，但另一方面又懷有浪漫的懷舊情結。例如，佐伯的武田剛聽說作者來自夏威夷，立即為日軍對我們家鄉的「不公平」奇襲道歉。採訪結束時，當聽說冉瑩在中國長大，他又為日軍侵略時中國人遭受的災難和恐懼而道歉。然而同時，他也為家鄉佐伯在準備攻擊珍珠港方面所做的貢獻而驕傲。另一名受訪者橋本一郎，戰時在軍工廠修理三菱零式戰機，曾經看到他十八位好友同時死於美軍炸彈。他認為那場戰爭是一個可怕的錯誤；但是，他的辦公室裡驕傲地展示著一架他自己製作的零式戰機模型。

今天的日本，戰爭的浪漫在青少年喜愛的模型店裡比比皆是，三菱零式戰機、武藏號戰艦、大和號戰艦模型等等不一而足。日本人對這些標誌日本強盛時代的飛機和軍艦的驕傲感始終如一。

作者還目睹了別府的民族主義活動。右翼組織開著黑旗裝飾的麵包車穿梭於街道，用擴音器嘶喊對中國和韓國的仇恨。儘管大多數日本人把他們排斥為少數、散落在社會的邊緣垃圾、「比日本極道黑幫還下三濫」，但是他們氣焰囂張，攻擊敢於大膽批評日本黑暗歷史的記者。

日本人民需要聽到，像八十六歲的長崎原子彈爆炸倖存者谷口稜曄這樣的聲音。在二〇一五年八月九日，長崎原子彈爆炸七十週年紀念會上發表的演講中，他描述了個人經歷的恐怖與痛苦之後，警告安倍晉三首相，修改安保法可能令日本重蹈「戰爭時代」的覆轍。他說，政府「干涉」《日本國憲法》違背所有倖存者的願望，並將再次陷入戰爭悲劇。

最後，我們回到別府的美國占領軍總部。昔日的奇克莫加軍營舊址，現在是別府公園，這裡是鑄劍為犁最美好的象徵。春天櫻花覆蓋公園；秋日楓葉給大地鋪上金色的地毯。孩子們追逐玩笑；年輕人打球野餐；有人遛狗有人讀書；身障人士和老年人在護理人員的陪伴下在這裡享受大自然之美。公園裡，只有一塊不起眼的岩石簡短記載了此地點滴的過往，奇克莫加軍營只存在於少數人模糊的記憶裡。本書的採訪從這裡開始，也在這裡結束。

湯谷貞義先生是第一位接受採訪的人。最後，我們用他的話來為本書收尾：「要是我們沒戰敗，那麼今天的日本就會跟現今的北韓一模一樣。」

日本大分縣重大事件年表（一九〇五至一九五七）

日期	事件
一九〇五年（明治三十八年）九月五日	日俄簽署樸茨茅斯條約（Treaty of Portsmouth）。
一九二六年（昭和元年）十二月二十六日	裕仁天皇即位。
一九二八年（昭和三年）十一月十日	裕仁天皇正式登基。
一九三一年（昭和六年）九月十八日	中國東北九一八事變。
一九三二年（昭和七年）十二月十五日	大分縣47聯隊開赴中國。
十二月二十一日	大分縣47聯隊經釜山到達吉林省敦化縣。

日期	事件
一九三三年（昭和八年）	
十月二日	大分縣47聯隊返回大分。
一九三四年（昭和九年）	
二月十五日	大分縣佐伯鎮海軍基地落成典禮。
一九三六年（昭和十一年）	
十一月二十五日	軸心國簽署《反共產國際協定》。
一九三七年（昭和十二年）	
七月七日	盧溝橋事變。
七月二十七日	大分縣47聯隊經釜山、瀋陽抵達北京朱家務。
十二月十日	大分縣47聯隊作為先鋒部隊參加南京戰役。
一九三八年（昭和十三年）	
三月二十四日	大分縣47聯隊進駐安徽省蕪湖市，作者冉瑩母親的家鄉。
一九三九年（昭和十四年）	
十月一日	大分縣宇佐鎮海軍基地落成。

日期	事件
一九四〇年（昭和十五年）	
九月二十七日	德、義、日在柏林簽署《德義日三國同盟條約》。
一九四一年（昭和十六年）	
八月	山本五十六在大分縣佐伯鎮，建立襲擊珍珠港訓練基地。
九月五日	大分縣47聯隊經福州抵達臺灣高雄。
十月十七日	東條英機任日本首相，重組內閣。
十一月一日	山本五十六將襲擊珍珠港的訓練演習，從鹿兒島遷至大分縣佐伯鎮。
十一月十九日	日本艦隊從大分縣佐伯鎮出發前往千島群島，集結等候奇襲珍珠港的命令。
十二月八日	日本帝國海軍奇襲珍珠港。
十二月七日（夏威夷時間）	

日期	事件
十二月九日	日本天皇對美、英宣戰。
十二月十日	日本海軍擊沉英國威爾斯親王號戰艦和反擊號戰列巡洋艦。
十二月二十五日	香港陷落。
一九四二年（昭和十七年）	
一月二日	大分縣47聯隊赴菲律賓。
二月十五日	新加坡陷落。
三月八日	大分縣47聯隊抵達印尼爪哇島泗水。
四月十八日	美軍發起空襲東京、橫濱、名古屋（杜立德空襲〔Doolittle Raid〕）。
六月五至七日	中途島之戰，日軍嚴重受挫。
九月五日	部分大分縣47聯隊抵達東帝汶。
一九四三年（昭和十八年）	
四月十八日	山本五十六座機被美軍擊落，陣亡。

日期	事件
一九四四年（昭和十九年） 六月至七月	塞班島之戰，美軍拿下馬里亞納群島，從而建立了B－29轟炸機基地。
一九四五年（昭和二十年） 一月一日	美軍B－29轟炸機飛經大分縣上空，轟炸日本本島。
三月十八日	美軍地獄貓和地獄俯衝者開始轟炸日本九州，造成大分縣百姓傷亡。
四月一日	沖繩島戰役打響。
四月六日至五月四日	大分縣宇佐海軍基地神風特攻隊，襲擊停靠在沖繩的美國海軍。
四月二十一日	美軍B－29轟炸機和地獄貓轟炸並掃射大分縣各地，造成百姓重大傷亡。
五月	美軍B－29轟炸機墜毀在大分縣竹田村，存活機組人員（機長除外）被送往福岡軍醫院進行人體試驗致死。

日期	事件
六月二十三日	沖繩島戰役結束。
八月二日	宇垣纏將九州海軍總指揮部從鹿兒島遷至大分市，為抵擋美軍登陸做準備。
八月六日	美軍在廣島投下原子彈。
八月九日	美軍在長崎投下原子彈。
八月十一日	美軍停止轟炸大分縣。
八月十五日	裕仁天皇宣布戰爭結束。
八月三十日	大分縣47聯隊在印尼向澳洲軍隊投降，並燒毀47聯隊軍旗。
十月十三日	美軍陸戰隊第28團十七人占領軍先遣隊到達大分縣。
一九四六年（昭和二十一年）	
十二月十五日	美軍占領部隊在大分縣別府市建立長期性地區指揮部。
一九五二年（昭和二十七年）	
四月二十八日	美軍結束占領日本，但仍留駐別府。此值韓戰期間。
一九五七年（昭和三十二年）	
三月二十五日	美軍全部撤出大分縣。

受訪人名單

姓名	受訪地點／日期
濱崎美佐代	日本大分縣佐伯市，二〇一二年六月九日。
池永義人	日本大分縣大分市，二〇一二年六月八日。
川野喜一	日本大分縣大分市，二〇一二年五月二十五日。
村山富市	日本大分縣大分市，二〇一二年七月二十日。
大野忠	日本大分縣別府市，二〇一二年五月一日。
大野トキエ	日本大分縣別府市，二〇一二年三月三十一日。
大野靖男	日本大分縣別府市，二〇一二年四月一日。
大野政子	日本大分縣別府市，二〇一二年四月一日。
佃哲男	日本大分縣別府市，二〇一二年三月二十日。
兒玉尚正	日本大分縣臼杵市，二〇一二年六月十二日。
二宮吉男	日本大分縣大分市，二〇一二年四月二十一日。

姓名	受訪地點／日期
高橋伸子	日本大分縣別府市，二〇一二年五月九日。
高松右門	日本大分縣別府市，二〇一二年五月九日。
高屋達	日本大分縣別府市，二〇一二年五月一日。
高元紘子	日本大分縣別府市，二〇一二年八月三日。
古後精一	日本大分縣大分市，二〇一二年五月二十五日。
谷彰	日本大分縣別府市，二〇一二年五月一日。
河村信雄	日本大分縣別府市，二〇一二年六月八日。
後藤豐喜	日本大分縣大分市，二〇一二年六月八日。
吉村隆文	日本大分縣宇佐市，二〇一二年三月三十日。
江藤信子	日本大分縣津久見市，二〇一二年八月十六日。
柳瀨陽之助	日本大分縣別府市，二〇一二年五月九日。
馬繼鳳	中國北京，二〇一二年二月一日。
馬繼森	中國北京，二〇一三年三月一日。
牧修七	日本大分縣大分市，二〇一三年二月二十二日。

姓名	受訪地點／日期
南里俊策	日本大分縣別府市，二〇一三年十一月十四日。
平田崇英	日本大分縣宇佐市，二〇一二年三月三十日。
平野守	日本大分縣宇佐市，二〇一三年二月二十五日。
橋本一郎	日本大分縣大分市，二〇一二年四月二十一日。
神田稔	日本大分縣佐伯市，二〇一二年六月九日。
矢野正明	日本大分縣杵築市，二〇一二年六月三十日。
松本幸惠	日本大分縣日出町大神，二〇一二年十二月二十八日、二〇一三年二月二十五日。
松本伊勢松	日本大分縣日出町大神，二〇一二年十二月二十八日。
湯谷貞義	日本大分縣別府市，二〇一二年二月一日。
湯野川守正	日本東京，二〇一二年六月十一日。
田中康生	日本大分縣大分市，二〇一三年十二月五日。
梶原武淑	日本大分縣別府市，二〇一二年三月二十四日。

姓名	受訪地點／日期
武田剛	日本大分縣佐伯市，二〇一二年六月九日。
小野英治	日本大分縣佐伯市，二〇一二年六月九日。
友成鶴子	日本大分縣別府市，二〇一二年六月二十日。
園田英雄	日本大分縣大分市，二〇一二年五月三日。
中野次郎	日本大分縣別府市，二〇一三年五月二十三日。
中野秀勝	日本大分縣大分市，二〇一二年五月二十五日。

kamikazeimages.net/monuments/oga/index.htm.

"The Pacific War Online Encyclopedia", pwencycl.kg.com/A/n/Anami_Korechika.htm. Web. February 1, 2014.

"Ric Anderson: Diary of War", http://cjonline.com/news/2011-08-13/ric-anderson-diary-war. Web. March 26, 2012.

Smith, Charles R., *Securing the Surrender: Marines in the Occupation of Japan: Kyushu Occupation,* www.nps.gov/history/online_books/npswapa/. Web. October 24, 2013.

39th Bomb Group (VII) Crew 14, 7th Mission, Oita Airfields, http://39th.org/39TH/aerial/60th/crew 14a.html. Web. March 26, 2012.

World War II Database, http://ww2db.com/person_bio.php?person_id=362, www.generals.dk/general/Minami/Jiro/Japan.html. Web. February 1, 2014.

Williams, Carol, "5 Minutes of Hell," Poetic Reelections of the Battle of Okinawa, http://bud-man610.hubpages.com/hub/5-Minutes-of-Hell. Web, December 11, 2013.

"Umezu, Yoshijiro," Generals.dk, www.generals.dk/general/Umezu/Yoshijiro/Japan.html.

Yosano, Akiko, www.poemhunter.com/akiko-yosano/. Web, January 28, 2014.

Undertake Missions over Japan, by 'Caleb', Saipan, Mariana Islands, 1944-1945," http://old-new-orleans.com/Mission_Diary.html. Web. March 26, 2012.

Easton, Thomas, "A Quiet Honesty Records a World War II Atrocity," Baltimore Sun, May 28, 1995, http://articles.baltimoresun.com/1995.05-28/new/1995148003_1_japan-kyushu-university-fukuo.Web. March 6, 2014.

Helm, Leslie "Reunion at Japanese Port Marks Pearl Harbor Attack," December 6, 1991, http://articles.latimes.com/1991-12-06/news/mn-497_1_pearl-harbor. Web. February 16, 2014.

"History of Oita Prefecture", http://www.pref.oita.jp/10400/o_book/english/hirstory_of_oita.html. Web. July 9, 2012.

"Interrogation Navy 13, Captain Yasuji Watanabe", World War II Database, http://ww2db.com/doc.php?q=194. Web. February 1, 2014.

"Interrogation of Marvin Watkins, For the War Crimes Office, Judge Advocates General's Department, United States of American", home.comcast.net/~winjerd/Page05.htm#Vivisections.Web. July 8, 2013.

Kill-All Order of August 1, 1944. War Ministry, Tokyo, http://home.comcast.net/~winjerd/Page05.htm#Vivisections. Web. July 8, 2013.

"Lawrence Moore Cosgrave", https://en.wikipedia.org/wiki/Lawrence_Moore_Cosgrave. Web. July, 2017.

"Letter from Marvin Watkins to Mrs. Dale Plambeck", October 19, 1945, home.comcast.net/~winjerd/Page05.htm#Vivisections. Web. July 8, 2013.

"Nanking," http://wapwon.cc/video/Precious-film-of-soon-after-the-Fall-of-Nanking36s/bpIQ7wQbKaE. 1938. (Japanese war propaganda film).

"Oga Kaiten Shrine, Hiji Town, Oita Prefecture," Kamikaze Images, http://www.

Wade, Carole and Carol Tavris, *Invitation to Psychology, 4th edition,* Upper Saddle River, New Jersey: Pearson Education, Inc. 2008.

War Sites in Oita Prefecture (おおいたの戰爭遺跡), Association for Cultural Heritage, Oita City, Japan 2005.

Tianshi, Yang, "From Fightin at the Marco Polo Bridge, July 1937, to the Fall of Wuhan, October 1938," in *The Battle for China: Essays on the Military History of the Sino-Japanese War of 1937-1945*, ed. Mark Peattie, Edward J. Drea, and Hans van de Ven, Redwood City, CA: Stanford University Press, 2011).

Yamada, Yuko (ed.), *The World of Usa Air Force, Vol. IV (宇佐航空隊の世界, IV),* Usa, Japan: Toyonokuni Usa Academy, 2010.

Yamamoto, Masahiro, *Nanking: Anatomy of an Atrocity,* Westport, Connecticut: Praeger, 2000.

王向遠，《「筆部隊」和侵華戰爭》，北京：崑崙出版社，2005。

寺田晶，《特攻》，東京：致知出版社，2010。

程兆奇，〈小川關治郎和《一個軍法務官日記》〉，《史林》2004年第1期，頁96-109、131。

網路資源

The Army Air Forces in World War II: Volume V, http://www.ibiblo.org/hyperwar/. Web. March 26, 2012

Chapin, Captain John C., U.S. Marine Corps Reserve (ret), *Breaching the Marianas: The Battle for Saipan,* www.ibiblo.org/hyperwar/USMC-C-Saipan. Web. February 1, 2014.

"Diary of a Member of the 73rd Bombardment Wing Fliers, The First Flyers to

Toyonokuni Usa Academy, 1992.

—. *The World of Usa Air Force, Vol. III (宇佐航空隊の世界, III),* Usa, Japan: Toyonokuni Usa Academy, 1992.

"New Kyushu Museum Breaks Taboo with POW Vivisection Display," *The Japan Times,* April 4, 2015.

"The 19th Infantry Regiment, 1861-1949", Camp Chickamauga in-house publication, Beppu, Kyushu, Japan, September 20, 1949.

Okumizu, Yoshishige and Yozo Kudo, *Documents of US Army : Records of Air Attack in Oita (大 分 空 襲 の 記 錄),* Beppu, Oita Prefecture, Japan, self-published, Colony Printing, 1999.

Peattie, Mark, Edward J. Drea, Hans van de Ven (eds.), *The Battle for China, Essays on the Military History of the Sino-Japanese War of 1937-1945,* Redwood City, California: Stanford University Press, 2011.

Pike, Francis, Empires at War, *A Short History of Modern Asia Since World War II,* London: I.B. Tauris & Company, Ltd., 2010.

Saga, Tadao, *Beppu and the Occupation Forces (別府と占領軍),* Beppu, Japan: Editorial Committee for Beppu and the Occupation Forces, 1981.

Slackman, Michael, *Target: Pearl Harbor,* Honolulu: University of Hawaii Press, 1990.

Sledge, E.B., *With the Old Breed,* New York: Presidio Press, 1981.

Sloan, Bill, *The Ultimate Battle,* New York: Simon and Shuster, 2007.

The School Weekly, Junior Edition, Volume 73, No. 1, Tokyo, Monday, April 6, 1942.

Walker, Brett, *A Concise History of Japan*, Cambridge, UK: Cambridge University Press, 2015.

"Letter from Charles W. Hill, Capt., MPC, Provost Marshal", Beppu City Library Archives.

"From Headquarters Camp Chickamauga, APO 32, Policy For Placing Business Establishments 'Off-Limits'', Beppu City Library Archives, Japan, 1954.

Fujisawa, Mitsumaro (ed.), *The World of Usa Air Force V* (宇佐航空隊の世界V), Usa, Japan: Toyonokuni Usa Academy, 2012.

Gamble, Adam and Takesato Watanabe, *A Public Betrayed, An Inside Look at Japanese Media*

Atrocities and Their Warnings to the West, Washington DC: Regnery Publishing, Inc., 2004.

Hiramatsu, Takashi, *Battle History of Our Hometown Troops* (郷土部隊奮戰史), Oita: Oita Godo Press, 1983.

Hoashi, Itsuo, *Asia and the Pacific War and Air Raids on Oita* (アジア·太平洋戦争と大分の空襲), Author self-published, 2008: 1-Chome 3-11, Soda Kita-Machi, Oita City, Oita Prefecture, Japan.

Hotta, Eri, *Japan, 1941*, New York: Alfred A. Knopf, 2013.

Hoyt, Edwin P., *The Last Kamikaze: The Story of Admiral Matome Ugaki*, Westport, Connecticut: Praeger, 1993.

—. *Inferno, the Firebombing of Japan, March 9-August 15, 1945,* New York: Madison Books, 2000.

Matsusaka, Yoshihashi, *The Making of Japanese Manchuria, 1904-1932,* Cambridge: Harvard University Press, 2001.

Matsuki, Ikuo (ed.), *The World of Usa Air Force, Vol. I (宇佐航空隊の世界, I),* Usa, Japan: Toyonokuni Usa Academy, 1992.

—. *The World of Usa Air Force, Vol. II (宇佐航空隊の世界, II),* Usa, Japan:

Pittsburgh: University of Pittsburgh Press, 1991.

Yahara, *Colonel Hiromichi, The Battle for Okinawa*, New York: John Wiley and Sons, Inc., 1995.

二手史料

Agawa, Hiroyuki, *The Reluctant Admiral: Yamamoto and the Imperial Navy*, Tokyo: Kodansha International Ltd., 2008.

Bix, Herbert P., *Hirohito and the Making of Modern Japan*, New York: Harper Perennial, 2001.

Bradley, F.J., *No Strategic Targets Left, Paducah*, Kentucky: Turner Publishing Company, 1999.

Caprio, Mark E. and Yoneyuki Sugiata, *Democracy in Occupied Japan, The U.S. Occupation and Japanese Politics and Society*, New York: Routledge, 2007.

Charlton, Thomas L., Lois E. Myers, and Rebecca Sharpless, eds. *Handbook of Oral History*, Walnut Creek, California: Alta Mira Press, 2006.

Cook, Haruko Taya and Theodore F. Cook, *Japan at War: An Oral History*, New York, The New Press, 1992.

Craven, Wesley F. and James L. Cate, *The Army Air Forces in World War II, Vol. 5: The Pacific: Matterhorn to Nagasaki, June 1944 to August 1945*, Washington, D.C.: Office of Air Force History, 1983, p. 632, http://www.ibiblio.org/hyperwar/AAF/V/AAF-V-20.html#page616.

Davis, Roger and Osamu Ikeno (eds.), *The Japanese Mind*, Tokyo: Tuttle Publishing, 2002.

Gibney, Frank, *Senso: The Japanese Remember the Pacific War* (Expanded Edition), New York: M.E. Sharp Inc., 2007.

參考書目

一手史料

Carlton, Don "Slim", *Wanna Live Forever?* Lincoln, Nebraska: iUniverse, Inc., 2005.

Elementary School Japanese Grade 2 (初等科國語 二), Japanese Ministry of Education, Tokyo: Japan Book Co., Ltd., 1942.

Elementary School Japanese Grade 4 (初 等 科 國 語 四), Japan Ministry of Education, Tokyo: Japan Book Co., Ltd., 1942.

Endo, Akinori (ed.), *Memories of Youth During the War, Association of Reminiscences: Record*

of Student Mobilization by Secondary School Students in Oita Prefecture, Oita City, Oita Prefecture, 2005.

Japan Times and Advertiser, Tokyo, 1940-1942.

The Occupation of Japan, U.S. Planning Documents, 1942-1945. Military Planning for Defeat and Occupation of Japan, Joint War Plans Committee, Washington D.C., 1945.

Oita Godo Press (大分合同新聞), Oita City, Japan, 1942-1945.

Oita News (大分新聞), Oita City, Japan, 1941.

Shioshu News (豐州新報). Oita City, Japan, 1941.

Ugaki, *Matome, Fading Victory: The Diary of Admiral Matome Ugaki, 1941-1945*,

第十九章 為占領軍服務

1. Saga, p. 210.
2. Ibid., pp. 194-197.
3. Interview with Sadayoshi Yutani.
4. Saga, p. 210.
5. Interview with Nobuko Takahashi.
6. Interview with Nobuko Takahashi, Takafumi Yoshimura, Minoru Kanda, and Toyoki Goto.
7. Saga, p. 200.
8. Beppu City Library Archives, "From Headquarters Camp Chickamauga, APO 32, Policy for Placing Business Establishments 'Off-Limits,'" October 24, 1954.
9. Beppu City Library Archives, Letter from Charles W. Hill, Capt., MPC, Provost Marshal. Title and date not available.
10. Saga, p. 197.
11. Ibid., pp. 202-208.
12. Ibid.
13. 般若為有角的、嘴巴張得很大且皺眉頭的女鬼，代表遭受妒忌與怨恨纏身而墮入魔道的女子。
14. Saga, p. 200.
15. Saga, p. 197.
16. Ibid.
17. Ibid., p. 210.

結　語

1. "History of Oita Prefecture," http://www.pref.oita.jp/10400/o_book/english/hirstory_of_oita.html.

11. Charles R. Smith, "Securing the Surrender: Marines in the Occupation of Japan: Kyushu Occupation," https://www.nps.gov/parkhistory/online_books/npswapa/extContent/usmc/pcn-190-003143-00/sec3.htm.

第十七章 苦澀歸鄉

1. "The Occupation of Japan," Section 4C-22, Appendix 6a, p. 9.
2. Ibid., p. 11.
3. Ibid., Appendix 6b, pp. 1-2.
4. Ibid., Appendix 6b, p. 3.
5. Interview with Tetsuo Tsukuda (佃哲男).
6. Frank Gibney, *Senso: The Japanese Remember the Pacific War* (Expanded Edition).

第十八章 占領軍安營紮寨

1. Interview with Sadayoshi Yutani.
2. *Oita Godo Press*, October 15, 1945, pp. 1-2.
3. Tadao Saga, *Beppu and the Occupation Forces* (別府と占領軍) (Beppu, 1981), pp. 202-208.
4. *Oita Godo Press*, June 15, 1946, p. 2, and June 30, p. 2.
5. Beppu City Library Archives, title and date not shown.
6. *Oita Godo Press,* July 2, 1946. Ibid., July 2, 1946, p. 2.
7. The 19th Infantry Regiment, 1861-1949, published on September 20, 1949, at Camp Chickamauga, Beppu, Kyushu, Japan.
8. 英語中「庫爾」與「酷」發音相同。

（Clark Gable）和伯特・蘭卡斯特（Burt Lancaster）領銜主演的電影《太平洋潛艇戰》（*Run Silent, Run Deep*）上映後廣為人知。

2. “The Occupation of Japan, Part 1, U.S. Planning Documents, 1942-1945. Military Planning for Defeat and Occupation of Japan, 1943-1945, Section 4-C-1 to 31.” Sections 4-C-1 and 4-C-2, May 16, 1945.
3. “The Occupation of Japan,” Sections 4-C-5 and 4-C-6. 當時滿洲被視為一個處在混亂狀態下的政治實體。
4. “The Occupation of Japan,” Section 4-C-9.
5. *Oita Godo Press*, August 16, 1945, p. 1.

第十六章　占領軍進駐

1. *Oita Godo Press*, August 29, 1945, p. 1.
2. Ibid., August 30, 1945, p. 1.
3. Ibid., September 3, 1945, p. 1.
4. Ibid., October 11, 1945, p. 2.
5. Ibid., October 14, 1945, p. 2.
6. Ibid., October 15, 1945, p. 2.
7. Ibid., October 16, 1945, p. 2, and October 17, 1945, p. 2.
8. Steven J. Fuchs, “Feeding the Japanese: Food Policy, Land Reform and Japan’s Economic Recovery,” in *Democracy in Occupied Japan: The U.S. Occupation and Japanese Politics and Society*, ed. Mark E. Caprio and Yoneyuki Sugiata (New York: Routledge, 2007), p. 27.
9. *Oita Godo Press*, October 14, 1945, p. 1.
10. Ibid., October 15, p. 2.

第十三章 來之不易的《大東亞戰爭終戰詔書》

1. Ugaki, pp. 656-659.
2. Bradley, Title page.
3. Interview with Yasuo Tanaka (田中康生).
4. Bix, pp. 524-526.

第十四章 終戰

1. Hoashi, p. 88.
2. Ibid., pp. 88-89.
3. 諷刺的是，湯野川上尉不久之後就加入日本自衛隊，在戰後數十年與美國人密切合作；寺田晶，《特攻》（東京：致知出版社，2010）。
4. Interview with Yuko Hada, Tokyo, July 11, 2012. 當時擔任天皇侍衛的松本伊勢松和他的妻子，在2012年2月25日的訪談中，同樣支持當時存在保護天皇的秘密任務，詳見後文。
5. 儘管難以證實，松本相信這道命令是來自指示湯野川上尉的潛入地下的同一批人。
6. 採訪是在村山富市的家裡進行的。
7. Ugaki, pp. 665-666.
8. Ibid., from the epilogue.
9. Hoyt, p. 210.
10. Interview with Morimasa Yonakawa.

第十五章 飢餓、困惑與恐懼

1. 這條水道位在大分縣與四國之間，被認為是二次大戰中對於美軍潛艇和戰艦來說，最為危險的區域。大分一豐後水道也在1955年由克拉克・蓋博

11. Yahara, pp. 136-137. 在八原回憶錄中，這封勸降書的日期有誤，正確日期應為6月10日。一個禮拜後的6月18日。巴克納將軍死在炮火攻擊下，而短短三天後美軍就接管了這座島。

12. Carlton, p. 126.

13. Yahara, pp. 153-156.

第十一章 炸毀大分市

1. Ric Anderson, "Diary of War," *Topeka Capital-Journal*, August 13, 2011, http://cjonline.com/news/2011-08-13/ric-anderson-diary-war.
2. Quoted in Hoashi, pp. 80-81. Ibid., pp. 78-80.
3. Quoted in Hoashi, pp. 80-81.
4. Hoashi, p. 82.
5. Ibid., pp. 83-84.
6. Hoashi, p. 85.

第十二章 天皇的國策顧問

1. Bix, pp. 514-515; "Umezu, Yoshijiro," Generals.dk, www.generals.dk/general/Umezu/Yoshijiro/Japan.html.
2. Kent G. Budge, "Anami Korechika (1887-1945)," *Pacific War Online Encyclopedia* (2007-2009, 2014-2015), http://pwencycl.kgbudge.com/A/n/Anami_Korechika.htm; Bix, pp. 492, 500.
3. Bix, pp. 410, 541, 658, 610.
4. Interview with Masaaki Yano (矢野正明).

comcast.net/~winjerd/Page05.htm#Vivisections.

9. Letter from Marvin Watkins to Mrs. Dale Plambeck, October 19, 1945, ibid. home.comcast.net/~winjerd/Page05.htm#Vivisections.

10. Interrogation of Marvin Watkins, For the War Crimes Office, Judge Advocates General's Department, United States of American, Ibid. home.comcast.net/~winjerd/Page05.htm#Vivisections.

11. "New Kyushu Museum Breaks Taboo with POW Vivisection Display," *Japan Times*, April 4, 2015, http://www.japantimes.co.jp/news/2015/04/04/national/new-kyushu-museum-breaks-taboo-with-pow-vivisection-display/.

12. Carlton, pp. 50-51.

第十章 一九四五年五月和六月

1. *Oita Godo Press*, May 7, 1945, p. 2. 這些地點全在現今的別府市內，而當時這些小型行政區仍保有獨立的自主權。
2. Ibid., March 9, 1945, p. 2.
3. *Oita Godo Press*, May 8, 1945, p. 2.
4. *Oita Godo Press*, May 10, 1945, p. 2.
5. Sledge, pp. 241-243.
6. Ibid., pp. 250-251.
7. Bill Sloan, *The Ultimate Battle* (New York: Simon and Shuster, 2007), pp. 225-226.
8. Yahara, pp. 49-51.
9. Sledge, pp. 268-273.
10. 巴克納將軍在發出這封降書後不久，就死於日軍狙擊手的槍下。

3. Brett Walker, *A Concise History of Japan* (Cambridge, UK: Cambridge University Press, 2015).
4. Saiji Ikeda, quoted in Matsuki, p. 94.

第九章 仇恨的火焰

1. Hoashi, pp. 71-73.
2. Ibid.
3. Caleb Dana, "Diary of a Member of the 73rd Bombadment Wing Fliers by Caleb Dana, bombardier, 73rd Bombardment Wing Saipan, Marian Islands, 1944-1945," "Diary of a Member of the 73rd Bombardment Wing Fliers, The First Flyers to Undertake Missions over Japan, by 'Caleb,' Saipan, Mariana Islands, 1944-1945," http://old-new-orleans.com/Mission_Diary.html.
4. "39th Bomb Group (VH) Crew 14: 7th Mission, Oita Airfields," http://39th.org/39th/aerial/60th/crew14a.html.
5. Ibid.
6. Kill-All Order of August 1, 1944. War Ministry, Tokyo, http://mansell.com/pow_resources/camplists/fukuoka/fuk_01_fukuoka/fukuoka_01/Page05.htm, http://home.comcast.net/~winjerd/Page05.htm#Vivisections. 這些網站雖然在翻譯上有些許差異，但都傳達了相同的訊息。
7. Thomas Easton, "A Quiet Honesty Records a World War II Atrocity," *Baltimore Sun*, May 28, 1995, http://articles.baltimoresun.com/1995-05-28/news/1995148003_1_japan-kyushu-university-fukuoka.
8. Interrogation of Marvin Watkins, For the War Crimes Office, Judge Advocate General's Department, United States of America, http://mansell.com/pow_resources/camplists/fukuoka/fuk_01_fukuoka/fukuoka_01/Page05.htm; home.

19. Fujisawa, pp. 45-48.

20. Endo, pp. 69-70.

21. Ibid.

第七章 「我死而無憾」

1. Oita, Kawano Museum, Oita Prefecture, Japan, May 25, 2012. 湯野川晚年在自家建了一座私人博物館來紀念那些他帶過的神風特攻隊員。訪談就在那裡進行。
2. 「神風」的意思即為「神之風」。
3. *Oita Godo Press*, January 2, 1945, p. 2.
4. Ibid., May 14, 1995, p. 2.
5. Ibid., March 19, 1945, p. 2.
6. 楠木正成（1294年？—1336年7月4日），著名武將，一生竭力效忠後醍醐天皇（公元14世紀，日本第九十六代天皇），後世以其為忠臣與軍人之典範。
7. "Oga Kaiten Shrine, Hiji Town, Oita Prefecture," Kamikaze Images, http://www.kamikazeimages.net/monuments/oga/index.htm.「回天」的意思是「回歸上天」，並被用來命名這些由人操控的魚雷。1981年，一個縮小比例的回天魚雷模型，被放置在當時仍在運作的大神回天神社。標示牌上寫著：「他們深信日本的無堅不摧，以及帝國無庸置疑的勝利。他們在美麗、清澈的海岸豎起代表楠木正成的旗幟，懷抱極大的熱誠，全心全意投入操控回天的訓練。」

第八章 永不停歇的警報

1. *Oita Godo Press*, May 8, 1945, p. 2.
2. Fujisawa, pp. 87-91.

(Washington, D.C.: Office of Air Force History, 1983), p. 632, http://www.ibiblio.org/hyperwar/AAF/V/AAF-V-20.html#page616.

4. Hoashi, pp. 66-90.
5. Ibid.
6. Hoashi, pp. 78-79.
7. Akinori Endo, ed., *Memories of Youth during the War*, Association of Reminiscences: Record of Student Mobilization by Secondary School Students in Oita Prefecture, Oita City, Oita Prefecture, 2005, pp. 69-70.
8. E.B. Sledge, *With the Old Breed* (New York: Presidio Press, 1981), pp. 195-201.
9. Don "Slim" Carlton, *Wanna Live Forever?* (Lincoln, NE: iUniverse, 2005), pp. 12-13.
10. Yahara, p. 45.
11. Carroll Williams, "5 Minutes of Hell – Poetic Reflections of the Battle of Okinawa and Kamikaze Attacks on the U.S.," 17 September 2016, http://hubpages.com/education/5-Minutesof-Hell-Poetic-Reflections-of-the-Battle-of-Okinawa-and-the-Kamikaze-attacks-on-the-USInvasion-Force.
12. *Oita Godo Press*, April 22, 1945, p. 2.
13. F.J. Bradley, *No Strategic Targets Left* (Paducah, KY: Turner Publishing Co., 1999), p. 55.
14. Carlton, pp. 24-32.
15. 在日本，少數人名字刻意不用漢字。
16. Matsuki, pp. 122-124.
17. Mitsumaro Fujisawa, ed., *The World of Usa Air Force V* (宇佐航空隊の世界V) (Usa: Toyonokuni Usa Academy, Soei Hirata, 2012), pp. 48-49.
18. Ibid., pp. 125-126.

14. Japanese Ministry of Education, *Elementary School Japanese Grade4.* (初等科國語四) (Tokyo: Japan Book Co., 1942), pp. 6-9.

15. Ibid., pp. 11-12.

16. Frank Gibney, Senso: *The Japanese Remember the Pacific War* (Expanded Edition).

17. 這位老師會接受這樣的說法，其中可能的原因是「神道」，也就是當時日本軍國主義認可的國教，認為萬物皆有靈性。因此，面對柳瀨出乎意料的回答，這位開明的老師依然對學生保持友善的態度，就是因為他在日本文化的脈絡中找到合理性。

18. Interview with Sadayoshi Yutani (湯 谷 貞 義), Beppu, Oita Prefecture, Japan, February 1, 2012.

19. Hotta, p. 48.

20. 當日本人談到這個話題時，很少使用「神風」這個詞，多半是用「特攻隊」。

21. Hoashi, pp. 55-56.

22. Ibid.; and Colonel Hiromichi Yahara, *The Battle for Okinawa* (New York: John Wiley and Sons, 1995), p. 236.

23. Personal memoirs of Nobuko Eto (江藤信子), Tsukumi, Oita Prefecture, Japan.

第六章 天來之火

1. Hoashi, pp. 58-61.

2. 一式戰鬥機是針對攻擊地面目標的轟炸機。

3. Wesley F. Craven and James L. Cate, *The Army Air Forces in World War II, Vol. 5: The Pacific: Matterhorn to Nagasaki, June 1944 to August 1945*

9. Ibid.

10. Quoted in Captain John C. Chapin, *Breaching the Marianas: The Battle for Saipan*, Washington, D.C.: Marine Corps Historical Center, 1994), pp. 35-36, http://ibiblio.org/hyperwar/USMC/USMC-C-Saipan/index.html.

11. Ibid.

第五章　「戰無不勝」的日本

1. 所謂「國體」的概念，是遍布全日本對於皇室堅信不移的精神、忠貞不二的效忠。

2. Francis Pike, *Empires at War: A Short History of Modern Asia since World War II* (London: I.B. Tauris, 2010), p. 85; Bix, pp. 201-203.

3. Ibid.

4. Bix, pp. 313-314.

5. *Oita Godo Press* (大分合同新聞) (Oita City, Japan), February 16, 1942, p. 1.

6. Ibid., February 17, 1942, p. 1.

7. Ibid.

8. Hoyt, pp. 28 and 33.

9. Ugaki, p. 152 and 155.

10. Bix, pp. 449-450.

11. *Oita Godo Press*, August 11, 1942, pp. 1-2.

12. 由於作者和採訪者都是美國人，很有可能為了避免雙方之間的尷尬，而隱瞞了部分事實。實際上遊戲中的「壞人」，就是美國和盟軍。

13. Japanese Ministry of Education, *Elementary School Japanese Grade 2* (初等科國語 二) (Tokyo: Japan Book Co., 1942), pp. 76-78.

30. Hiramatsu, "Timeline," pp. 244, 281, 292, 333, 533; Tobe Ryoichi, "The Japanese Eleventh Army in Central China, 1938-1941," in *The Battle for China: Essays on the Military History of the Sino-Japanese War of 1937-1945*, ed. Mark Peattie, Edward J. Drea, and Hans van de Ven (Redwood City, CA: Stanford University Press, 2011), p. 214; "The Bataan Death March," Asian-Americans & Pacific Islanders in the United States Army, http://www.army.mil/asianpacificamericans/history.
31. Bix, p. 364.
32. Frank Gibney, *Senso: The Japanese Remember the Pacific War* (Expanded Edition)(New York: M.E. Sharpe Inc., 2007).

第四章 擴大戰爭，動員民眾

1. 村山富市的說法，卻與其他人的說法有些矛盾，他們都記得在二十歲生日前後，收到了入伍通知書。
2. 這裡指的是1931年9月發生的九一八事變，在日本廣泛被報導為是由中國發起的攻擊，但實際上是由日本主導的侵略。相較於中國使用「事變」，日本則稱呼為「事件」，代表只是一場小規模的衝突。
3. 明仁天皇於1989年即位。
4. Hotta, p. 93.
5. Frank Gibney Senso, *The Japanese Remember the Pacific War* (Expanded Edition).
6. Personal memoirs of Jiro Nakano (中野次郎) shared with the authors, written with his granddaughter when he was 79 years old, Beppu, Oita Prefecture, Japan.
7. Nakano.
8. Ibid.

13. Haruko Taya Cook and Theodore F. Cook, *Japan at War: An Oral History* (New York: The New Press, 1992), p. 25.

14. Tamura Yoshio, "Unit 731," quoted in ibid., p. 164.

15. Hoashi, pp. 7-8.

16. Gamble and Watanabe, p. 101.

17. 程兆奇，〈小川關治郎和《一個軍法務官日記》〉，《史林》2004年第1期，頁96-109、131。

18. From the 1938 Japanese documentary *Nanking*, http://wapwon.cc/video/Precious-film-of-soon-after-the-Fall-of-Nanking36s/bpIQ7wQbKaE. It can also be found on YouTube: https://www.youtube.com/watch?v=bpIQ7wQbKaE. 雖然無法取得這部電影的製作人員名單，但很清楚是一部由日本政府發行的戰爭期間宣傳片。

19. 「太太」是蕪湖一帶回民對曾祖父／曾祖母的稱呼。

20. 「巴巴」和「家婆」是蕪湖一帶回民對祖父和祖母／外祖父和外祖母的稱呼。

21. 「四姨」就是冉瑩的母親。

22. 「二巴巴」和「二家婆」是楊蘭外祖父的弟弟和弟妹，也就是冉瑩的外祖父和外祖母。而「四姨」就是冉瑩的母親。

23. 「伯伯」是蕪湖一帶回民對父親的稱呼。

24. 2012年2月，冉瑩與大姨媽，楊蘭的母親馬繼鳳，印證了楊蘭日記的內容。

25. Hiramatsu, pp. 230-234.

26. Ibid.

27. Ibid.

28. Ibid.

29. Hoashi, p. 9.

4. Yoshihisa Tak Matsusaka, *The Making of Japanese Manchuria, 1904-1932* (Cambridge, MA: Harvard University Press, 2001), p. 355.
5. C. Peter Chen, “Jiro Minami,” World War II Database, http://ww2db.com/person_bio.php?person_id=362; “Minami, Jirō,” Generals.dk, http://www.generals.dk/general/Minami/Jir%C5%8D/Japan.html. 戰後南次郎因為侵略中國的罪行，被認定為甲級戰犯，判處無期徒刑。於1954年假釋出獄，隔年去世。
6. Takashi Hiramatsu, *Battle History of Our Hometown Troops* (鄉土部隊奮戰史) (Oita: Oita Godo Press, 1983), pp. 115 and 140.
7. 王向遠，《「筆部隊」和侵華戰爭》（北京：崑崙出版社，2005）。
8. Quoted in Masahiro Yamamoto, *Nanking: Anatomy of an Atrocity* (Westport, CT: Praeger, 2000), pp. 49-50.
9. Yang Tianshi, “From Fighting at the Marco Polo Bridge, July 1937, to the Fall of Wuhan, October 1938,” in *The Battle for China: Essays on the Military History of the Sino-Japanese War of 1937-1945*, ed. Mark Peattie, Edward J. Drea, and Hans van de Ven (Redwood City, CA: Stanford University Press, 2011), p. 178; and Hiramatsu, “Timeline of the Oita 47th Regiment,” pp. 203-204.
10. 武士道不只是一種戰爭的精神和技巧，更包含對主君的絕對忠誠、個人榮譽、盡忠職守、在戰場上光榮赴死，或是維繫名譽選擇切腹自殺。Roger Davis and Osamu Ikeno, eds., *The Japanese Mind* (Tokyo: Tuttle Publishing, 2002), pp. 41-42.
11. 在2013年，已經高齡九十四歲的牧修七，仍是47聯隊紀念組織中碩果僅存的成員裡的領導者。
12. 他特地把這幾個字寫在一張紙上給了作者。

7. *Oita News*, December 9, 1941, pp. 1-2.
8. Ibid. 當發動奇襲珍珠港時，日本同時向英國宣戰，攻擊香港等英國殖民地。
9. Ibid., December 10, 1941, pp. 1-2.
10. Ibid.
11. Ibid.
12. *School Weekly: Junior Edition*, vol. 73, no. 1, Monday, April 6, 1942. 值得注意的是，這套雜誌是官方認可教授英語的出版品，但與此同時，在日本的一些地區，使用英語卻遭到攻訐。
13. Akiko Yosano, "O My Brother, You Must Not Die," http://www.poemhunter.com/poem/o-my-brother-you-must-not-die/.
14. Interview with Hiroko Takamoto (高元紘子).
15. Interview with Shunsaku Nanri (南里俊策).
16. 收養的目的在於維繫家族香火於不墜，但堀悌吉沒有和收養他的家庭同住，依然待在矢野家。
17. *Oita News*, December 9, 1941, pp. 1-2.
18. Quoted in Adam Gamble and Takesato Watanabe, *A Public Betrayed: An Inside Look at Japanese Media Atrocities and Their Warnings to the West* (Washington, D.C.: Regnery Publishing, 2004), p. 102.

第三章　集結大分男兒

1. 千針帶是一條寬大、淺色的布，由與士兵關係親近的女性所縫製，在上戰場前贈予士兵，保佑他們不被敵軍子彈擊中。
2. Quoted in Gamble and Watanabe, pp. 101-102.
3. 2012年3月12日，現任住持增田崇英為作者導覽介紹了這間寺廟。

9. Matome Ugaki, *Fading Victory: The Diary of Admiral Matome Ugaki, 1941-1945* (Pittsburgh: University of Pittsburgh Press, 1991), pp. 12-18.

10. Hiroyuki Agawa, *The Reluctant Admiral: Yamamoto and the Imperial Navy* (Tokyo: Kodansha International Ltd., 2008), pp. 235-236.

11. Ugaki, pp. 20-21.

12. Agawa, p. 237.

13. Leslie Helm, "Reunion at Japanese Port Marks Pearl Harbor Attack," *Los Angeles Times, December 6*, 1991, http://articles.latimes.com/1991-12-06/news/mn-497_1_pearl-harbor.

14. Ibid.

15. Edwin P. Hoyt, *The Last Kamikaze: The Story of Admiral Matome Ugaki* (Westport, CT: Praeger, 1993), pp. 11-12.

16. Quoted in Helm.

17. Ibid.事實上，山本五十六的身高大約一百六十一公分。

第二章 上下一心，舉國一體

1. 會將奇襲珍珠港的日期訂在這天，部分原因是預期經過星期六的漫漫長夜，美軍船艦在星期日清晨會停靠在港。

2. Michael Slackman, *Target: Pearl Harbor* (Honolulu: University of Hawaii Press, 1990), pp. 289-294.

3. Quoted in Helm.

4. Slackman, pp. 308-309.

5. *Shioshu News* (豐州新聞) (Oita City, Oita Prefecture, Japan), December 9, 1941, pp. 1-2.

6. *Japan Times and Advertiser* (Tokyo, Japan), December 8, 1942.

註釋

前言

1. 日式房屋中，作為隔間使用的可拉式紙糊木製門。

第一章　「要有大事了」

1. Herbert P. Bix, *Hirohito and the Making of Modern Japan* (New York: Perennial, 2001), pp. 235-236.
2. Ibid., p. 240.
3. 這個標題顯示了當時日本人對中國地理知識的缺乏，長春是吉林省省會，並不是兩個不同的地方。
4. Eri Hotta, *Japan, 1941* (New York: Alfred A. Knopf, 2013), p. 45.
5. Itsuo Hoashi, *Asia and the Pacific War and Air Raids on Oita* (アジア・太平洋戦争と大分の空襲) (self-published, 2008), pp. 62-63. Author's address: 1-Chome 3-11, Soda Kita-Machi, Oita City, Oita Prefecture, Japan; 本書存於大分縣圖書館。
6. Ikuo Matsuki, ed., *The World of Usa Air Force II* (宇佐航空隊の世界II) (Usa: Toyonokuni Usa Academy, Soei Hirata, 1992), pp. 14-16.
7. Interview with Morimasa Yonakawa (湯野川守正), Tokyo, June 11, 2012.
8. "Interrogation Nav 13, Captain Yasuji Watanabe," 15 October 1945, World War II Database, http://ww2db.com/doc.php?q=194.

國家圖書館出版品預行編目 (CIP) 資料

被遺忘的人群 : 神風特攻隊員、助產士、學生、教師,日本平民的二戰歷史記憶 / 埃德加.波特(Edgar A. Porter), 冉瑩(Ran Ying Porter)著. -- 初版. -- 新北市 : 臺灣商務印書館股份有限公司, 2021.05
面； 公分. -- (歷史.世界史)
譯自 : Japanese reflections on World War II and the American occupation
ISBN 978-957-05-3308-8(平裝)
1.日本史 2.第二次世界大戰
731.2788 110003512

歷史・世界史

被遺忘的人群：

神風特攻隊員、助產士、學生、教師，日本平民的二戰歷史記憶

作　　者一埃德加・波特（Edgar A. Porter）、冉瑩（Ran Ying Porter）
發 行 人一王春申
審書顧問一林桶法、陳建守
總 編 輯一張曉蕊
責任編輯一徐鉞
特約編輯一呂佳真
封面設計一萬勝安
內頁排版一菩薩蠻電腦科技有限公司

行銷組長一張家舜
業務組長一何思頓
出版發行一臺灣商務印書館股份有限公司
23141 新北市新店區民權路 108-3 號 5 樓（同門市地址）
電話：(02)8667-3712　傳真：(02)8667-3709
讀者服務專線：0800056193　郵撥：0000165-1
E-mail：ecptw@cptw.com.tw
網路書店網址：www.cptw.com.tw Facebook：facebook.com.tw/ecptw

局版北市業字第 993 號　初版一刷：2021 年 05 月
印刷廠：鴻霖印刷傳媒股份有限公司　定價：新台幣 450 元
法律顧問一何一芃律師事務所